KB066644

성공하는
스포츠
비즈니스

스포츠 비즈니스 리더를 위한 가이드

박성배 지음

성공하는 스포츠 비즈니스

북카라반
CARAVAN

프롤로그

★

문화마다 독특한 인사법이 있다. 가볍게 포옹하는 인사 방식이 있는가 하면 볼에 소리를 내며 뽀뽀하는 경우도 있다. 요즘은 신종 코로나바이러스감염증(코로나19) 팬데믹으로 악수 대신 서로의 팔뚝을 부딪치거나 주먹을 가볍게 맞대는 새로운 인사법이 유행이다. 인사법도 그렇지만 인사말을 자세히 살펴보면 그 나라의 문화와 배경을 엿볼 수 있기도 하다.

나는 새로운 문화와 환경에 관심이 많아 새로운 인사법을 배우거나 다른 언어의 인사말을 배우는 데 적극적인 편이다. 그런데 지금까지 사람들과 인사하면서 인사말을 제대로 알아듣지 못하고 어떻게 대답해야 할지조차 전혀 몰라 당황했던 적이 두 번 있다.

1990년대 중반 유타대학에서 방학 동안 잠시 영어를 공부했을 때다. 기숙사에서 생활하던 나는 외향적인 성격 덕분에 큰 어려움 없이 친구들을 사귈 수 있었다. 하지만 나를 볼 때마다 친구들은 알지 못하는 말을 건네었는데, 한동안 무슨 말인지 몰라 그냥 웃으며 지나갔던 적이 있다. 알고 보니 "잘 지내?"라는 뜻의 "What's up?" 이라는 매우 흔하고 보편적인 일상의 인사말이었다.

요즘은 다양한 미디어를 통해 서양 문화를 접할 기회가 많아 "What's up?"이라는 인사말을 아는 사람이 많겠지만 당시만 해도 교과서와 제한된 종류의 시험용 영어 교재에서는 전혀 다루지 않는 형태의 표현이었다. 2주 정도 지나 그 뜻을 알게 됐지만 이러한 인사말에 어떻게 답변해야 할지가 더 큰 문제였다. 일반적으로 별일 없다는 "Not much"라고 답하기까지 또 일주일 정도의 시간이 걸렸던 것으로 기억한다.

미국에서 석사와 박사과정을 마치고 교수가 된 지 5년차 정도 됐을까? 인사말로 당황했던 두 번째 일이다. 곤자가대학에서 리더십을 가르쳤던 찰스 샐리나Charles Salina 원로 교수(일반적으로 척 Chuck이라는 닉네임으로 불렸다)님이 나를 볼 때마다 항상 했던 인사말이 평범하지 않았다. 바로 "Are you winning?"이다. 직역하자면 "이기고 있니?"이다.

독자들 중에는 "뜬금없이 웬 인사말 얘긴가" 하고 의아해하는분들도 계실 것이다. 앞서 설명한 "what's up?"처럼 제대로 그 뜻을 이해하지 못했지만 미국에서 생활한 지 10년이 넘어 대충 어떻게 대답해야 하는지는 알 수 있었다. 여러분은 어떻게 대답할 것인가? 나는 대부분 "I am winning"이라고 별 의미 없이 대꾸했고, 샐리나 교수님은 그때마다 내 어깨를 두드리며 (알 수 없는?) 격려를 해주시곤 했다.

몇 년이 흘렀을까? 하루는 샐리나 교수님과 교육위원회 활동을 같이하면서 긴 시간 동안 대화할 기회를 가졌다. 그때 호기심으로 그에게 물었다, "왜 저를 볼 때마다 'Are you winning?'이라고 인사를 하시나요? 그리고 그 뜻은 무엇인가요?" 참고로 그분은 스포츠와는 전혀 관계가 없다. 교육학을 연구하고 교육적 리더십이 전공이었다. 스포츠를 그리 좋아하지 않는 교수 가운데 한 분이었는데, 그는 왜 스포츠인들에게나 어울릴 법한 인사말을 내게 사용했는지 매우 궁금했다.

그의 대답은 나에게 매우 잔잔하면서도 깊은 감동을 주었다. "우리의 일상생활은 인간의 바람과는 달리 매일, 매순간 새로운 도전을 접해야만 한다. 이러한 삶의 도전에 가장 잘 맞서는 방법은 바로 우리 각자에게 주어진 의무와 사명을 다하는 것이다."

그의 대답은 계속 이어졌다. "우리와 같은 교육자들은 최선을 다해 학생들을 가르쳐야 하고, 이러한 우리 역할을 다하지 않으면 그건 바로 패배라고 할 수 있지. 교육자가 이 세상에 지을 수 있는 가장 큰 빚은 바로 교육자로서 주어진 사명을 다하지 않거나 학생들의 숨은 잠재력을 다 발굴하지 못하고 저 세상으로 가는 것이지."

우리는 살아가면서 수없이 많은 사람들과 인사말을 건넨다. 샐리나 교수님이 했던 "Are you winning?"에 큰 의미를 부여하지 않을 수 있지만 나는 이 말에서 많은 교훈을 얻었다. 내게 주어진 역할을 찾아 열심히 최선을 다하는 일이 바로 "Are you winning?"이라는 인사말에 자신 있게 대답하는 것이 아닐까 싶다.

어릴 때는 내 주위 사람들 중에 본받을 만한 사람이 있으면 서슴지 않고 '나의 멘토' 역할을 해달라고 부탁하곤 했다. 시간이 많이 흐른 지금 생각해보면 젊었을 때 '진정한 멘토'라고 여겼던 분들 중 정말 가슴 깊이 존경할 만한 대상은 그리 많지 않아 보인다. 멘토를 찾기가 점점 어려워지는 세상 속에서 내 마음속 깊은 곳에서 울리는 샐리나 교수님의 인사말인 "Are you winning?"의 의미는 점점 더 깊어질 수밖에 없다.

대학교수로서의 나의 사명은 논문 집필 등의 연구 활동, 학술대회 발표와 강의, 그리고 기타 스포츠 산업 전문가로서의 사회적 역할 등일 것이다. 17년차 교수로서 나름대로 나에게 주어진 교육자 및 학자로서의 사명을 다해 열심히 생활한다고 생각했지만, 어느 순간부터 무언가 허전함을 느꼈다. 다시 말해서 나의 역할과 사명을 재정립해야 할 필요성을 느낀 것이다.

오랜 고민 끝에 내가 앞으로 스포츠 산업학 교수로서 해야 할 사명과 역할을 크게 두 가지로 정리했다. 첫째, 스포츠 산업의 경계를 없애 산업의 파이를 키우는 데 공헌하고 싶다. 스포츠 산업에 종사하는 사람들끼리 모든 것을 할 수 있는 시대는 끝났다. 일명 '동업자 의식'의 굴레에서 벗어나 스포츠 산업의 역량을 극대화할 수 있도록 새로운 활로를 모색하는 것이다. 둘째, 스포츠 산업에 관심 있는 사람이라면 누구라도 전공 분야와 상관없이 스포츠 산업에 진출할 수 있도록 도와주고 안내하는 역할이다. 이 책은 "Are you winning?"에 대한 소소한 나의 역할을 정리한 결과물이라고 할 수 있다.

이 책은 운동선수, 감독과 코치, 단장, 구단주, 스포츠 마케터, 스포츠 매니저 등 미래의 스포츠 산업 리더가 되고 싶은 독자들에게 필요한 다양한 비즈니스 전략을 소개하고 있다.

1장부터 3장까지는 현재 운동선수로 활동하고 있거나 운동선수를 자녀로 둔 부모님들에게 도움을 줄 수 있는 내용으로 구성했다. 운동을 하면서 혹은 자녀에게 운동을 시키면서 '과연 내가(내 아이가) 운동선수로서 성공할 수 있을까?'라는 의구심을 가진 선수 자신 혹은 그들의 부모님들에게 도움이 되기를 기대한다.

4장과 5장은 지도자를 꿈꾸는 선수나 (혹은 장래에 스포츠 지도자)

감독을 준비하는 예비 코치를 위한 내용을 담았다. 이 세상에서 존재하는 수많은 감독들 중에서 명장이라고 불리는 감독들은 손에 꼽을 정도로 적다. 이들을 명장의 반열에 오르게 한 그들만의 노하우를 상세히 설명했다. 6장은 셀럽 선수들이 사회에 미치는 긍정적·부정적 영향력을 다루었다.

7장은 왜 슈퍼 자산가들이 구단주가 되려고 하는지에 대한 해석을 담았다. 전 마이크로소프트 공동 창업자인 스티브 발머Steven Ballmer가 로스앤젤레스 클리퍼스의 구단주가 되면서 가장 부유한 구단주로 이름을 올렸다. 한국에서는 NC 다이노스가 창단 10년 만에 2020년 한국 시리즈 우승을 차지하고 김택진 구단주가 집중적인 조명을 받으면서 구단주에 대한 관심 또한 높아졌다. 구단주의 철학과 비전, 그리고 구단에 대한 적극적인 지원과 협조에 따라 차이가 나는 구단 성적 등에 대한 내용을 담았다.

8장부터 10장까지는 한국 스포츠 산업에서 가장 관심을 안 두지만, 구단 마케터에게 가장 필요한 가격 전략에 대해 국내외 사례를 중심으로 상세히 설명했다. 11장부터 13장까지는 스포츠 산업에서 가장 다이내믹하게 발전하고 있는 세 가지 분야, 즉 디지털 스포츠 미디어, 스포츠 베팅 산업, e-스포츠 산업의 현황과 글로벌 추세를 다루었다.

차 례

★ ★ ★

1장

스포츠
선수는
타고나는가?

세계를 무대로 활약하는
한국 선수들

한국은 단연코 스포츠 강국이다. 1988년 서울 올림픽과 2018년 평창 동계올림픽, 2002년 FIFA(국제축구연맹) 한일 월드컵은 물론 포뮬러 원 국제 자동차 경주 대회, 세계 육상 선수권 대회, 총 네 번의 아시안 게임(동계 포함) 등을 비롯해 크고 작은 수많은 국제 스포츠 대회를 개최했다. 또한 FIFA 월드컵의 경우

1986년 이후 아홉 번 연속으로 본선에 진출했고, 올림픽에서도 줄곧 세계 10위권에 포함될 정도로 우수한 성적을 거뒀다.

1970년대 차범근이 독일 분데스리가로 진출한 뒤 한동안 해외 진출 선수가 많지 않다가 2002년 월드컵 대회를 계기로 본격적으로 한국 축구 선수들이 유럽 리그로 진출하기 시작했다. 박지성, 이영표, 안정환, 기성용, 이청용, 박주영, 구자철 등이 닦아 놓은 자리를 손흥민, 황의조, 권창훈, 황희찬, 백승호, 이승우, 이강인을 비롯한 수많은 젊은 선수들이 이어받아 한국인으로서의 긍지와 자부심을 높이고 있다. 야구는 또 어떠한가? 1994년 박찬호가 미국 메이저리그에 진출한 뒤 2021년 김하성에 이르기까지 총 23명의 한국인 선수들이 메이저리거로 이름을 남겼다.

한국 선수들이 유난히 뛰어난 종목으로 여자 골프를 빼 놓을 수 없다. 구옥희, 고우순이 1980년대 후반부터 1990년대 중반까지 국제 대회의 문을 열었고 박세리, 김미현, 박지은 등이 한국인 선수로서의 진가를 제대로 보여줬다고 할 수 있다.[1] 1998년 US 여자 오픈 대회를 시작으로 지금까지 수십 명의 한국인 선수들이 미국 여자 프로 골프LPGA 대회에서 우승했다. 한국인 선수들의 돌풍은 잠잠해지지 않았고 신지애, 박인비, 최나연, 김효주, 박성현, 유소연, 고진영, 박희영 등이 한국인의 위상을 꾸준히 이어나가고 있다.

한때 '한국인 선수들이 유독 LPGA에서 좋은 성적을 거두는 이유는 무엇인가'에 대한 연구가 진행될 정도로 한국 출신의 LPGA 선수들이 월등한 성적을 거두는 비밀을 궁금해했다.[2] 올림픽 종목에서도 한국 선수들은 양궁과 사격 같은 고도의 집중력을 요하는 종목뿐 아니라 유도, 레슬링, 태권도와 같은 격투기 종목에서도 유난히 좋은 성적을 내고 있다.

과연 내 자녀는
프로 스포츠 선수가 될 수 있을까?

세상의 모든 부모는 자식들이 잘되기를 바란다. 많은 부모는 자녀들에게 어릴 때부터 공부뿐만 아니라 음악, 미술, 스포츠 등 다양한 분야에서 배움의 기회를 제공하며 이러한 과정을 통해 그들이 자신의 적성과 특기를 발견할 수 있도록 도와준다. 부모들의 고민은 자녀들이 유소년 과정을 거치면서 급격히 커지기 시작한다. 특히 야구, 축구, 배구, 농구, 골프, 테니스 등 다양한 스포츠 종목에서 자녀가 눈에 띄는 소질을 보일 경우 코치와 주변 관계자로부터 운동을 계속 시켜보라는 권유를 받는다.

이때부터 부모들은 기대와 갈등 사이에서 고민하기 시작한다. '과연 우리 아이가 운동선수로 성공할 수 있을까?' 하는 고민과 함께 한편으로는 '손흥민 같은 선수가 될 수도 있지 않을까?' 하는 기대에 가슴이 설레기도 할 것이다. 이기적 편향self-serving bias이 작동할 경우 내 자녀에 거는 부모의 기대는 부풀려지고 기대는 곧 실력에 대한 확신으로 이어지곤 한다. [3]

프로 선수가 되는 것은 종종 낙타가 바늘구멍에 들어가는 것처럼 어렵다고 비유하곤 한다. 물론 리그의 종류와 형태에 따라 차이가 있긴 하지만, 대부분 괄목할 만한 실력과 능력을 갖추지 않고서

이기적 편향이란?[4]

사람들은 대체로 내 위주로 판단하는 경향이 있고 나와 관련된 모든 사건, 사물, 관계, 상황을 나에게 유리하게 해석하려는 본능이 있다. 성공한 원인은 자기 자신에게 돌리고 실패한 원인은 외부의 요인과 환경 탓으로 돌리는 경우를 종종 보는데, 이것을 바로 이기적 편향이라고 부른다.

이기적 편향이 작동하면 상황을 잘못 판단하는 오류를 범할 수 있다. 실제로 내가 가진 실력보다 스스로를 더 뛰어나다고 과대평가할 수도 있고, 팀종목의 경우 팀이 우승한 이유가 자신의 뛰어난 능력과 역할 덕분이라고 생각하는 반면에 패배한 원인은 다른 선수에게 전가하려는 경향을 보인다. 이기적 편향을 적절히 제어하지 못하면 팀워크는 쉽게 무너진다. 만약 어느팀이 K리그에서 우승한 뒤 감독은 자신의 뛰어난 전략과 전술 덕분이라고 으쓱거리고, 주장 선수는 자신이 한 시즌 동안 팀을 성공적으로 잘 이끈 덕분이라고 주장한다면 어떤 일이 일어나겠는가?

는 프로 선수로서 커리어를 쌓는 것이 결코 쉽지 않다.

프로 스포츠 산업이 가장 발달한 미국을 보면, 고등학교 농구팀에서 뛰는 3학년 선수들만 해도 대략 15만 명 정도 된다. 그중에서 약 3.1퍼센트만이 대학 농구팀 신입생으로 입학한다. 미국 대학 농구팀 선수들 가운데 약 1.2퍼센트만이 미국 프로 농구NBA에 드래프트 된다는 것을 감안하면 미국 프로 농구 선수가 된다는 것은 상상을 초월할 만큼 어렵고 매우 험난한 과정이라는 것을 짐작할 수 있다.[5]

여자 농구 선수 역시 남자 선수들과 다르지 않다. 약 13만 명 정도의 고등학교 3학년 선수들이 있는데, 그중에서 약 4,000명 정도가 대학 농구팀 신입생으로 입학한다. 이들 가운데 미국 여자 프로 농구WNBA 선수가 되기 위해서는 다시 0.8퍼센트 안에 들어야 한다.[6] WNBA 라스베이거스 에이시스 구단에서 활약했던 한국의 박지수는 0.01퍼센트의 경쟁률을 뚫은 장본인이라고 할 수 있다.

미국 야구의 경우는 마이너리그 제도가 발달한 덕분에 프로 진출이 다른 리그에 비해 다소 수월한 편이다. 고등학교 졸업을 앞둔 야구 선수는 약 13만 명 정도 되는데, 그중에서 약 5.5퍼센트 정도가 대학에 진학한다. 메이저리그 야구MLB는 마이너리그까지 포함해 약 600명 이상이 프로로 진출한다. 우리가 생각하는 연봉 대박을 기대할 수는 없어도 대학에서 마이너리그로 진출하려면 상위

스포츠 선수는 타고나는가?

10.5퍼센트 안에 들어야 한다.[7] 물론 메이저리그만 생각하면 그 확률은 급격히 줄어든다.

그렇다면 우리는 취미와 여가로 시작했던 스포츠를 평생의 직업으로 선택하는 과정에서 과연 무엇을 바탕으로 판단해야 할까?

월등한 스포츠 유전자를 물려받은
미국 프로 스포츠 선수들

'킹 제임스'라는 별명을 가진 선수, 르브론 제임스LeBron James. 네 번째 NBA 파이널 최우수 선수MVP로 선정된 그는 마이클 조던Michael Jordan과 함께 NBA에서 활약한 역대 선수 중 가장 뛰어난 기량을 가진 것으로 평가받는다. 2021년 마흔의 나이에도 그가 받는 연봉은 한화로 약 480억 원이 넘을 정도니 굳이 그에 대한 다른 설명은 필요 없어 보인다. 그런 그가 고등학교 시절 농구가 아닌 미식축구팀에서 와이드 리시버(수비를 비집고 들어가 쿼터백의 공을 받는 역할)로 활약했다는 사실을 아는 사람은 그리 많지 않다.

누구보다 뛰어난 스포츠 유전자를 가진 그는 세인트빈센트-세인트메리고등학교 시절 2학년을 마칠 때까지 미식축구와 농구 선수로 활약했다.[8] 그가 속한 미식축구팀은 전국 우승 트로피를 거머쥐었으며 농구팀 역시 오하이오주 챔피언이 되었다. 그는 한 시즌에 터치다운 스물일곱 번이라는 대기록을 세웠다. 물론 이 기록은 아직까지 유지되고 있다.

고등학교 2학년을 마친 후 르브론 제임스는 『USA 투데이』 신문사가 후원하는 미국 고교 미식축구 올스타 선수로 선발되었는데, 이때부터 전국의 많은 언론으로부터 엄청난 관심을 받았다. 고3 수험생이 되기 전에 이미 수백여 개의 대학에서 전액 장학금 제의를 받았던 그는 돌연 미식축구팀을 탈퇴하고 농구에 전념하기로 마음 먹는다. 그는 고교 졸업을 앞두고 '올해의 고등학교 농구 선수'와 '올해의 게토레이 선수'로 선발되어 고교 스포츠의 새로운 이정표를 세웠다.

두 가지 이상의 종목에서 이토록 빼어난 활약을 펼치는 것이 일반인들에게는 거의 기적에 가까울 정도로 어려운 일이겠지만 월등한 스포츠 유전자를 지닌 그 누군가에게는 '그냥 열심히만 하면 달성 가능한 일'이다(하지만 어떤 선수들은 뛰어난 유전자를 지나치게 강조하는 것을 극히 싫어한다. 그 이유는 바로 월등한 실력이 피나는 노력 없이 단순히 뛰어난 스포츠 유전자만으로 달성되었다는 잘못된 인식을 심어줄 수 있기 때문이다). 실제로 내가 미국에서 10여 년 동안 교수로 재직할 당시 수십 명의 제자들이 미국 미식축구 리그NFL, NBA, MLB, 메이저리그 축구MLS, LPGA로 진출했다. 그중에서 유난히 빼어난 유전자로 손꼽히는 세 명의 선수를 소개하겠다.

애덤 모리슨[9]

　　곤자가대학 재학 시절인 2005~2006 시즌에 가장 우수한 실력을 보인 애덤 모리슨Adam Morrison은 NBA 신인 드래프트에서 전체 3위로 샬럿 호니츠에 지명되어 4년 동안 약 1,700만 달러(약 200억 원)의 수입을 올린 것으로 알려졌다. 그는 '차세대 래리 버드Larry Bird'로 불리며 큰 기대를 모았지만, 젊은 시절 발병한 당뇨와 프로 리그 적응 실패로 안타깝게도 슬럼프를 극복하지 못하고 이른 은퇴를 했다. 애덤 모리슨은 3학년을 마치고 NBA로 진출했는데, 은퇴한 후에는 졸업장을 받기 위해 다시 학교로 복귀하고 내 수업을 들었다(한때 NBA 기대주로 엄청난 유명세를 탔지만 다른 사람의 시선에는 아랑곳하지 않고 수업을 열심히 들었고 우수한 성적으로 졸업했다).

　　애덤 모리슨의 아버지는 존 모리슨이다. 존 모리슨은 미국농구협회ABA 리그에 속했던 덴버 로키츠의 선수로 활약했으며, 은퇴한 후에는 캐니시어스대학의 감독과 미국 농구 리그 소속 구단인 스피릿츠 오브 세인트루이스의 코치를 역임했다. 애덤 모리슨은 어린 시절부터 농구 선수이자 코치, 감독인 아버지의 영향을 받았으며 농구에 필요한 큰 키(203센티미터)뿐만 아니라 월등한 운동신경을 물려받은 것으로 보인다. 뛰어난 유전자를 가진 아버지와 아들 콤비Father-Son Combination의 전형적인 사례라고 할 수 있다.

드미트리 굿슨[10]

앞서 르브론 제임스가 미식축구와 농구에서 모두 압도적으로 빼어난 실력을 갖췄다고 설명했다. 지금 설명할 드미트리 굿슨Demetri Goodson은 여기에 한 종목을 더했다. 바로 축구soccer다. 한 가지 종목에서 눈에 띄기도 힘든 상황에 세 종목에서 모두 월등한 실력을 보였다니 정말 대단하다. 미국 NFL 그린베이 패커스Green Bay Packers에서 현재 스카우터로 일하고 있는 드미트리 굿슨은 매우 다채롭고 흥미로운 배경을 가졌다.

그는 곤자가대학에 전액 장학금을 받고 입학했으며, 농구팀의 포인트 가드 포지션을 담당했다. 당시 ESPN이 중계한 생방송에서 해설자가 한 논평이 지금도 기억난다. "드미트리 굿슨 선수는 드리블을 하면서 한쪽 코트 끝에서 다른 쪽 코트 끝까지 가는 데 약 4.5초면 충분하다. 이는 미국 대학 농구 선수 중 가장 빠른 기록이다."

농구를 하기 위해 곤자가대학으로 편입하기 전까지 그는 다른 대학 축구팀에서 전액 장학금을 받는 선수로 활약했다. 대학 4학년 졸업반으로 진학할 계획이었던 굿슨은 더 이상 수업에서 볼 수 없었는데, 알고 보니 텍사스주에 있는 베일러대학 미식축구팀 선수로 다시 전액 장학금을 받고 스카우트되었던 것이다. 그 뒤 굿슨은 NFL 드래프트에 선발되어 프로 미식축구 선수로 활약했으며, 2015년 시애틀에서 열린 슈퍼볼에서도 이름을 날릴 정도로 승승장구했다.

축구, 농구, 미식축구 이 세 가지 종목에서 엄청난 두각을 낸 드미트리 굿슨의 형은 마이크 굿슨Mike Goodson인데, 마이크는 캐롤라이나 팬더스와 오클랜드 레이더스, 뉴욕 제츠에서 뛴 NFL 선수였다. 또 드미트리 굿슨의 이복형제인 제이거 해밀턴Jakar Hamilton 역시 댈러스 카우보이스에서 활약한 NFL 선수였다. 형제들이 모두 NFL 선수 집안인 드미트리 굿슨을 보면 유전적 우월성을 제외하면 이를 어떻게 설명하겠는가?

도만타스 사보니스[11]

도만타스 사보니스Domantas Sabonis 선수는 현재 인디애나 페이서스의 파워 포워드로 활약하며, 2019~2020 시즌 올스타에 선발될 정도로 최고의 기량을 선보이고 있다.

나의 스포츠 테크 수업을 들었을 당시 열아홉 살이었던 사보니스는 리투아니아 국적을 가진 매우 수줍고 조용한 성격의 학생이었다. 고교를 졸업하고 NBA로 진출한 뒤 그의 기량은 아버지를 많이 닮아가는 듯 보인다. 사보니스는 미국 오리건주에서 태어났지만 아버지를 따라 리투아니아로 돌아가 미국과 리투아니아 두 나라의 국적을 모두 가지고 있었다. 2019년 8월 31일부터 9월 15일까지 중국에서 열렸던 FIBA 월드컵에 리투아니아 대표팀 선수로 출전한 그는 대회에 앞서 한국 대표팀과 가진 친선 경기에 출전하기도 했다.[12]

사보니스 선수가 계속해서 멋진 기량을 보이며 승승장구하고 있지만, 사실 그의 아버지를 따라가려면 한참 멀었다. 그의 부친이 바로 아비다스 사보니스Arvydas Sabonis이기 때문이다.[13] 아비다스 사보니스는 1988년 소련 농구 대표팀(1991년 소비에트연방에서 리투아니아로 국적을 바꿈)에서 활약하며 소련이 미국을 누르고 금메달을 따는 데 주역이 되었다. 키가 221센티미터였던 그는 유럽 출신의 뛰어난 농구 선수 가운데 한 명으로 평가받고 있으며, 2011년 NBA 명예의 전당에 헌액되었다.

자동차 경주의
데일 언하르트 부자

축구, 농구, 야구, 배구와 같은 전통 스포츠는 아니지만 빼어난 유전자를 가진 아버지와 아들 콤비는 자동차 경주에서도 볼 수 있다. 바로 데일 언하르트Dale Earnhardt 부자이다.

스포츠 선수는 타고나는가?

2001년 2월 18일 북미 자동차 경주 대회인 내스카NASCAR에서 위대한 선수 가운데 한 명으로 평가받는 데일 언하르트가 레이스 도중 일어난 사고로 사망하는 사건이 발생했다.[14] 팀 동료인 마이클 월트립과 아들인 데일 언하르트 주니어에 이어 4위로 달리고 있던 그는 다른 선수가 앞지르지 못하도록 방어를 했는데, 그 과정에서 사고가 일어난 것이다.

데일 언하르트는 플로리다 동부에 있는 데이토나 자동차 경주장에서 열린 '데이토나 500 레이스 대회'에서 34회나 우승을 한 명실상부한 당대 최고의 내스카 드라이버라고 할 수 있다. 데일 언하르트의 갑작스런 사고사로 후원 계약은 즉각 무효가 되었지만 코카콜라는 그의 업적을 기리기 위해 3개월 동안 계약을 연장하기까지 했다.

데일 언하르트 시니어는 아들인 데일 언하르트 주니어에게 매우 엄격한 아버지로 알려졌는데, 그는 아들이 군사학교에 가서 강하게 성장하기를 기대했다. 그러나 자동차 경주 드라이버로서의 자질을 보였던 데일 언하르트 주니어는 아버지의 반대에도 자신의 꿈을 꺾지 않았다. 데일 언하르트 주니어는 두 번의 데이토나 500 레이스 우승을 비롯해 모두 열일곱 번이나 대회 챔피언에 오르며 아버지 뒤를 이어 최고의 내스카 명예의 전당에 올랐다.

미국 메이저리그의
켄 그리피 부자

    미국 프로 야구 역사상 가장 훌륭한 유전자를 자랑하는 가문은 바로 켄 그리피Ken Griffey 집안이라고 할 수 있다. 1990년 9월 14일 당시 시애틀 마리너스 소속이었던 켄 그리피 시니어와 그의 아들인 켄 그리피 주니어는 이날 미국 야구 역사상 깨뜨리기 어려운 기록을 남겼다. 바로 같은 구단 소속의 아버지와 아들이 연속으로 홈런을 친 것이다.[15]

켄 그리피 시니어는 1973년부터 1991년까지 외야수로 활약할 동안 총 세 번의 올스타 선수로 뽑혔으며, 두 번의 월드 시리즈 챔피언에 오르기도 했다. 아들인 켄 그리피 주니어는 아버지의 기량을 뛰어넘는 업적을 기록했다. 그의 아버지는 전 소속팀이었던 신시내티 레즈 구단의 명예의 전당에만 올랐지만, 그는 미국 메이저리그 명예의 전당에 헌액될 정도로 프로 야구에 남긴 업적이 대단했다. 켄 그리피 주니어는 올스타 선수에 열세 번이나 뽑혔으며 630개의 홈런을 기록했는데, 이는 미국 야구 역사상 일곱 번째로 많은 홈런이다.

켄 그리피 주니어의 아들인 트레이 그리피는 할아버지, 아버지와 다른 길을 택했다. 바로 미식축구다. 그는 애리조나대학에서 와

                            스포츠 선수는 타고나는가?

이드 리시버로 활약했지만 NFL 드래프트에 선발되지 않았다. 이후 그는 인디애나 콜트, 마이애미 돌핀스, 피츠버그 스틸러스에서 후보 선수로 등록되어 기대를 모았으나 이렇다 할 성적을 내지 못하고 선수 생활을 정리했다.[16] 만약 그가 미식축구가 아닌 야구를 택했으면 어땠을까? 그의 빼어난 유전자는 야구에 더 적합한 것이었을까 하는 궁금증이 든다.

국내의 빼어난
스포츠 유전자 가족들

국내에서도 스포츠 유전자를 이어받은 가족을 어렵지 않게 찾을 수 있다. 허재 전 국가 대표 감독의 아들인 허웅과 허훈은 아버지의 전성기 시절을 보는 듯 뛰어난 실력을 보이며 한국 프로 농구의 간판선수로 맹활약하고 있다.

한국 프로 야구 키움 히어로즈에서 빼어난 성적을 기록하고 있는 이정후는 일명 '바람의 아들'로 불린 이종범의 아들로, 아버지의 실력을 넘어선다고 평가받고 있다.[17] 그는 2017년 넥센 히어로즈 (현 키움 히어로즈)에 지명된 뒤 신인왕 타이틀을 수상하며 금새 히어로즈의 간판스타로 떠올랐다. 2021년 그는 여러 MLB 스카우터들의 관심과 주목을 받는 한국 프로 야구의 대표급 선수라고 할 수 있다. 현재 삼성 라이온즈에서 외야수와 1루수를 담당하는 이성곤은 이순철 야구 해설위원의 아들로, 해태 타이거즈 선수 시절 도루왕으로 이름을 날렸던 아버지의 빠른 발을 물려받았다는 얘기가 종종 나온다.[18]

현재 고등학교 축구팀에서 지도자 생활을 하는 차두리는 차범근의 아들이다.[19] 비록 차범근의 업적에는 못 미치지만 차두리 또한 독일을 시작으로 유럽 리그에서 활약하며 아버지의 뒤를 이어 프로 축구 선수로 활약한 바 있다. 한국 여자 프로 농구의 간판스타로 청주 KB 스타즈와 WNBA 라스베이거스 에이시스에서 활약한 박지수 역시 부모님의 농구 유전자를 잘 물려받은 사례라고 할 수 있다.[20] 박지수의 키는 195센티미터인데 그의 아버지가 바로 삼성 썬더스와 대구 오리온즈에서 센터로 활약했던 2미터 장신의 박상관 전 명지대 농구팀 감독이다. 박지수의 어머니는 한국 여자 국가 대표 배구팀 선수 출신으로 키가 180센티미터로 알려져 있다.

미국 NBA 간판선수인 스테픈 커리Stephen Curry Jr.가 졸업한 데이비슨대학에서 주전 농구 선수로 활약하고 있는 이현중 역시 빼어난 유전자를 자랑한다. 이현중은 하승진에 이어 한국인으로는 두 번째로 NBA 데뷔를 노리고 있다. 이현중의 어머니(성정아, 전 농구 선수)는 1984년 LA 올림픽에서 은메달을 획득했고, 그의 아버지(이윤환, 고교 농구 감독)는 하승진, 송교창, 이대성의 모교인 삼일상고의

스포츠 선수는 타고나는가?

농구부를 지도하고 있다. 빼어난 스포츠 유전자를 가진 전형적인 스포츠 명문 가족이라고 할 수 있다.

과학으로 증명된
스포츠 유전자의 존재

그렇다면 스포츠 유전자의 존재를 과학적으로 증명할 수 있을까? 미국 스포츠 저널리스트인 데이비드 엡스타인은 자신의 책『스포츠 유전자』에서 이러한 궁금증을 단번에 해소해준다. 이 책에는 스포츠 유전자가 존재한다는 다양한 사례와 증거가 넘치도록 자세히 잘 나타나 있다. 운동선수가 되고자 하는 독자들은 반드시 이 책을 읽기 바란다. 그중 몇 가지 인상적인 내용을 소개하겠다.

미국 리버사이드 캘리포니아대학 생물학과 교수인 테오도르 갈랜드Theodore Garland는 생쥐를 대상으로 한 가지 실험을 했다. 보통 하루에 5~6.5킬로미터를 뛰는 일반 생쥐들을 두 집단으로 나눈 뒤 한쪽 집단은 매일 평균 거리보다 덜 뛰게 한 반면 다른 쪽 집단에 속한 생쥐들은 평균 거리보다 더 뛰게 했다. 그런 뒤 많이 뛰는 생쥐끼리, 적게 뛰는 생쥐끼리 따로 교배를 시키고 나서 16세대가 지난 뒤 이들이 하루 동안 뛰는 평균 거리를 측정했다. 과연 어떤 결과가 나왔을까?

결과는 그야말로 기대 이상이었다. 많이 뛰는 생쥐끼리 교배를 통해 태어난 그룹은 다른 그룹과 달리 매일 평균 11킬로미터를 뛰었던 것이다. 그는 이 생쥐들에게 리탈린이라는 약물을 투여해 보았다. 리탈린은 뇌에 있는 도파민의 농도를 변화시키는 약물이다. 도파민은 신경 전달 물질로 뇌세포 사이에 신호를 전달하는 화학 물질이다. 정상적인 생쥐에게 리탈린을 투여하자 달릴 때 더 큰 쾌감을 느끼기 때문에 더 많이 달리려고 했다. 그러나 많이 뛰는 생쥐들끼리 16세대에 걸친 교배를 통해 탄생한 생쥐들은 리탈린을 투여해도 별다른 변화가 없었다.

다시 말하면 이 생쥐들은 리탈린이라는 약물이 없어도 이미 뇌에 그 변화가 일어났고, 달릴 때 더 큰 쾌감을 느끼기 때문에 걷지 않고 계속 뛰어다닌다. 달리기를 못하게 하자 생쥐들에게서는 마치 인간이 음식을 원하거나 마약 중독자가 마약을 갈망할 때 보이는 것과 유사한 뇌 회로가 활성화되는 것으로 드러났다.[21] 이 실험으로 비추어볼 때 스포츠 스타 가족은 결국 우수한 스포츠 유전자를 물려받았을 가능성이 농후하다.

스포츠 선수는 타고나는가?

시베리안 허스키 vs
알래스칸 허스키

운동 능력에는 유전적 요소가 절대적으로 지배한다는 것을 증명하는 또 하나의 사례가 있다. 바로 알래스카 지역에서 종종 볼 수 있는 썰매 개들이다. 시베리안 허스키와 알래스칸 허스키는 같은 종일까, 아니면 유전자가 변형된 완전히 다른 종일까? 알래스칸 허스키의 조상은 시베리안 허스키로 알려져 있다. 하지만 알래스칸 허스키의 DNA를 분석한 결과, 푸들과 리트리버처럼 알래스칸 허스키와 시베리안 허스키는 완전히 별개의 품종임이 드러났다.

알래스카에는 다부진 근육질을 가진 썰매 개들이 끄는 경주(흔히 '알래스칸 허스키 경주'라고 불린다)를 한다. 1,000마일(1,600킬로미터)이나 되는 거리를 쉬지 않고 달려야 하는 일종의 철인 3종 경기와 유사한 대회이다. 알래스칸 허스키 경주에 참가하는 썰매 개들은 우수한 종자를 통해 썰매를 끌기에 최적의 조합을 찾아 교배하고 썰매 개에 맞게 훈련을 받는다. 여기서 중요한 점은 썰매 개가 되기에 필요한 최적의 (근육 등) 신체적 조건을 가졌다고 모두 썰매 개가 될 수 있는 것은 아니라는 사실이다. 수십 세대에 걸친 교배를 통해 지금의 알래스칸 허스키는 그의 조상격인 시베리안 허스키와 전혀 다른 DNA 구조를 갖게 된 것으로 나타났다.

썰매 개가 되기에 완벽한 근육을 가졌다 해도 어떤 개는 영하 50도의 추위에 옴짝달싹하지 않는다고 한다. 다시 말해서 썰매 개가 되기에 필요한 최고의 신체 조건도 중요하지만, 영하 50도가 넘는 혹한에도 썰매를 끌려는 본능적인 욕구가 있어야 한다는 것이다. 앞서 설명한 대로 추운 날씨와 상관없이 (리탈린을 투여하지 않아도) 달릴 때 쾌감을 느끼는 도파민이 뇌 속에서 자동으로 활성화될 수 있는 유전적 특성이 있어야 하는 것이다.

허스키 경주에 적합하도록 우수한 종자를 통해 수십 년 동안 우성 교배된 허스키 썰매 개의 특성은 절대 훈련으로 채워질 수 없는 본능적인 DNA라고 한다.[22] 어떠한 날씨에도 뛰고 싶고, 달릴 때 느낄 수 있는 쾌감을 갈구하는 그 본능, 그것이 바로 우리가 말하는 스포츠 유전자의 가장 큰 특징이라고 할 수 있다.

스포츠 유전자와
운동 중독

우리 주위에는 매우 뛰어난 운동 신경을 가진 사람들이 종종 있다. 남들보다 연습 시간이 부족하고 체계적인 훈련도 받지 못했지만 타고난 신체 조건과 월등한 운동신경으로 두각을 나타내는 선수들이 있다. 그런데 뛰어난 운동선수 중에서 강박적으로 보일 만큼 지나칠 정도로 운동을 하려는 사람을 종종 본다. 무적의 권투 챔피언인 플로이드 메이웨더 주니어Floyd Mayweather Jr.는 가끔씩 한밤중에 벌떡 일어나서 트레이너를 불러 체육관에 가서 훈련을 한 것으로 유명하다. 그가 운동을 하지 않을 때 느끼는 불편하고 께름칙한 기분은 체육관 관계자들의 업무가 시작되는 아침까지 결코 참을 수 없을 정도로 강력한 것이었다.

NFL 은퇴 선수인 허셀 워커Herschel Walker는 12세 때부터 매일 꾸준히 운동하는 습관이 있다. 앉았다 일어서기와 팔굽혀펴기를 약 5,000번씩 하는 것이다. 그는 51세 때도 하루에 앉았다 일어서기를 1,500번, 팔굽혀펴기를 3,500번 하고 거기에다가 격투기 훈련까지 했다.[23] 그는 "나는 남들과 조금 다르다. 그 이유는 바로 나에게 돈을 많이 버는 것이 행복이 아니기 때문이다. 나에게 성공이란 바로 그냥 행복해지는 것이다"라고 말했다.[24] 그를 훌륭한 NFL 선수로 만든 요인은 여러 가지가 있겠지만 돈을 많이 벌어 큰 저택을 구입하려는 외적 동기보다 유전적 본능에 충실하려는 내적 의지가 더 크게 작용한 것으로 이해할 수 있다.

'중국 선수 중 미국 NBA에 진출해 엄청난 활약을 하고 명예의 전당에 헌액된 선수가 누구인가?'라는 질문에 머릿속에 떠오르는 선수가 있는가? 비록 농구 마니아가 아니더라도 휴스턴 로키츠에서 센터로 뛰었던 228센티미터의 야오밍을 어렵지 않게 떠올릴 것이다. 야오밍은 중국농구협회가 계획적으로 당시 최고의 신장을 가진 남녀 농구 선수를 중매하여 나온 결과물이다.[25] 그는 다른 선수들에 비해 점프력이 부족하다는 평가를 받았지만 워낙 큰 신장과 당당한 체격으로 당대 최고의 센터라는 평가를 받았다.

스포츠 유전자와 유니콘 선수들

우리는 흔히 기업 가치가 10억 달러(약 1조 2,000억 원) 이상 되는 비상장 스타트업 기업을 유니콘 기업이라고 한다. 농구에서는 르브론 제임스, 케빈 듀란트Kevin Durant처럼 아무도 막을 수 없을 정도로 뛰어난 실력을 지닌 선수들을 'NBA 유니콘'이라고 한다(농구를 제외한 다른 종목의 경우 '레전드'라는 말을 더 자주 사용한다). 리오넬 메시Lionel Messi나 크리스티아누 호날두Cristiano Ronaldo는 '축구 레전드'로 불린다. 물론 손흥민이나 류현진 역시 레전드급에 포함될 수 있다. 스포츠 유전자가 있는 모든 선수가 유니콘 선수가 될 수는 없지만 유니콘 혹은 레전드 선수 중 스포츠 유전자를 갖고 있지 않은 선수는 없다.

얼마 전 스포츠 심리학 교수와 스포츠 유전자에 대해 이런저런

담소를 나눈 적이 있다. 그는 몇 년 전 미국의 스포츠 유전자 전문가가 하는 강연에서 경험했던 일을 전했다. 이 전문가는 강연이 끝날 때마다 운동선수의 부모들로부터 빠지지 않고 받는 질문이 있다고 했다. 바로 "내 자녀가 스포츠 선수로 성공할 수 있는 스포츠 유전자가 있나요?", "스포츠 선수로 성공할 수 있을지 조언 좀 해주세요"이다. 그의 대답은 "그건 부모가 가장 잘 알지요. 나한테 묻는 것보다 부모 스스로 이 답을 해야 합니다"였다.

하지만 우수한 스포츠 유전자가 있다고 해서 모두 성공하는 것은 아니다. 일부 선수들은 뛰어난 유전자를 가졌다고 과하게 칭찬하면 그리 좋은 반응을 보이지 않는다. 유전자의 우월성을 지나치게 강조하다 보면 종종 이들의 피땀 어린 노력을 자칫 간과할 수 있기 때문이다. 하지만 반대로 특별한 소질 없이 꾸준한 노력만으로 성공한 선수들은 쉽게 찾아볼 수 없다. 수많은 선수들이 나름대로 이름을 떨칠 수 있었던 이유는 바로 어릴 적부터 특정 종목에서 남들과는 다른 특출한 기량과 실력을 선보였기 때문인데, 대부분 타고난 DNA에 기인한다는 데에 이견이 없다.

2장

★ ★ ★

최고의 스타,
레전드 선수가
되기 위한
훈련

스포츠 유전자 외에
무엇이 더 필요할까?

　　　　　얼마 전 국내 스포츠 단체 직원들을 대상으로 강
의를 한 적이 있다. 수강생 대부분은 스포츠 연맹·협회 소속이거나
국가 대표 출신의 관리자들이었다. 강의하는 도중에 내가 '선수로
서 성공하는 데 스포츠 유전자가 미치는 영향이 얼마나 된다고 보
느냐'고 묻자, "90퍼센트 이상" "80퍼센트" "매우 크다" 등의 답변

이 나왔다. 선수 개개인에 따라 정도는 다르겠지만 스포츠 유전자가 선수 활동에 미치는 영향력은 결코 무시할 수 없다는 사실에는 대체로 동의하는 듯 보였다.

국가 대표팀 선수들뿐 아니라 다양한 종목 프로 선수들의 운동 능력을 개발하기 위해 상당한 연구 활동을 한 스포츠 과학 교수에게 전화를 걸어 인터뷰를 했다. 그는 "뛰어난 스포츠 선수가 되기 위해서는 기본 운동 능력, 기술, 정신력, 훈련 환경 등 다양한 역량이 필요하지만 그중에서 가장 중요한 것은 바로 스포츠 유전자"라고 했다. 또 우수한 선수를 만드는 데 스포츠 유전자가 미치는 영향은 많게는 80퍼센트 이상일 것이라고 말했다.

그렇다면 나머지 20퍼센트를 차지하는 것은 과연 무엇일까? 스포츠 유전자를 가진 선수들이 수많은 시간 동안 피와 땀을 흘리고 훈련한다면 모두 훌륭한 선수가 될 수 있을까? 이승엽 선수의 좌우명대로 진정한 노력은 결코 배신하지 않을까?[1] 그리고 이 말은 누구에게나 적용되는 절대적 사실일까?

여기서 『티핑 포인트』, 『블링크』, 『아웃 라이어』, 『타인의 해석』 등 베스트셀러를 여러 권 낸 작가이자 사회과학자인 맬컴 글래드웰 Malcolm Gladwell을 소개할 필요가 있다. 그는 자신의 또 다른 베스트셀러인 『1만 시간의 법칙』에서 노력이 얼마나 중요한지를 논리적으로 설명했다.[2]

예를 들면, 세계적으로 명망이 높은 오케스트라에 들어가기 위해서는 젊은 시절의 연습량이 1만 시간을 넘어야 한다는 것이다. 8,000시간을 연습하면 조금 낮은 수준의 오케스트라에 들어가고, 그리고 6,000시간을 연습하면 예비 음악가가 음악 교사로 진출하는 경향이 높다고 주장한다. 절대 법칙은 아니지만 통계적으로 그렇다는 말이다.

그렇다면 스포츠 선수들에게도 "1만 시간의 법칙"이 그대로 적용될 수 있을까? 다시 말해서 유전적 소질과 상관없이 누구라도 한 가지를 1만 시간 동안 꾸준히 연습하면 최고의 자리에 오를 수 있을까? 스포츠 선수도 그럴까?

1만 시간의
노력?

1만 시간의 법칙에는 조건이 필요하다. 앞 장에서 설명한 대로 전문가들이 말하는 DNA라고 불리는 '소질', 즉 스포츠 유전자가 바로 그것이다. 스포츠 선수로 성공하기 위해서는 종목에 적합한 체격이나 뛰어난 운동 능력 등의 조건이 잘 맞아야 한다. 어느 정도의 신체적 조건과 스포츠 유전자라고 일컫는 뛰어난 운동 신경과 운동 능력을 잘 갖출 경우, 1만 시간의 법칙이 제대

최고의 스타, 레전드 선수가 되기 위한 훈련

로 적용될 가능성이 높다. 즉, 스포츠 유전자를 가진 선수가 꾸준히 훈련하고 연습하면 성공할 가능성이 높다.

우리가 잘 아는 유명한 세계 톱클래스 급 '레전드 선수들'의 경우 이 두 가지를 모두 소유하고 있음은 굳이 설명하지 않아도 잘 알 것이다. 유벤투스 축구 스타 크리스티아누 호날두가 여기에 해당한다. 그는 운동 중독에 가까울 정도로 평소 운동량이 엄청난 것으로 알려져 있다. 그가 가진 유전자와 엄청난 연습량이 그를 세계 최고의 축구 선수로 만든 것은 누구도 부정할 수 없는 사실이다.

여기에 추가해야 할 것이 하나 있다. 바로 '스포츠 IQ'라고도 불리는 경기 운영에 대한 이해도다. 아무리 뛰어난 잠재력을 가졌더라도 경기를 운영하는 전략과 전술에 대한 이해도가 낮으면 절대로 레전드 선수가 될 수 없다.

어느 종목이나 전략과 전술의 중요성은 무시할 수 없다. 하지만 누가 뭐래도 전략과 전술이 가장 복잡하고 이해하기 어려운 종목은 단연코 미국 미식축구라고 할 수 있다. 선수의 규모부터 다른 종목과 차이가 난다. NFL은 한 팀 선수가 최대 55명으로 구성되고, 그중 48명 정도가 경기에 나선다. 대학 미식축구팀은 선수단의 규모가 훨씬 큰데, 한 팀당 최대 125명의 선수를 기용할 수 있다. 이러한 종목의 특성으로 미식축구는 경기 운영에 활용할 수 있는 전략과 전술이 수백 가지에 달한다.

보통 공격·수비 코디네이터라고 불리는 각 팀의 전략 담당 코치들은 경기장 꼭대기 층에 배치된 코치 전용 전략분석실에서 내용을 분석한다. 상대 팀 선수들이 위치한 공격과 수비 대형을 분석하고 어떤 전략과 전술을 구사할지를 결정한 뒤 감독과 쿼터백에게 전달하는 역할을 맡는다. 공격의 핵심인 쿼터백은 헬멧 안에 있는 헤드셋을 통해 감독, 전략 코치와 통신하면서 경기를 운영한다.

쿼터백의 팔목에는 다른 선수에게는 없는 특이한 패치가 있다. 다양한 전략과 전술을 간단한 기호로 요약해서 설명한 일명 '플레이북 밴드'라고 부르는데, 감독과 전략 코치가 지시하는 내용을 잘 모를 경우 참고하기 위한 일종의 합법적인 '커닝 페이퍼'인 셈이다. 이러한 경기 운영에 대한 이해도, 즉 스포츠 IQ를 높이기 위해서는 '1만 시간의 법칙'에서 설명하는 것처럼 꾸준한 연습과 훈련이 필요하다.

스포츠 유전자와 노력이 전부가 아니다

당연하게도 스타 선수 자녀라는 사실만으로 운동선수로서의 성공이 보장되지는 않는다. 부모들보다 더 뛰어난 선수가 된 경우도 있지만 부모의 적극적인 지원에도 부모들보다 못한 저조한 실력으로 크게 빛을 내지 못하고 사라지는 사례도 적지 않다. '농구 황제' 하면 떠오르는 선수는 누구인가? 단연코 마이클 조던이다. 현재 미국 NBA 샬럿 호니츠 구단주인 그는 운동 신경이 매우 뛰어난 선수들 가운데 한 명이었다. 월등한 스포츠 유전자를 가지고 태어난 마이클 조던의 자녀들은 노력만 하면 아버지와 같은 'NBA 유니콘'이 될 수 있을까? 과연 그 확률은 얼마나 될까?

우선 마이클 조던이 얼마나 뛰어난 운동 신경을 갖고 있었는지 간단히 살펴보자. 그는 한창 전성기였던 1993년을 끝으로 프로 농구 선수로서 은퇴하고, 총격으로 사망한 아버지의 유언을 받들기 위해 미국 메이저리그 시카고 화이트삭스와 계약을 했다. 시카고 화이트삭스의 열렬한 팬이었던 그의 아버지는 조던이 커서 농구 선수 대신 야구 선수가 되기를 간절하게 바랐다. 이를 잘 알고 있었던 마이클 조던은 갑작스럽게 그리고 미련 없이 농구계를 떠났다.

하지만 10년 넘게 야구 글러브를 잡지 않았던 탓에 프로 야구 선수로서의 인생은 성공적이지 못했다. 그가 야구로 또 다른 센세이션을 일으킬 것으로 기대했던 많은 팬과 전문가들은 곧 그에게서 등을 돌렸고, 그는 결국 2년 뒤인 1995년에 다시 농구공을 잡았다.

2년여의 은퇴 공백 동안 농구공을 전혀 잡지 않았음에도 조던은 복귀하고 다섯 번째 게임에서 55점을 득점하는 기염을 토했다. 그가 진정한 'NBA 유니콘'으로서 인정받는 순간이었다. 많은 팬들은

'유니콘 선수'의 기원은?

유니콘이란 뿔이 달린 말처럼 생긴 전설상의 동물을 말한다.[3] 이 말을 본 떠 기업 가치가 10억 달러(약 1소 2,000억 원)가 넘는 비상장 스디트업 기업을 유니콘 기업이라고 부른다. 조그마한 스타트업 기업으로 시작해서 1조 원이 넘는 기업으로 성장하는 것은 감히 상상하기도 어려울 만큼 드문 일이기 때문일 것이다. 미국의 공유 자동차 업체인 우버, 에어비엔비, 중국의 드론 비행기 제작 업체인 DJI, 샤오미, 그리고 한국의 대형 유통 업체인 쿠팡, 게임 개발사인 크래프톤 등이 여기에 해당한다.

그렇다면 여러분은 'NBA 유니콘'이란 말을 들어본 적이 있는가? 스포츠 산업에서 '유니콘'이란 말을 처음 사용한 사람은 바로 오클라호마 썬더스의 간판스타인 케빈 듀란트였다. 2016년 케빈 듀란트가 당시 뉴욕 닉스에서 뛰던 라트비아 출신의 크리스탑스 포르징기스Kristaps Porzingis의 플레이를 칭찬하며 '유니콘'이라고 발언한 것이 최초였다.

신장이 221센티미터였던 포르징기스는 파워 포워드와 센터 포지션을 맡았음에도 뛰어난 운동 신경, 드리블 능력과 정확한 외곽 슛(3점 슛 포함) 능력을 모두 갖춰 그 누구도 쉽게 막을 수 없을 정도로 최고의 기량을 가졌는데, 이런 그를 두고 케빈 듀란트가 한 단어로 표현한 것이다.

그 이후로 NBA 경기 해설자들은 물론 ESPN의 스포츠 방송 관계자들도 월등한 신장을 가진 데다 다양한 포지션을 동시에 소화하는 '슈퍼스타'를 'NBA 유니콘'이라고 부르게 되었다.

마이클 조던이 야구에서 처절하게 실패했다고 하지만 스포츠 과학 전문가들의 의견은 달랐다.[4] 조던이 마이너리그인 트리플A로 내려간 뒤에는 그의 타율에 대해 잘 알려지지 않았지만, 시즌이 끝날 즈음 그의 최종 타율은 2할이 넘었다. 평생 야구만 해온 프로 선수들도 조금만 방심하면 타율이 2할대 밑으로 내려가기 십상인데, 조던의 타율은 1할대 초반에서 시즌이 끝날 즈음 2할대를 넘어섰다는 것이다. 이를 본 스포츠 과학자들은 "역시 마이클 조던이다!"라는 찬사를 아끼지 않았다.

농구 황제 마이클 조던의 아들 역시 농구 선수다. 일리노이대학을 졸업한 큰아들 제프리 조던은 NBA의 문턱을 넘지 못하고 농구의 마이너리그 격인 G리그에서 활약했다.[5] 과거에 제프리 조던이 일리노이대학 선수로 뛰던 시절에는 '제2의 마이클 조던'을 기대하며 그가 활약하는 경기 대부분을 ESPN 방송을 통해 생중계했지만 어느 순간부터 일리노이대학 경기는 ESPN에서 중계하지 않았다. 아마 아버지에 비해 한참 처지는 그의 실력 때문이 아닌가 싶다. 둘째 아들인 마커스 조던 역시 센트럴 플로리다대학에서 농구 선수로 활동했지만 프로 선수로서 빛을 보지는 못했다.[6]

NBA 역사상 가장 강력한 인상을 남겼던 스타 선수가 또 있다. 워낙 덩치가 크고 힘이 좋아 일명 '빅 펠라Big Fella'로 불렸던 샤킬 오닐Shaquille O'Neal이다. 오닐의 신장은 216센티미터이고 신발 사이즈가 무려 410밀리미터에 달했는데, 그의 아들 역시 농구 선수로 활약하고 있다.[7] UCLA에서 아버지와 동문이 되기 위해 루이지애나 주립대학으로 편입한 샤리프 오닐Shareef O'Neal은 아버지의 스포츠 유전자를 물려받았지만 아버지처럼 훌륭한 선수가 되기는 쉽지 않아 보인다.[8]

마이클 조던, 매직 존슨Magic Johnson, 래리 버드와 같이 1992년 바르셀로나 올림픽에 참가했던 미국 농구 드림팀의 포인트 가드였던 존 스탁턴John Stockton의 사례를 보자. 존 스탁턴은 모두 여섯 명의 자녀를 두었고, 모두 농구 선수로 활약하고 있다. 큰 아들 데이비드 스탁턴David Stockton은 아버지 뒤를 이어 곤자가부속고등학교와 곤자가대학을 거쳐 아버지가 20여 년간 활약했던 유타 재즈에 입단했지만, 입단 2주 뒤 바로 마이너리그인 G리그로 내려가 그 리그에서 줄곧 뛰었다.

예전에 내가 곤자가대학에 재직했을 당시 텅 빈 대학 농구 연습장에서 존 스탁턴이 아들인 데이비드 스탁턴을 일대일로 지도하는 모습을 우연히 본 적이 있다. 아들이지만 정말 인정사정없이 혹독하게 훈련시켰던 것으로 기억한다. 아들이라 애정이 남달라서였는지는 모르겠지만 땀을 뻘뻘 흘리며 연습하던 데이비드의 모습이 꽤 인상적이었다. 그런 모습을 보면서 한편으로 이런 생각이 들었다. '존 스탁턴은 현역 시절에 얼마나 독한 연습 벌레였을까?'

매일 아침 여섯 시면 존 스탁턴 부부는 곤자가대학 피트니스 클럽을 찾는다. 은퇴한 지 수십 년이 지났지만 끊임없이 체력을 관리하는 모습을 보면 참으로 대단하다는 생각이 든다. 존 스탁턴의 큰딸인 로라 스탁턴도 곤자가대학 여자 농구팀 선수로 활약했지만 이렇다 할 업적은 남기지 못했다. 아버지의 뛰어난 스포츠 유전자를 받고 아버지의 가르침대로 1만 시간 이상 열심히 연습하고 훈련했지만 결과적으로 프로에서는 아버지와 같은 기량을 발휘하지 못했다.

물론 NBA 명예의 전당에 헌액된 존 스탁턴의 업적이 너무나도 뛰어났기 때문일 수도 있지만, 스포츠 유전자와 1만 시간의 노력으로만 설명하기에는 무언가가 부족한 듯하다. 그렇다면 과연 무엇이 또 필요할까? 빼어난 스포츠 유전자를 물려받고 1만 시간의 노력을 한 뒤 레전드 선수가 되고 안 되고는 운명에 맡겨야 할까?

레전드 선수에게 절대적으로 필요한
전략적 훈련

한국 프로 농구 중계에서 방송 해설자들이 했던 말이 기억이 난다. 현재 KBL 소속 A감독이 한 선수에게 이런 말을 했다고 한다. "어떻게 그런 쉬운 숏을 놓쳐?" 물론 그 감독은 선수를 비난하려는 의도나 선수에게 패배의 책임을 전가하려는 의도는 아니었다. 그리고 현역 시절 최고의 슈팅 가드로 이름을 날렸던 터라 그가 이런 말을 하는 것이 충분히 이해는 간다. 별것 아닌 것 같은 A감독의 이 말은 우리가 흔히 말하는 '훌륭한 선수는 최고의 감독이 되기 어렵다'라는 말을 이해하는 데 하나의 실마리가 될 수 있다(물론 A감독의 경우 이미 KBL 우승 타이틀을 획득했기에 스타 선수 출신의 명감독으로서 그의 실력은 확실하게 검증되었다고 볼 수 있다).

득점력이 뛰어나고 슈팅 실력이 빼어났던 A감독은 '쉬운 숏(?)'을 절대 놓치지 않았을 것이다. 개인 기량이 매우 뛰어난 톱클래스급 선수라면 '수비수를 돌파하고 숏을 넣을까, 패스를 할까, 반칙을 유도해 자유투를 얻을까' 하는 고민 없이 혼자 알아서 해결할 것이다. 즉, 경기 운영에서 비교적 쉽게 팀을 승리를 이끌 수 있다. 하지만 슈팅 능력이 다소 부족하고 득점력이 떨어지는 선수라면 어떻게 할까? 슈팅 가드가 아니라 패스를 주로 담당하는 포인트 가드라면 또 어떻게 경기를 운영할까? 바로 자신이 그 숏을 해결하기보다 더욱 유리한 포지션에 있는 다른 선수들을 찾아 공을 패스할 가능성이 높다. 이것을 전략적 훈련이라고 부른다.

대체로 실력이 뛰어나면 뛰어날수록 경기 운영에 필요한 전략과 전술에 대한 고민을 상대적으로 덜하는 경향이 있다. 반면에 실력이 다소 부족하거나 포인트 가드와 같은 특정 포지션을 담당하는 선수는 '어떻게 이번 공격을 성공시킬 것인가?'를 끊임없이 고민하고 연구하고 노력할 수밖에 없다. 이런 고민과 연구와 노력이 바로 전략적 훈련의 시작이고 '스포츠 IQ'의 근간이 된다. 전략적 훈련은 결코 외워서 얻을 수 있는 것이 아니고 누구의 강요로 강제로 습득될 수 있는 성질의 것도 아니다. 온전히 자기 스스로의 의지에 따라 경기 운영에 대해 꾸준히 고민하고 생각하는 과정에서 생겨나는 무형의 결과물이다.

손흥민을 만든 전략적 훈련

손흥민을 세계적인 선수로 만드는 데에 그의 부친인 손웅정만큼 많은 기여를 한 사람은 아마도 없을 것이다. 손흥민은 어릴 때부터 부친으로부터 축구와 관련한 다양한 훈련을 받았다. 이때 받았던 훈련 방법은 영국 프리미어리그에도 잘 알려져 있다(참고로 손웅정은 상무와 현대, 일화를 거치며 K리그 통산 37경기 7골의 기록을 갖고 있다. 프로 축구 선수 초반기에 당한 부상으로 28세에 어쩔 수 없이 선수 생활을 접은 후 줄곧 유소년 축구 양성에 힘쓰고 있다).

손웅정이 아들을 훈련시키면서 가장 강조했던 것은 바로 기본기였다. 볼 트래핑과 드리블, 슛, 패스 등에 초점을 맞춘 훈련을 통해 손흥민은 글로벌 톱클래스 선수가 되기 위한 개인기를 철저히 익힐 수 있었다. 손웅정은 특히 슈팅을 집중적으로 훈련시켰는데, 2003년부터 6년 동안 하루도 빠짐없이 축구공 80개를 담은 대형 아이스박스를 끌고 운동장에 나가 직접 볼을 던져주며 하루에 서너 시간 개인기를 가다듬었다는 사실은 아주 유명하다.[9]

손웅정은 다양한 가상 상황을 만들어서 손흥민이 이에 적합한 슈팅을 하도록 훈련시켰는데, 그 결과 다른 선수들에 비해 유효 슈팅과 골 결정력에서 매우 탁월한 성과를 볼 수 있었다. 이것이 바로 전략적 훈련 방법이라고 할 수 있다. 손흥민은 매일 80개 이상의 공을 차면서 끊임없이 축구공의 위치, 골대와의 거리, 가상 수비수의 위치와 거리, 스피드 등을 생각하며 세계 최고의 골잡이가 되기 위한 전략적 훈련을 소화했던 것이다.

최경주의 사례

이러한 전략적 훈련을 설명하는 데는 아마 최경주보다 더 적합한 인물은 없을 것이다. 일명 '탱크'로 불리는 한국 남자 골프계를 대표하는 그의 인생 스토리를 들으면 재미나기도 하지만 다른 한편으로는 참 대단하다는 생각이 든다.

최경주는 전라남도 완도 출신으로 어릴 때부터 각종 운동에 소질을 보였다. 그는 완도수산고등학교 1학년 때 체육 교사의 권유로

최고의 스타, 레전드 선수가 되기 위한 훈련

골프채를 잡았다고 알려졌다.[10] 우연한 기회에 골프 스윙을 배우게 된 그는 공을 치는 게 너무 재미있었다고 한다. 오래전에 봤던 그의 골프 인생을 집중 보도한 다큐멘터리가 기억이 난다. 다른 선수들은 하루에 약 1,000개 정도의 공을 치면서 훈련하는데, 그는 2,000개를 쳤다는 것이다. 남들보다 두 배 이상 많은 연습량인데도 그는 전혀 힘들지 않았다고 고백하는 장면이 기억에 남는다.

하지만 최경주가 훌륭한 골프 선수가 된 것은 단순히 연습량이 많아서가 아니다. 단지 남들보다 두 배 이상 많은 수의 공을 치면서 연습했다고 해서 '골프 레전드'가 될 수는 없다. 하루 2,000개의 공을 한 개씩 칠 때마다 다양한 자세와 그립을 구사하며 공이 어떤 방향으로 나가는지, 어떻게 치면 '훅이 나고, 슬라이스가 나는지'를 꾸준히 고민하고 생각하면서 연습했다.

그의 연습 과정을 돌이켜보면, 그는 (골프 종목에서) 몸소 경험을 통해 전략적 훈련의 가치를 습득한 것으로 보인다. 이것이 바로 전략적 훈련의 핵심이다. 어떤 이는 별다른 생각 없이 코치가 시키는 대로 그냥 1,000개의 공을 다 치면 훈련을 끝낸다. 반면에 누군가는 공을 하나하나 칠 때마다 머릿속으로 상상하면서 훈련을 한다. 이것을 스포츠 심리학에서는 '이미지 트레이닝'이라고 부른다. 이러한 습관이 몸에 배는 순간 실력이 향상되는 건 물론이고 머릿속은 다양한 기술적 전략과 전술로 가득할 것이다. 또 한 명의 'NBA

유니콘' 사례를 살펴보자.

스테픈 커리의
자기 주도적인 전략적 훈련

2009년 전교생이 약 3,000여 명 정도밖에 안 되는 미국 대학 3부 리그에 속한 데이비슨대학 농구부에서 슈퍼스타 선수가 NBA에 데뷔했다. 바로 골든스테이트 워리어스의 스테픈 커리다.[11] 그의 아버지는 NBA에서 16년간 활약했던 델 커리Dell Curry였고, 스테픈 커리의 남동생인 세스 커리Seth Curry도 필라델피아 세븐티식서스에서 활약하고 있다. 겉으로 보기에 스테픈 커리는 슈퍼스타라고 불릴 만한 눈에 띄는 신체적인 특징이 없다. 그보다 더 뛰어난 드리블 기술을 가진 선수도 많고, 점프력 역시 그의 특기는 아니다. 그가 NBA를 뒤흔든 기술은 바로 3점 슛 능력이다.

스테픈 커리는 청소년 시절부터 거의 매일 최소 250개 이상, 일주일에 약 2,000개에 가까운 슛 연습을 한 것으로 알려졌다.[12] 일반 선수들이 보통 일주일에 1,000개의 슛을 연습한다고 하는데, 그 역시 최경주처럼 거의 두 배 가까이 연습했다.

그의 슛 동작을 잘 보면 다른 선수들과는 약간 차이가 난다. 그는 십수 년이 넘는 시간 동안 수없이 많은 슛을 연습하면서 자신에게 맞는 볼 그립부터 팔, 몸동작, 스텝의 움직임에 필요한 기술을 연마하는 등 끊임없는 훈련과 노력으로 지금과 같은 스타일의 슈팅 동작을 완성했다. 이것이 바로 자기 주도적인 전략적 훈련의 한 단면이다.

스테픈 커리는 감독이나 코치가 시켜서 하는 게 아니라 스스로 부족한 부분을 인식하고, 남에게 보여주기 위함이 아닌 철저히 자신의 실력 향상을 위해 지속적으로 고민하고 연구하는 자세를 체득한 것이다. 그를 보면 자기 주도력의 힘을 증명하는 듯하다. 그는 스스로 손가락의 미세한 움직임, 시선, 팔의 위치, 스텝, 방향, 속도, 골대의 위치 등 말로는 형용하기 어려운 다양한 상황을 연출하며 이에 맞는 자기 주도적인 전략적 훈련 방법을 터득했다.

자기 주도적 훈련의 모범 사례, 양동근

17년 동안의 프로 생활을 끝으로 2020년 4월 1일 은퇴를 선언한 남자 농구의 전설, 양동근. 그는 자기 주도적 훈련의 모범 사례로 손꼽힌다. 그는 선수 시절 챔피언 결정전 6회 우승, 정규 리그 5회 우승, 정규 리그 MVP 4회, 신인왕 등을 휩쓸며 명실상부한 한국 프로 농구의 간판스타로 활약했다. 양동근이 활약했던

자기 주도력의 힘이란?

미국의 한 실험실에서 소음을 견디는 실험을 진행했다. 피험자들은 A와 B로 나뉜 두 개의 방에 각각 한 사람씩 들어갔다. 실험에 참가한 이들은 방안에서 점점 강도가 높아지는 소음을 견뎌야 했고, 도저히 참지 못할 지경에 이르면 문을 열고 나올 수 있었다. 하지만 A방과 B방에는 한 가지 차이점이 있었다. A방에는 피험자들이 소음을 도저히 견디기 어려울 경우 소음을 다소나마 줄여달라고 요청할 수 있는 붉은 스위치를 설치했고, B방에는 이 스위치가 없었다.

이 실험의 비밀은 바로 A방에 설치된 붉은 스위치가 실제로는 작동하지 않았다는 데 있었다. 결과는 흥미로웠다. A방에 들어간 피험자들이 소음을 더 오래 견뎠다. A방에 설치된 붉은 스위치가 실제로는 작동하지 않았지만 언제라도 자신이 원할 경우 이 스위치를 눌러 소음을 줄일 수 있는 권한이 주어졌기 때문에 이들은 소음에 더 오래 견딜 수 있었다.

A와 B방에 들어간 모든 피험자들은 (자신의 한계에 가까운) 소음을 견뎠지만 결국 자신의 한계를 넘어서게 한 것은 바로 작동하지 않는 붉은 스위치였던 것이다. 소음을 더 오래 견디게 만든 것은 주변의 강요도 아닌 바로 스스로의 의지와 통제였다. 세계 톱클래스 선수들이 공통적으로 지니고 있는 것은 바로 스스로 그리고 주도적으로 통제할 수 있는 마음 깊은 곳에 설치된 '붉은 스위치'가 아닐까 싶다.

최고의 스타, 레전드 선수가 되기 위한 훈련

울산 현대모비스의 유재학 감독은 그를 향해 실력뿐만 아니라 인격적으로도 훌륭한 선수라고 칭찬할 정도로 그는 경기 내적·외적으로 많은 선수들의 귀감이 되었다.

무엇보다 양동근을 최고의 선수로 만든 건 그의 배려심이나 인격보다 그가 선수 시절 보여준 '자기 주도적 훈련 태도'이다. 한 언론 기사에 이런 일화가 나온다.[13] 양동근은 경기 중에 레이업에 실패하면 경기가 끝난 뒤 홀로 경기장에 남아 레이업 300개를 연습했다는 것이다. 자신의 실수를 인정하고 다시는 반복하고 싶지 않다는 그의 굳은 다짐 뒤에는 투철한 '자기 주도적인 훈련' 자세가 엿보인다.

당신의 자녀는
스포츠 선수가 될 수 있을까?

자신의 자녀가 훌륭한 스포츠 선수가 될 수 있을지 궁금해하는 부모들은 간략하게나마 다음 네 가지 요인을 분석하면 어느 정도 답을 얻을 수 있다.

첫째, 사촌 이내 친척 중에 스포츠 선수가 있었는지 살펴보라. 뛰어난 스포츠 유전자가 없을 경우 경쟁자들보다 뒤에서 출발했다는 것을 나중에야 깨닫게 될 수 있음을 기억해야 한다.

둘째, 만약 사촌 이내에 스포츠 선수가 있다면 어떤 종목이었는지 살펴보고 여러분 자녀가 하는 종목의 특성을 비교하면 좀 더 확신을 가질 수 있다.

셋째, 맬컴 글래드웰이 주장했던 것처럼 '1만 시간의 노력'을 자기 주도적으로 할 수 있는 기질과 성향을 가졌는지를 살펴봐야 한다. 끈기, 인내, 성실함이 부족할 경우 성인이 될 때까지 1만 시간의 연습량을 채우기는 매우 어려울 것이다. 자녀들이 훈련하는 모습을 멀리서 관찰하다 보면 요령을 피우는지 성실한 자세로 임하는지 알 수 있다.

넷째, '스포츠 IQ'를 지속적으로 계발할 수 있는 특정 포지션(예를 들면 농구의 포인트 가드, 미식축구 쿼터백, 야구 포수, 축구 미드필드, 배구 세터 등)을 맡도록 한다거나 경기 운영에 대한 전략과 전술을 고민하도록 여건을 만들어줄 수도 있다. 여러분의 자녀가 이러한 포지션을 제대로 소화한다면 본인이 인지하지 못하는 순간에도 '스포츠 IQ'는 높아진다.

여기에 덧붙여 자기 주도적인 전략적 훈련을 할 수 있는지를 관찰한다. 단체 훈련을 할 경우 훈련 시간이 다 끝났는데도 개인 시간을 들여 좀 더 연습하는 장면을 목격한다면 그것은 매우 긍정적인 신호일 수 있다. 개인 훈련을 하는 경우 훈련하는 모습을 자세히 살펴보면 자기 주도적인 전략적 훈련을 하는지, 그냥 억지로 대충 시

최고의 스타, 레전드 선수가 되기 위한 훈련

간을 때우는지 알 수 있을 것이다.

우리가 잘 아는 A 스타 야구 선수의 일화가 있다. 그는 시합의 결과와 관계없이 원하는 대로 경기가 풀리지 않으면 밤늦게 야구 방망이를 들고 나가 타격 연습을 했다. 특히 원하는 대로 공을 치지 못한 것에 분을 참지 못하는 날이면 늦은 밤 개인 훈련 시간은 더 길어졌다고 한다. 자기 주도적인 전략적 훈련 습관이야말로 아마추어 선수든 프로 선수든 신인이든 '레전드' 선수가 되기 위해서는 꼭 필요한 것이다.

3장
★ ★ ★
농구 선수에게는 키가 전부일까?

0.1센티미터의
간절함

우리는 출생 직후부터 성인이 되어 성장이 멈추기까지 키를 잰다. 소아과를 갈 때면 으레 그동안 키가 얼마나 컸는지, 내 키는 큰 편인지 작은 편인지 궁금해한다. 최근 소아 청소년을 대상으로 하는 성장클리닉에서는 뼈의 나이와 다양한 호르몬 수치를 이용해 환자의 예상 키를 추정하기도 한다. 한국인 평균 신장에 비해 키가 작을 것 같다는 의사의 소견이 나오면 키를 조금이나마 늘리기 위해 다양한 노력을 한다.

　우리는 키를 잴 때마다 조금이라도 더 큰 수치가 나오기를 기대하며 최대한 노력한다. 발뒤꿈치가 땅에 닿을 듯 말 듯 아슬아슬하게 몸을 위로 바짝 세우는가 하면 목을 앞뒤로 약간씩 움직이면서 몸을 최대한 수직이 되도록 하기도 한다. 그 이유는 바로 0.1센티미터라도 큰 수치가 나오기를 바라는 우리의 공통된 심정이 아닌가 싶다. 물론 키가 매우 큰 장신이라면 키를 잴 때 예민하게 반응하지 않겠지만 말이다.

　세상에는 정말 다양한 직업이 존재한다. 4차 산업이 발전하면서 예전에는 존재하지 않았던 직업들이 속속 생겨난다. 러닝머신 엔지니어, 인공지능 게임 콘텐츠 개발자, 자율 비행 드론 조종사, 반려동물 심리사, 그리고 유튜버와 같은 1인 미디어 창작자들도 그중 하나라고 할 수 있다. 하지만 시대가 크게 변했음에도 불구하고 여전히 특정 신체 조건을 갖춰야만 지원할 수 있는 직업이 있다. 패션모델이라든가 사관학교처럼 지원자의 키가 너무 작으면 진입할 기회조차 주어지지 않는 분야도 있다. 또 역도 종목처럼 키가 평균보다 더 클수록 상대적으로 불리해지는 종목이 있는 반면 농구나 배구와 같이 신장이 크면 클수록 유리한 종목도 있다.

　독자들은 좋아하는 스포츠 선수들의 프로필을 찾아본 적이 있을 것이다. 언론사마다 유명 선수들의 키는 서로 다르게 나오고 또한 실제 키보다 더 크게 나와 있다는 느낌을 갖는 것은 비단 나만이 아닐 것이다. 그 이유는 바로 키가 작은 것보다 1센티미터라도 더 크게 알려지는 것이 좋다고 생각하기 때문이다. 아마 자신의 프로필에 실제 키보다 작게 기록되는 것을 좋아할 선수는 거의 없을 것이다.

키가 너무 커서 뛸 수 없는
외국인 선수들

하지만 단 1센티미터라도 작게 나오려고 몸을 최대한 움츠리고 키를 재는 상황이 한국 농구에서 벌어졌다. 한국 프로 농구KBL에서 뛰는 외국인 선수들은 2미터가 넘으면 시합에서 뛸 수가 없어 몇 번씩 키를 다시 재는데, 키를 잴 때마다 조금씩 공식 키가 줄어드는 마법 같은 경험을 했다. 농구 선수가 되기 위해 열심히 먹고 성장판을 자극하며 쭉쭉이 체조로 키를 키웠는데, KBL에서는 오히려 키가 너무 커서 농구를 할 수 없는 역설적인 상황이 연출된 것이다. 이를 두고 미국의 스포츠 전문 케이블인 ESPN에서는 'KBL의 신장 제한 규정은 도무지 이해할 수 없는 제도'라고 꼬집기도 했다.

농구 선수에게는 키가 전부일까?

이쯤에서 KBL의 신장 제한 규정에 대해 간략히 설명할 필요가 있겠다.[1] KBL은 2015~2016 시즌을 시작하기 전 각 구단이 외국인 선수 두 명을 선발하되, 최소한 한 명은 193센티미터 이하의 단신 선수를 선발하도록 규정을 변경했다. 이러한 규정으로 조 잭슨(180센티미터), 안드레 에밋(191센티미터), 키퍼 사익스(178센티미터) 등 빠른 템포의 테크닉을 구사하는 단신 선수들이 스타덤에 오르면서 이 규정은 성공한 듯 보였다.

이에 탄력을 받아 다음 시즌에서는 2, 3쿼터에 외국인 단신 선수와 장신 선수 모두를 출전 가능하도록 해 볼거리를 만들려고 시도했다(외국인 선수 두 명이 동시에 출전할 경우 경기가 외국인 선수 위주로 흐를 경향이 짙어 이전까지는 외국인 선수 한 명만 출전하게 했다). KBL은 조금 더 욕심을 내 단신 선수의 신장 제한을 193센티미터에서 186센티미터 이하로 대폭 낮추고 장신 외국인 선수도 2미터를 넘지 못하도록 규정을 수정했다. 안 하느니만 못한 행동을 하는 행동의 오류를 범한 것이다.

프로 스포츠 리그에서 선수 자격과 관련된 규정을 제정하거나 수정할 때는 심도 있는 논의를 거쳐 매우 조심스럽게 해야 한다. 또한 규정 제정이나 수정은 구단의 성적에도 지대한 영향을 미칠 수 있기 때문에 구단들이 처한 상황을 고려해 공정하게 이루어져야 한다. 선수 자격, 특히 경기 성적에 큰 역할을 하는 외국인 선수의 선

행동의 오류란?[2]

축구 경기에서 패널티 킥을 찰 때 키커는 골대의 중앙, 왼쪽, 오른쪽 세 가지 옵션 가운데 선택한다. 실제로 패널티 킥 방향을 분석한 결과 선수들의 3분의 1은 골대의 중앙으로, 3분의 1은 왼쪽으로, 그리고 나머지 3분의 1은 오른쪽 방향으로 공을 찼다. 그렇다면 골키퍼는 어느 방향으로 몸을 움직였을까? 골키퍼들은 2분의 1이 골대의 왼쪽으로, 나머지 2분의 1은 오른쪽으로 몸을 날렸다.

골키퍼들은 중앙에 가만있기만 해도 3분의 1 확률로 슛을 막을 수 있는데 왜 그냥 서 있지 않을까? 바로 그 자리에 멈춰 선 채 공이 골대의 왼쪽이나 오른쪽으로 향하는 것을 지켜보는 것이 무척 고통스럽기 때문이다. 몸을 날려 막을 수 있는 공이었지만 아무런 행동도 하지 않았다는 자책감을 감당하는 것보다 왼쪽이든 오른쪽이든 몸을 날리는 것이 심적으로 덜 괴롭기 때문이다. 즉, 아무런 소용이 없는 행동이지만 행동을 취하는 것이 아무것도 하지 않는 것보다는 더 나아 보인다는 말인데, 이를 행동의 오류라고 한다.

외국인 선수의 신장을 제한할 당시, 한국 프로 농구의 의사 결정자들은 한국 농구의 발전을 위해 새로운 정책을 시행하길 바랐다. 아무것도 하지 않는 것보다는 결과가 좋든 그렇지 않든 어떤 새로운 아이디어를 내고 이를 실제로 도입하고 싶어 했다. 한국 선수를 보호하고 경기 흐름을 빠르게 해서 농구의 재미를 더하겠다는 명분이었지만 외국인 선수의 신장 제한 정책은 결국 실패로 끝났다.

농구 선수에게는 키가 전부일까?

발 규정과 관련해서는 매우 세심하게 접근해야 하고 규정에 대한 부작용 등을 고려해서 신중할 필요가 있다.

결국 KBL 지도부가 바뀌자마자 많은 비판을 받았던 외국인 선수들의 신장 제한 규정을 폐지했다. 그렇다면 외국인 선수들의 신장 제한 규정이 왜 문제가 되는지 살펴보자.

프로 농구에서는
키가 전부가 아니다

키가 크면 클수록 농구 선수가 될 가능성은 높아진다. 미국 NBA 리그의 사례를 통해 살펴보자. 미국인구조사국 질병통제센터 산하 국립보건통계센터의 자료를 바탕으로 바블로 토레가 『스포츠 일러스트레이티드Sports Illustrated』에 쓴 글에 따르면, 20~40세의 미국 남성 가운데 오직 70명 정도가 210센티미터 이상이며, 키가 198~203센티미터인 남성은 약 0.07퍼센트라고 한다.[3]

NBA 선수가 될 확률은 키가 183센티미터부터 5센티미터가 증가할 때마다 거의 열 배씩 증가한다고 한다. 키가 183~188센티미터인 남성이 NBA 선수가 될 확률은 약 100만 명 중 5명꼴이고, 키가 188~193센티미터인 경우는 100만 명 중 20명꼴로 증가한다. 또한 키가 213센티미터인 미국 남성은 아주 드물기 때문에 질병통제센터는 그 키의 백분위를 아예 표시하지 않지만 213센티미터가 넘는 미국인은 NBA 선수가 될 확률이 17퍼센트로 증가하는데, 다른 말로 하면 213센티미터 이상의 미국 남성 6명 중 1명은 NBA 선수였거나 선수라고 할 수 있다.[4] 221센티미터의 신장으로 NBA 포틀랜드 트레일블레이저스에서 센터로 활약한 한국인 최초의 NBA 출신 하승진은 키가 매우 큰 최상위 집단에 속한다고 할 수 있다.[5]

하지만 농구라는 종목의 특성상 키가 작다고 해도 다른 신체적 요인, 즉 점프력이나 윙스팬Wingspan(스포츠 리그에서 팔 길이를 잴 때 흔히 사용하는 용어) 등으로 신장에서 오는 단점을 충분히 극복할 수 있다. KBL이 '국내 선수를 보호한다' 혹은 '경기의 흐름을 빠르게 유지하여 긴장감을 높인다'는 명분으로 외국인 선수의 신장을 제한했는데, 이는 다양한 신체적 요인을 간과하고 판단한 의사 결정이라고 할 수 있다.[6] 특히 외국인 선수의 인종이 다양할 뿐만 아니라 이로 인한 신체적 구조도 확연히 다르다는 것을 생각하면 금방 이해할 수 있다.

의학적으로 마르판 증후군(유전 질환의 하나로 결합 조직에 결함이 있는 증후군으로 사지가 길며, 허파와 눈, 심장, 혈관 등에 이상이 나타나기도 한다)을 진단할 때 기준으로 사용하는 것 중 하나가 바로 윙스팬 대 키의 비율이다. 이 비율이 1.05가 넘을 때 마르판 증후군을 의심한다. 참고로 2004년 시드니 올림픽 대회부터 2016년 리오 올림픽까지 총 스물여덟 개의 메달을 딴 미국 수영의 간판스타 마이클 펠프스Michael Phelps가 마르판 증후군을 앓고 있다.[7] 한국인으로는 드물게 한기범 전 농구 선수가 마르판 증후군으로 수술을 받았다.[8] 이 증후군의 특징처럼 펠프스는 긴 팔다리와 수영선수에게 매우 유리한 큰 손과 큰 발을 가졌는데, 그의 윙스팬 대 키의 비율이 1.04로 알려졌다.[9] 그렇다면 농구 선수들의 팔 길이는 선수들의 기량과 어떤 관계가 있을까?

농구 선수의 심상치 않은 윙스팬과 점프력

선수들의 팔 길이와 점프력에 관해서는 스포츠 저널리스트인 데이비드 앱스타인이 쓴 『스포츠 유전자』에 잘 설명되어 있는데, 이 부분을 간략히 소개하겠다. NBA 선수의 윙스팬 대 키의 비율은 평균 1.063으로 키에 비해 팔 길이가 유난히 길다. 즉, KBL의 신장 기준인 2미터 선수들의 평균 윙스팬은 213센티미터라는 것을 알 수 있다. 1999년 NBA 신인 선수 드래프트에서 1순위로 뽑힌 엘튼 브랜드Elton Brand는 키가 204센티미터로 파워 포워드로서 큰 편이 아니었지만, 두 팔을 양 옆으로 뻗으면 그 길이가

227센티미터에 이르러 신장에서 오는 약점을 팔 길이로 극복할 수 있었다.

NBA 선수들의 키와 팔 길이는 인종에 따라 다소 차이가 있다. NBA에서 활약하는 백인 선수들의 평균 키는 202센티미터이고 윙스팬은 208센티미터로 알려져 있다. 하지만 흑인 선수의 경우 평균 키는 197센티미터로 백인 선수에 비해 다소 작았지만 윙스팬은 211센티미터로 오히려 신장이 5센티미터나 더 큰 백인 선수들보다 팔이 더 길었다. 다시 말해서, 외국인 선수들을 선발할 때 그들의 인종이나 팔 길이를 고려하지 않고 신장만을 기준으로 186센티미터, 193센티미터, 2미터 등으로 제한하는 것은 형평성에 어긋나고 또 다른 부작용이 발생할 수 있다.

2020년 11월 23일 열린 한국 프로 농구 신인 드래프트에서 1라운드 5순위로 안양 KGC인삼공사의 지명을 받은 연세대 한승희의 키는 196센티미터로 포워드로는 키가 큰 편이 아니지만 윙스팬이 207센티미터로 매우 길다. 서울 SK 나이츠의 지명을 받은 단국대 포워드 임현택 역시 키는 196.8센티미터지만 윙스팬은 208센티미터에 달한다.[10]

농구 선수로서 또 하나 중요한 신체 능력은 바로 점프이다. NBA 현역 선수들의 점프 능력은 인종에 따라 다소 차이가 있다. 선수들의 운동 능력을 검사할 때 반드시 필요한 테스트도 바로 제자리 수직 높이뛰기이다. 드래프트를 앞두고 신체 조건을 측정하는 NBA 콤바인Combine에 따르면, 백인 선수들의 평균 점프 능력은 70센티미터인 반면 흑인 선수들은 5센티미터가 더 높은 75센티미터의 점프 실력을 갖춘 것으로 나타났다. 즉, 흑인들의 평균 점프 능력은 백인들에 비해 약 5센티미터가 더 높기 때문에 신장 제한 규정을 적용할 때 흑인 선수들에게 더 유리한 측면이 있다.

점프 능력은 NBA 선수들에게는 매우 중요하다. 스포츠 캐스팅 Sports Casting에 따르면, 필라델피아 세븐티식서스에서 뛰었던 제이슨 리처드슨, 시카고 불스의 제크 라빈, 그리고 농구 황제 마이클 조던이 약 117센티미터에 달하는 점프 능력을 지녔으며, 대럴 그리피스와 월트 체임벌린은 이보다 5센티미터 더 높은 122센티미터의 점프 실력을 지닌 것으로 밝혀졌다.

이러한 사실을 보면 외국인 선수들의 키를 2미터 이하로 제한한 규정이 미칠 수 있는 영향력은 기대보다 크지 않다. '외국인 선수들보다 신장이 작은 국내 선수들을 보호한다' 혹은 '농구 흐름을 빠르게 유지하여 경기의 긴박감을 높인다'는 명분 아래 외국인 선수들의 신장을 제한하는 규정을 만들었지만 결국 국제 스포츠 언론의 웃음거리가 되었을 뿐이다. 앞서 설명한 대로 외국인 선수들이 신장을 재는 과정에서 조금이라도 작게 측정되기 위해 몸을 최대한 웅크리고 있는 모습은 참으로 가관이었다. 키를 재면서 조금이라도 더 작게 나오기를 바라는 선수는 전 세계에서 한국 KBL에서 뛰고 싶은 외국인 선수들이 거의 유일했을 것이다.

어느 때보다 심각한 위기에 처한 KBL은 총체적 난관에 봉착했다. 2020년 3월 코로나19 환자가 발생하자 어쩔 수 없이 정규 일정을 끝내지 못하고 중단되었으며, 곧 2019~2020 리그를 종료하고 말았다. 일부 외국인 선수들은 코로나19의 불안감을 견디지 못하고 자진 출국하는 상황이 발생했다. 설상가상으로 인천 전자랜드가 2020~2021 시즌을 끝으로 구단 운영을 포기하기로 결정했다. KBL은 우여곡절 끝에 2020년 10월 9일 무관중 경기로 시즌을 개막했지만 예전 같은 환호는 찾아볼 수 없었다.

선수들은 예전이나 지금이나 똑같이 열심히 훈련하고 경기를 치른다. 각 구단 역시 경기장을 찾은 팬들을 실망시키지 않으려 다양한 이벤트 행사를 진행한다. 하지만 이러한 노력에도 불구하고 KBL은 방송 중계권, 스폰서십, 입장권 수입, 기타 부대 수입 등에서 엄청난 규모의 적자에 직면하고 있다. KBL의 리더십이 절대적으로 필요한 순간이다. 상식 밖의 정책이나 규정으로 KBL이 전 세계로부터 조롱당하는 일이 다시는 없어야 한다. ESPN이 지적한 것처럼 '너무 커서 농구를 할 수 없는 리그'는 세계 농구의 흐름과 상반되는 것이었다. [11]

농구 선수에게는 키가 전부일까?

★ ★ ★

4장

구단 감독,
누구를 어떻게
선발할
것인가?

사퇴하는
감독들

        구단의 감독을 선발하는 일은 무엇보다 중요하
다. 국가 대표팀 감독뿐만 아니라 프로 스포츠 구단 감독 및 코치까
지 매년 시즌이 끝난 후 성적에 전적인 책임을 지고 자진 사퇴하는
감독들도 있고, 조금 더 기회를 받기 원하지만 구단에서 경질하는
경우도 있다. 실제로 SK 와이번스의 염경엽은 2020년 시즌이 끝난

직후 사퇴했으며,[1] LG 트윈스 류중일 역시 2020년 가을 야구에서 조기 탈락한 직후 열린 기자회견에서 사의를 표명했다.[2]

　일부 구단의 경우 시즌이 한창 열리는 중인데도 감독이 자진 사퇴하거나 경질되는 상황이 발생하기도 한다. 한화 이글스 한용덕은 14연패에 대한 책임을 지고 시즌이 한창 진행 중이던 2020년 6월 자진해서 사퇴했다.[3] 한화는 1986년 빙그레 이글스로 창단한 이래 단일 시즌 최다 연패 기록을 갱신했다. 기존의 팀 단일 시즌 연패 기록은 2013년 개막 뒤 13연패가 최다 기록이었지만, 2020년 6월 7일 NC 다이노스와의 경기에서 아주 무기력하게 2 대 8로 패한 뒤 나온 결정이었다.

　구단의 내부 사정에 따라 감독을 선임하고 계약을 연장하거나 경질할 수 있다. 이러한 과정을 통해 어떤 구단은 명문 구단으로 발돋움하기도 한다. 하지만 어떤 구단은 끝이 없는 수렁에 빠지기도 한다. 그렇다면 감독의 계약 기간과 거취는 어떻게 하는 것이 바람직할까?

감독의 적절한 계약 기간

　　감독의 선발 과정과 임기는 스포츠 종목의 특성

에 따라 다르며 스포츠 구단을 바라보는 모기업(구단주)의 시각과 철학에 따라 달라진다. 미국 스포츠기자협회는 스포츠 종목의 성격과 규모에 따라 감독의 계약 기간이 달라져야 한다고 설명한다. 그들은 미국 미식축구 리그NFL의 경우 신임 감독에게 대략 4~5년 정도의 충분한 시간이 주어져야 팀을 리빌딩할 수 있다고 주장한다. 그 이유는 미식축구팀의 경우 한 구단에 속한 선수가 50명에서 100명 가까이 될 뿐만 아니라 감독이 구사할 수 있는 공격과 수비의 전략이 수백 가지에 달하기 때문에 이러한 전략과 전술을 숙달하기까지 다른 스포츠에 비해 그만큼 시간이 더 필요하기 때문이다.

규정에 따르면, NFL은 한 구단이 최대 55명까지 선수로 등록할 수 있고,[4] 미국 대학 미식축구팀은 최대 125명까지 선수단을 꾸릴 수 있다.[5] 반면에 미국 프로 농구NBA와 미국 대학 농구 1부 리그는 감독의 계약 기간이 선수단의 규모와 경기의 특성을 고려할 때 대략 3년이면 충분하다고 설명한다. 이 기간 동안 구단이 눈에 띌 만한 성적을 내지 못한다면 감독이 지닌 능력의 한계를 인정해야만 할 것이다.

그렇다면 국내 프로 농구 감독의 계약 기간은 어떨까? 2020년 기준으로 한번 살펴보자. 울산 현대모비스 피버스의 유재학은 2020년 4월에 3년 재계약을 했다.[6] 그는 현대모비스에서 지금까지 정규 리그 우승 6회, 챔피언 결정전 우승 6회라는 업적을 거둬 이미 한국 농구의 명장으로 인정받고 있다. 현대모비스가 명문 구단으로 가기 위해 유재학이 절대적으로 필요하다는 구단주(모기업)의 철학이 제대로 반영된 결과로 보인다.

2018년 안양 KGC인삼공사와 재계약을 체결한 김승기 역시 3년이라는 기간이 정해졌다. 하지만 서울 삼성 썬더스 이상민과 고양 오리온 오리온스 강을준의 계약 기간은 2년이었다. 이상민은 2014년 사령탑에 오른 뒤 서울 삼성에서 6년간 감독을 해왔던 터라 재계약 기간이 2년이든 3년이든 크게 상관은 없어 보인다. 하지만 추일승에 이어 새롭게 고양 오리온의 사령탑이 된 강을준에게 주어진 2년은 다소 짧아 보인다.

'우수한 선수를 스카우트하면 짧은 기간에도 우승 팀을 만들 수는 있지만 그렇다고 그 팀이 명문 구단이 되는 것은 아니다'라고 한 알렉스 퍼거슨Alexander Ferguson의 말이 생각난다.[7] 감독 계약 기간이 2년이든 3년이든 절대적인 수치는 존재하지 않을 수 있다. 하지만 선수들을 새로 구성하는 것부터 팀 컬러에 맞는 전략과 전술을 제대로 구사하기까지 걸릴 시간을 생각하면 2년이라는 기간은 아무리 생각해도 짧아 보인다.

그래서일까? 고양 오리온 오리온스는 시즌을 시작한 지 얼마 되지 않아 최진수를 내보내고 이종현(울산 현대모비스)과 최현민(전주 KCC)을 데려오려는 트레이드를 시도했다.[8] 감독의 전략은 단기적으로 볼 때 성공한 듯 보인다. 오리온스는 리그 1~3위를 오가며 상위권을 지키고 있기 때문이다. 하지만 명문 구단은 1~2년 안에 달성할 수 있는 것이 아니다. 어떤 팀이든 명문 구단으로 거듭나기 위해서는 감독의 충분한 계약 기간을 보장할 필요가 있다. 명장 없는 명문 구단은 존재하지 않기 때문이다.

감독을 잘못 선임한 책임은
누구에게 있는가?

프로 구단을 소유하고 있는 구단주 혹은 모기업은 명문 구단에 대한 철학을 갖고 있기 마련이다. 매년 리그 우승을 하기는 어렵지만 꾸준히 구단의 전통을 만들어가려는 노력을 한다. 이러한 과정에서 충성도 높은 팬들이 생겨나고 구단의 가치는 높아진다. 우리는 간혹 신임 감독들의 계약 기간을 통해 구단주의 철학을 엿볼 수 있다. 단순히 이번 시즌 우승 팀을 원하는지 아니면 시간, 노력, 열정, 투자, 에너지, 성공적인 전략 등을 통해서만 달성할 수 있는 명문 구단을 원하는지를 말이다.

구단의 성적이 부진하면 감독은 그 책임을 전적으로 진다. 감독이 선수 선발부터 기용, 경기 운영에 필요한 경기 전략과 전술에 실패했기 때문이다. 그럼 감독을 제대로 뽑지 못해 구단 성적이 부진하다면 이에 대한 책임은 누가 질까? 시즌이 끝난 후 모든 책임을 지는 감독들이 기운 빠진 표정으로 고개를 숙이고 사퇴 기자회견을 하는 모습을 종종 본다. 매우 안타까운 일이다. 감독으로서의 역량을 충분히 발휘할 수 있는 최소한의 계약 기간이 주어져야 하지만 실망스럽게도 그렇지 못한 경우를 종종 경험한다.

우승 팀을 원하든 명문 구단을 원하든 구단주들이 가진 철학을 우리가 뭐라고 할 수는 없다. 하지만 감독을 선발하는 구단주의 철학과 비전이 확고하지 않으면 '신임 감독 2년 계약', '1년 만에 감독 사퇴' 등의 안타까운 상황을 계속 접할 수밖에 없을 것이다.

국가 대표팀 감독 vs 프로 구단 감독

국가 대표팀의 감독을 선발하는 과정과 기준은 프로 구단과 비교할 때 다소 차이가 있다. 간간이 벌어지는 국제 대회에 참가하기 위해 만들어지는 국가 대표팀은 (국민의 세금으로 운영되는 성격상) 구단주의 개념이 명확하지 않으며 또한 굳이 명문 구단이 될 필요가 없기 때문이다.

2020년 봄, 대한민국농구협회에서는 도쿄 올림픽 대회에 참가할 여자 농구 국가 대표팀의 감독 선발을 진행했다. 김태일, 하숙례,

구단 감독, 누구를 어떻게 선발할 것인가?

전주원, 정선민 등 네 명의 후보자와 면접을 실시했고, 정선민 전 인천 신한은행 코치와 전주원 아산 우리은행 코치가 최종 경합한다고 발표했다.[9] 당시 대표팀 감독직을 수행한 이문규가 계약 만료 시점에 소통과 관련한 논란이 불거지자 재계약에 실패했고, 대한민국농구협회는 새로운 감독을 공모하게 된 것이다.

그렇다면 국가 대표 감독을 선발할 때는 무엇을 가장 중요한 기준으로 삼아야 할까? 과연 어떤 감독이 좋을까? 국가 대표 감독의 계약 기간은 어떻게 정할까? 국가 대표팀의 최고 목표인 우승을 잘 달성할 수 있는 감독이면 충분할까? 여러분이 감독을 선발하는 위원이라면 어떤 기준으로 감독을 선발하겠는가?

프로 구단의 경우 감독을 잘못 선발하여 구단의 성적이 부진하면 모든 유무형의 책임은 구단주에게 귀결된다. 구단의 순위가 내려가 팬들이 등을 돌리고 이로 인해 입장권과 스폰서십 수입이 줄어들면 구단주가 직접적인 피해를 입기 때문이다. 하지만 국가 대표팀은 상황이 매우 다르다. 국가 대표 감독을 잘못 선임하여 국제 대회에서 팀 성적이 좋지 않으면 감독이 이 모든 책임을 짊어지는 구조이다. 과연 이것이 합당할까? 프로 구단의 성적이 저조하면 구단주가 모든 피해를 감수한다. 하지만 국가 대표팀의 참패는 경기 결과에 실망한 모든 국민이 감당해야 한다.

그렇다면 국가 대표팀 감독을 잘못 선발한 책임은 누구에게 있을까? 감독을 선임하고 나면 감독 선임 위원회의 역할은 다 끝난 것일까? 감독 선임 위원들은 감독을 선임하는 데 필요한 자질을 갖추고 있을까? 국가 대표 감독을 선발하는 위원회(한국 여자 농구 대표팀의 경우는 경기력향상위원회에서 결정한다)에 속한 위원들이 생각하는 '훌륭한 감독 혹은 지도자상'에는 서로 별 이견이 없을까? 후보 감독들의 여러 자질 중 어떤 면을 주로 살펴보고 결정할까?

구단의 성적이 저조하면 대부분의 책임이 감독에게 돌아간다. 하지만 감독을 선발하는 구단주, 최고 의사 결정권자, 혹은 감독 선발 위원회의 책임은 전혀 없을까? 구단주의 철학이 명확하지 않거나 팀을 리빌딩하기 위한 최소한의 시간이 주어지지 않아 원하는 결과를 얻지 못했을 때에도 감독이 이 모든 책임을 져야 할까? 2020년 10월 키움 히어로즈의 손혁 감독이 성적 부진에 대한 책임을 지고 자진 사퇴했다. 손혁이 부임한 지 1년도 채 지나지 않은 상황에서 내려진 갑작스런 사퇴는 선뜻 이해하기 어려웠다.[10] 시즌이 한창 진행 중이고 특히 포스트 시즌을 앞둔 상황에서 상위권 팀 감독의 갑작스러운 사퇴는 매우 이례적이라고 볼 수 있다.

구단 감독, 누구를 어떻게 선발할 것인가?

감독, 우승 팀,
명문 구단의 관계

우승 팀과 명문 팀은 분명 다르다. 그렇다면 우승 팀과 명문 구단을 어떻게 구별할 수 있을까? 리그를 막론하고 전통적인 명문 구단은 우승하지 못하더라도 충성도 높은 팬이 많이 있는 반면 명문 구단이 아닌 우승 팀은 성적이 저조하면 팬들이 쉽게 등을 돌린다. 대부분의 구단주는 명문 구단을 만들려는 의지를 가진 것처럼 보이지만 일부 구단주는 짧은 기간 동안 우승 팀을 만들어 자신들의 주머니를 채우려는 의도를 서슴지 않고 드러낸다.

팀의 우승을 목표로 하든 명문 구단을 만들든 구단 감독을 선임할 때는 지원자의 다양한 면모를 살펴봐야 한다. 지원자의 능력, 자질, 경력, 경험과 같이 겉으로 잘 드러나는 스펙을 잘 살펴야 한다. 특히 지원자들의 스펙은 객관적으로 측정이 가능하기 때문에 손쉽게 순위를 정할 수 있다.

하지만 그보다 더 중요한 것은 지원자가 구상하는 구단의 모습이 구단주가 생각하는 철학과 일치하는가이다. 즉, 감독 후보자가 생각하는 구단의 미래 비전이다. 이것은 보이지 않는 내재적 가치이기 때문에 충분한 면접을 거친 후에야 비로소 드러난다. 국가 대표팀 감독은 국제 대회에서 우수한 성적을 거두는 것이 팀의 가장 중요한 목표이기 때문에 어떤 식으로든 우승 팀으로 만들 수 있는 능력을 주로 보면 된다. 하지만 명문 구단을 목표로 하는 프로 구단이라면 우승 팀을 만들 능력만으로는 감독이 되기 어렵다.

각 프로 리그에는 흔히 명문 구단이라고 부르는 구단들이 존재한다. 미국 메이저리그에서는 뉴욕 양키스, 보스턴 레드삭스, LA 다저스 등이 있고, 유럽 축구에서는 스페인의 FC 바르셀로나, 이탈리아의 유벤투스와 영국의 리버풀, 첼시, 맨체스터 유나이티드, 아스널, 맨체스터 시티 등이 전통적인 명문 구단에 속한다. 각 리그의 챔피언은 매년 한 개의 구단밖에 안 나오지만 명문 구단은 여러 팀이 존재한다. 2020 시즌 월드 시리즈에서 LA 다저스에 패해 준우승을 차지한 탬파베이 레이스는 우수한 성적을 거뒀음에도 불구하고 명문 구단이라고 부르지는 않는다. 그에 반해 2020년 월드 시리즈에 오르지 못했지만 뉴욕 양키스는 여전히 명문 구단의 위상을 가진다.

그렇다면 우승 팀과 명문 구단은 어떻게 다를까? 세계적인 명장으로 통하는 알렉스 퍼거슨의 사례를 통해 명문 구단과 우승 팀의 차이를 살펴보기로 하자.

최고의 축구 명장,
알렉스 퍼거슨

명문 구단에는 우리가 흔히 명장이라고 일컫는 세계 최고의 감독이 어김없이 등장한다. 단순히 승률이 높아서가 아니다. 명장은 뛰어난 리더십으로 평범한 구단을 프리미엄 급으로 업그레이드시키는 능력을 지니고 있다. 축구 명장 알렉스 퍼거슨이 대표적이다. 그의 명성은 너무나 잘 알려져 있다. 애니타 엘버스 Anita Elberse 교수는 퍼거슨의 리더십에 대해 연구했다(구체적인 인터뷰 내용은 『하버드 비즈니스 리뷰』 2013년 10월호에 잘 실려 있으니 참고하기 바란다). 그가 얼마나 대단한 감독인지 다시 상기하기 위해 그의 업적을 간략히 소개하면 다음과 같다.

퍼거슨은 영국 최고의 명문 구단으로 꼽히는 맨체스터 유나이티드에서 26년 동안 감독을 역임하면서 13회에 걸쳐 프리미어리그 우승을 이끌었다. 뿐만 아니라 그 외의 경기에서도 25회의 우승 타이틀을 획득했다.[11] 그는 2013년 은퇴했지만 '애플에 CEO 스티브 잡스가 있다면 맨체스터 유나이티드에는 알렉스 퍼거슨이 있다'고 비유될 정도로 그의 입지는 여전히 대단하다. 그의 업적은 단순히 숫자로 기록된 우승컵의 숫자보다 더 크다고 할 수 있는데, 그것은 바로 스포츠 팬들에게 '우승 팀'과 '명문 구단'의 차이를 확실하게 인식시켜 준 대표적인 축구 명장이기 때문이다.

1986년에 처음 맨체스터 유나이티드 FC 감독으로 선임된 뒤 그는 맨유를 단순히 우승 팀이 아닌 명문 구단으로 만들 장기 계획에 돌입했다. 그는 '우승 팀을 만드는 것은 감독으로서의 단기 목표'인 반면 '명문 구단을 만드는 것은 자신이 생각하는 장기 계획'이라는 점을 분명히 했다. 퍼거슨과 같은 철학과 비전을 가졌던 구단주는 퍼거슨의 생각에 동의했다. 구단은 퍼거슨과 2~3년이 아닌 장기로 계약해 그에게 가급적 많은 권한과 역할을 제공했으며, 퍼거슨이 맨유를 프리미어리그 최고의 명문 구단으로 만들 수 있도록 최대한 협조하고 배려했다.

우승 팀은 구단의 적극적인 투자와 단기간의 집중력만으로도 만들 수 있지만, 명문 구단은 장기적인 투자와 지속적인 노력을 통해서만 가능하다는 것을 퍼거슨은 이미 수십 년 전에 알고 있었다. 다시 말해서, 우승 팀을 만들기 위해서는 현역 선수들 중 각 포지션에서 최고의 기량을 갖춘 선수들을 스카우트해서 훈련시키면 가능하다. 하지만 명문 구단으로 업그레이드시키기 위해서는 유소년 프로그램부터 차근차근 꾸준하게 장기적인 투자를 해야만 달성할 수 있다.

명문 구단의 첫 단추,
유소년 클럽

우리는 한 시즌 반짝 우승을 한 뒤 소리 없이 사라져간 많은 감독들을 목격한다. 그에 반해 명장들은 쉽게 사라지지 않는다. 퍼거슨이 맨유를 명문 구단으로 만들기 위해 가장 먼저 한 정책은 최소 10년 이상 걸릴 수 있는 유소년 클럽의 창단이었다.

구단을 리빌딩하기 위해 10년 이상의 장기 발전 계획을 세운 퍼거슨은 분명 매우 과감하고 혁신적인 감독임에 틀림없다. 그러나 명문 구단을 만들고 싶다는 구단주의 철학 없이는 그를 전폭적으로 지원하고 협조하기가 쉽지 않았을 것이다. 퍼거슨이 만든 유소년 클럽 두 개는 9세 이상의 선수들로 구성되었는데, 데이비드 베컴David Beckham과 라이언 긱스Ryan Giggs가 바로 이 유소년 클럽 출신이다.[12] 이로써 명문 구단을 만들기 위해서는 유소년 클럽 양성이 반드시 필요하다고 주장했던 퍼거슨의 생각이 옳았다는 것이 만천하에 증명되었다.

퍼거슨은 팀이 '움직이는 생물'이라는 것을 잘 알고 있었다. 선수들은 언제든 구단을 떠날 수 있고, 우승 트로피를 들어 올린 후 쉽게 나태해질 수 있으며, 선수들 사이의 신뢰 역시 언제든지 무너질 수 있다는 사실을 말이다. 어느 리그를 막론하고 일반적으로 우승 팀의 선수 이동은 잦은 편이다. 우승이라는 구단의 단기 목표를 이루고 나면 구단주가 자기 주머니를 채우는 데 관심을 두기 때문이다.

퍼거슨은 팀이 우승할 경우 선수들의 몸값이 기하급수적으로 상승한다는 사실에 촉각을 세웠다. 그는 우승 팀에 속한 선수들은 쉽게 떠나지만 명문 구단에 속한 선수들은 더 높은 몸값을 지불하려는 구단이 있어도 쉽게 떠나지 않는다고 생각했다. 퍼거슨은 선수들이 구단을 떠나지 않는 가장 중요한 명분이었다. 구단 역시 자신의 주머니를 더 채우고자 선수들을 강제로 이적시키려는 시도를 하지 않았다. 그것이 바로 프리미엄 구단이 가진 보이지 않는 가치다.

'맨유'라는 구단은 프리미엄을 가진 최종 목적지라는 이미지를 성공적으로 구축했다. 프로 선수는 종종 그들의 연봉으로 선수 가치를 평가하기 때문에 몸값을 높여 많은 연봉을 받는 것이 중요하다. 하지만 어떤 선수는 프리미엄 구단에서 명장의 지도를 받았던 경험을 더 소중하게 간직한다.

명문 구단이 아닌 우승만을 목표로 했던 구단은 대체로 맨유와 정반대의 길을 걷는다. 리그 우승을 한 뒤 몸값이 높아진 선수들을 다른 구단으로 이적시키고 이 과정에서 생기는 엄청난 금액의 이적료를 챙기거나 심지어 우승 후에 구단을 즉시 매각하는 일이 벌어지기도 한다. 1997년 월드 시리즈에서 우승한 플로리다 말린스 (현 마이애미 말린스로 구단 명칭이 바뀜)의 구단주인 웨인 휴징거Wayne

*Huizenga*가 여기에 해당한다.[13] 그는 몸값이 높아진 월드 시리즈 우승의 주역 선수들을 높은 금액의 이적료를 받고 다른 구단으로 보냈을 뿐만 아니라 얼마 지나지 않아 구단을 매각했다.

플로리다 말린스는 1997년 월드 시리즈 우승을 발판으로 신흥 명문 구단으로 올라설 수 있는 절호의 기회를 맞이했음에도 불구하고 구단주가 자신의 주머니를 채우는 데 집착했기 때문에 20여 년이 지난 지금까지도 명문 구단과는 거리가 멀다. 말린스 구단의 사례는 '명문 구단에 대한 철학이 없는 구단주 밑에서는 명감독이 나올 수 없다'는 것을 잘 보여준다.

(단순히) 유명한 감독 vs
(실력을 갖춘) 최고의 명장

여러분이 구단주라면 유명한 감독을 뽑겠는가, 아니면 실력이 뛰어난 명장을 선임하겠는가? 명장은 유명한 감독이 될 수 있지만 유명한 감독은 명장이 되기 쉽지 않다. 마치 말장난처럼 들리겠지만 유명한 감독은 '스타성이 있는 인기 감독' 정도로 설명할 수 있는 반면 최고의 명장은 선수들의 발굴, 선발, 훈련, 경기 운영 전략과 전술에서 매우 뛰어날 뿐만 아니라 선수단을 성공적으로 이끄는 리더십을 동시에 갖춘 감독을 말한다. 유명한 감독이란 선수 시절 꽤나 인기를 끌었거나 은퇴 후 다양한 TV 프로그램을 통해 뛰어난 입담을 인정받은 감독 등이 여기에 해당할 것이다. 반면에 명장은 (비록 선수 시절 주목을 받지 못한 경우도 있지만) 전략과 전술을 꾸준히 연구하고 코치 등의 과정을 거쳐 감독으로서의 역량을 갖춘 베테랑이라고 볼 수 있다(물론 일부 명장은 선수 시절에도 꽤나 인기를 끌던 스타 선수 출신이다).

가끔씩 우리는 언론을 통해 유명한 선수 출신 감독이 모구단 감독으로 선임되었다는 기사를 접한다. 물론 기사 앞부분에는 '깜짝 발탁'이라는 단어가 포함된다. 이 '깜짝 발탁'이라는 말에는 TV 프로그램을 통해 인기를 얻은 스타 선수 출신이 (감독으로서의 자질이 검증되지 않았음에도 불구하고) 많은 이의 예상을 뛰어넘어 감독으로 선임되었다는 의미가 숨겨져 있다고 생각한다. 예상했던 대로 이 스타 선수 출신 감독은 얼마 지나지 않아 감독직에서 물러났다.

그렇다면 최고의 명장은 어떤 과정을 통해 탄생하는가? 왜 유능한 감독 중에는 스타 선수 출신이 많지 않은가? 왜 선수 시절 이렇다 할 활약을 하지 못했던 선수들이 명장이 될 확률이 더 높은가? 혹시 명장이 되기 위해서는 필요한 요인이 따로 있는가? 명장으로 불리는 이들이 지닌 공통점은 무엇인가? 명장이 되기에 유리한 특정 포지션이 따로 있는가? 감독을 뽑는 구단주는 감독 후보들을 선별하는 과정에서 후보자들의 선수 시절 포지션을 고려해야 하는가?

최고 명장들의
공통점

국적을 막론하고 각 스포츠 리그에는 빼어난 업적을 가진 감독들이 존재한다. 이들은 구단의 역사와 문화, 전통, 지역, 선수들 간의 인간관계 등 다양한 내·외적인 특성을 반영한 감독 특유의 리더십을 통해 구단을 성공적으로 이끌어가는 능력을 갖추고 있다.

우리나라 축구에서는 거스 히딩크Guus Hiddink의 '카리스마 리더십', 울리 슈틸리케Ulrich Uli Stielike의 '휴머니즘 리더십', 서정원의 '스마일 리더십', 박항서의 '파파 리더십' 등이 이에 해당한다. 특히 박항서의 경우 직접 선수들의 발을 마사지해주는 등 아버지와 같은 마음으로 선수들을 대함으로써 젊은 베트남 선수들의 마음을 사로잡았다. 추일승 전 고양 오리온 오리온스 감독과 같이 끊임없이 전략과 전술을 분석하고 연구하는 '연구형 감독'도 있다.

이렇듯 감독 개개인의 능력, 성향, 개성, 스타일에 따라 최고의 명장이 되기도 하고 그렇지 못하기도 한다. 하지만 전문가들은 각 스포츠 종목마다 감독이 되기에 유리한 포지션이 존재한다는 사실에 공감한다. 농구는 포인트 가드, 야구는 포수, 배구는 세터, 그리고 미식축구는 쿼터백 출신의 감독들이 가장 많을 뿐만 아니라 장차 명장이 될 가능성도 다른 포지션에 비해 상대적으로 높다는 것이다.

야구를 예로 들어 설명해보자. 야구 경기 중에 일반 수비수들은 공이 날아오기만을 기다리지만 포수는 투수들이 던지는 공 하나하나마다 신경을 써서 리드를 해야 한다. 그뿐 아니라 주자가 있느냐 없느냐에 따라, 타자의 실력과 공격 특성(강타자 혹은 교타자)에 따라 공의 배합을 바꾸는 등 머리를 계속 써야만 한다.

농구도 마찬가지다. 농구팀의 포인트 가드는 경기의 흐름을 통제하고 조절하는 역할을 하면서 공격 전술을 실행하는 리더의 역할을 한다. 즉, 모든 공격의 중심은 포인트 가드의 손끝에서 시작되며 경기의 흐름에 따라 매순간 적절하고 유용한 전술을 펼치는 임무를 맡는다. 포인트 가드는 주로 다양한 포지션의 선수들과 유기적으로 잘 협조하면서 팀 멤버들이 최고의 기량을 펼칠 수 있도록 보조하는 역할을 하기 때문에 훈련과 경기를 통해 자연스럽게 감독과 코치가 되기 위한 능력과 역량이 길러진다.

감독의 선수 시절 경험은 명장이 되는 데 중요한 요인이지만 그보다 더 중요한 것은 경기 전략에 대한 꾸준한 분석과 연구라고 할 수 있다. 경기 전략을 소개하는 교재를 통해 다양한 전략들을 분석하고 이해하는 것이 중요하다. 수백 가지가 넘는 경기 운용 전략과 전술들을 단기간에 습득할 수 있는 방법은 없다. 우리가 명장이라고 부르는 감독들의 경우 대부분 수년 동안 코치 생활을 통해 새로운 전략과 전술을 구상하고 이를 실제 경기에 적용했던 경험과 노하우를 가지고 있다. 명장으로서 지녀야 할 리더십과 전략·전술에 대한 월등한 지식은 선수 시절에 쌓았던 그것과는 차원이 다르다.

스포츠 선수 출신의 예능인이 프로 구단의 감독으로 깜짝 발탁됐다는 기사를 접했을 때 여러분은 어떤 기분이 들었는가? 예능 프로에 나왔기 때문에 자질이 부족하거나 명장이 될 수 없다는 말은 결코 아니다. 하지만 감독이 되기 위해 오랫동안 코치로서 경험과 필요한 역량을 쌓으며 꾸준히 준비하고 있는 예비 감독들보다 단지 인기와 인지도가 더 높다는 이유만으로 준비되지 않은 스포츠 선수 출신 예능인들이 프로 팀 감독으로 발탁되는 상황은 선뜻 이해하기 어렵다.

유명한 감독을 선임하면 구단의 인지도가 높아져 단기간에 입장권 판매가 증가할 수는 있다. 하지만 이러한 경우 명문 구단으로 가는 길은 멀고 험할 것임은 불을 보듯 뻔하다. 우승 팀과 명문 구단의 차이를 이해하지 못하고 구단 운영 철학이 명확하지 않은 구단일수록 실력이 뛰어난 명장보다 단순히 유명한 감독을 선호하기 쉽다는 사실을 간과해서는 안 될 것이다.

미국 프로 농구 최고의 명장,
필 잭슨

2020년 여름 넷플릭스에서 새로운 다큐멘터리 〈마이클 조던: 더 라스트 댄스〉가 인기를 끌었다. 마이클 조던, 스코티 피펜Scottie Pippen, 데니스 로드먼Dennis Rodman 트리오가 이끌던 시카고 불스의 1997~1998 시즌을 주로 다룬 작품이다. 이 다큐멘터리는 마이클 조던 등 당시 활약했던 선수들의 세상에 알려지지 않은 뒷이야기들을 중심으로 과거를 회상하며 인터뷰하는 형식으로 꾸며진 명작이다.

당시 시카고 불스의 필 잭슨Phil Jackson 감독과 제리 크라우스Jerry Krause 단장은 심각한 불화와 마찰을 겪고 있었다. 필 잭슨은 팀을 떠나기로 결정했고, 마이클 조던 역시 필 잭슨이 아닌 다른 감독 밑에서는 경기를 뛰지 않을 것이라고 공언한 상황이었다. 이러한 구단 내부의 위기로 시카고 불스 왕조의 마지막 해가 될 것 같아 혹시나 해서 찍어 놓았던 필름이 20여 년이 지나서 빛을 본 것이다. 필 잭슨을 향한 마이클 조던의 존경과 애착심은 남달랐던 것으로 보인다. 단지 필 잭슨이 뛰어난 전략과 전술로 팀을 여러 번 우승으로 이끌어서만이 아니라 필 잭슨으로부터 삶의 철학과 인생의 가치를 배울 수 있었기 때문이 아닌가 짐작한다.

그렇다면 필 잭슨이 왜 명장으로 불리는지 생각해볼 필요가 있다. NBA 리그를 비롯한 많은 스포츠 리그에는 매년 우승 팀과 우승 팀 감독이 탄생한다. NBA에서 가장 많은 우승 트로피를 받은 필 잭슨의 어떤 점이 그를 최고의 명장으로 만들었을까? 명장이라는 호칭은 우승 팀 감독에게 자동으로 주어지는 타이틀이 아니다. 모든 스포츠 리그는 매년 우승 팀이 새롭게 탄생하고 잉글랜드 프리미어 리그를 비롯한 유럽 축구는 크고 작은 컵 대회가 있어서 실제로 우승컵을 차지한 구단은 1년에 여러 팀이 나올 수 있다.

명장을 구분하는 기준은 다양하지만 감독으로서의 승률, 각종 대회에서의 우승 경력, 그리고 리그에서의 연속 우승 경력이 중요한 판단 근거가 될 것이다. 하지만 대부분의 프로 스포츠 리그는 한 구단이 연속 우승을 하지 못하도록 견제하는 제도가 있는데, 바로 '경쟁적 균형'이라고 부르는 일명 '약자 우대 정책'이다.[14] 만년 적자로 기업을 더 이상 경영할 수 없다면 어떻게 되겠는가? 당연히 기업 파산이다. 기업은 사라지고, 직원들은 직장을 잃게 된다. 그것이 바로 우리가 알고 있는 비즈니스의 본질이다. 그런데 프로 스포츠 리그는 그와 정반대다. 꼴찌 팀에게는 최고의 혜택이 주어진다. 그것이 바로 '경쟁적 균형'이라고 부르는 리그의 평준화 제도이다.

프로 스포츠 리그는 종종 '경쟁적 균형'이란 명분 아래 리그에 소속된 모든 구단의 실력 차이를 최대한 평준화하려는 노력을 한다. 구단 간의 실력 차이가 너무 클 경우 팬들의 관심이 줄어들 수 있기 때문이다. 만약 같은 리그에 속하는 두 구단이 실력 차이가 확연하게 나서 승부를 너무 쉽게 예측할 수 있다면 이 경기에 대한 기대와 관심은 줄어들기 마련이다. 실력 차이가 많이 나는 프로 야구팀과 고등학교 팀이 하는 경기를 누가 비싼 입장료를 내고 관람하고 싶어 하겠는가?

하지만 프로 스포츠 리그는 경쟁적 균형 제도를 통해 약체 팀에게 어드밴티지를 준다. 예를 들면 지난 해에 꼴찌를 한 구단에 다음 해 신인 드래프트에서 1순위 지명권을 부여해서 구단의 성적을 높일 수 있도록 특혜를 준다. 또한 꼴찌 구단의 실력이 저조해 경기가 방송되지 않았더라도 리그 전체 중계권 수입을 N 분의 1로 공평히 나눠 1등 구단이든 꼴찌 구단이든 같은 금액의 중계권 수익을 챙길 수 있도록 배려하기도 한다.

경쟁적 균형 제도는
왜 연속 우승에 방해가 되는가?

일반적으로 볼 때 상위권 팀들의 경기가 더 인기가 있으므로 시청률이 더 높게 나오는 것이 당연하다. 그럼에도 연고지나 시장의 규모와 관계없이 중계권 수익을 똑같이 배분해 경쟁적 균형 제도를 실현하고 있다.

우리는 살면서 꼴찌가 칭찬받는 경우를 쉽게 보기 어렵다. 올림픽 대회에 출전한 모든 선수들이 '올림피언'으로서 자부심을 가질 수 있지만 꼴찌를 한 선수에게 메달을 주지는 않는다. 학교나 직장에서도 마찬가지다. 우수한 성적을 보인 학생들이 성적 우수상을 받고 직장에서는 우수한 직무 능력을 보인 직원들이 승진을 한다. 꼴찌 기업에게 박수를 보내는 경우는 볼 수 없다. 디지털 카메라를 최초로 개발했지만 아날로그 필름에 안주한 코닥은 끝내 파산을 면치 못했고, 모토로라, 노키아와 같은 기업은 글로벌 경쟁력이 떨어지자 한순간에 나락으로 추락하는 경험을 했다.[15] 이 밖에도 글로벌 경쟁에서 살아남지 못한 수없이 많은 기업들이 파산했다.

아무리 주위를 둘러봐도 꼴찌에게 특별한 혜택을 주는 건 아마 프로 스포츠 리그가 유일할 것이다. 일반 비즈니스에서는 상상도 하지 못할 일이 스포츠 리그에서는 경쟁적 균형이라는 명분을 내세워 당당히 벌어지고 있다. 이러한 '경쟁적 균형' 제도는 박수와 찬사를 받아야 할 우승 팀이 내년 드래프트에서 가장 후순위에 속한 선수를 배정받게 하여 팀의 전력을 의도적으로 약화시킨다. 이러한 이유로 구단의 연속 우승은 매우 어려울 수밖에 없다.

필 잭슨의 리더십,
우리는 새로운 팀이다

필 잭슨이 총 열한 개의 우승 반지를 보유했다는 사실은 농구 팬이라면 많이 알고 있을 것이다. 그러나 그가 농구 명장이라고 불리는 것은 열한 개의 우승 반지를 받아서가 아니라 세 번의 연속 우승을, 그것도 두 번씩이나 했다는 사실 때문이다. 앞에서도 언급했듯이 우승을 거둔 다음 시즌에는 경쟁적 균형으로 일종의 강제적인 '전력 불이익'을 받기 때문에 연속 우승을 하기 위해서는 작년보다 더 뛰어난 전략과 전술을 펼쳐야 한다. 우승 팀에게 주어지는 일종의 불이익(?)이라는 역경을 뛰어넘어 3연속 우승을 두 번이나 차지한 감독이기 때문에 우리는 그를 농구 명장이라고 부를 수밖에 없는 것이다.

필 잭슨은 '우승 공식Winning Formula'을 절대 믿지 말라고 했다.[16] 존재하지도 않을 뿐더러 우승 공식을 찾는 노력 자체가 무의미하다고 생각했기 때문이다. 그는 우승한 뒤에는 다음 시즌을 어떻게 준비해야 할지 고민을 더 많이 할 수 밖에 없었다. 경쟁적 균형 제도로 선수단의 전력이 다른 구단에 비해 상대적으로 약해졌을 뿐만 아니라 구단의 전력이 대부분 노출되었기 때문이다. 그렇다면 필 잭슨의 '연속 우승 마법'은 어떻게 만들어졌을까?

필 잭슨은 시즌 우승 후 구단의 (비자발적인) 전력 약화를 극복하기 위하여 매 시즌을 새로 시작할 때마다 그 전 시즌과는 아주 다른 새로운 팀이라는 생각을 머릿속에 깊이 묻고 시즌을 준비했다. 비록 팀을 구성하는 선수들이 작년 멤버와 크게 다르지 않았지만 그는 작년 경기 영상을 일일이 분석하면서 선수들 개개인이 한층 더 발전할 수 있도록 최대한으로 도와주었다. 또한 선수들 개개인이 스스로 작년과 다르다는 것을 느끼도록 하기 위해 선수들에게 다양한 형태의 새로운 경험을 하도록 이끌어주었다.

예를 들면, 훈련 중에 요가 전문가나 타이치tai chi(태극권) 코치, 명상 전문가, 영양사 등 선수들이 쉽게 접할 수 없는 분야의 전문가들을 초청해 특강을 듣도록 했고, 원정 경기를 갈 때 거리가 그리 멀지 않으면 비행기 대신 버스를 이용했다. 버스를 타고 가면서 선수들에게 주변의 이웃들이 어떻게 살고 있는지를 보여주는 여정 또한 새로운 팀을 구성하는 데 큰 도움이 된다고 굳게 믿었기 때문이다.

감독 선임에 대한
구단주의 철학과 비전

스포츠의 특징 중 하나는 바로 승자와 패자가 동시에 존재한다는 것이다. 축구의 경우 연장전에서 승부가 나지 않으면 승부차기를 통해 끝까지 우승 팀을 가려낸다. 우승 팀은 하나 밖에 없다. 바로 이것이 스포츠가 가진 본질이다. 우승 팀의 주역은 선수들이고 그들의 피땀 어린 노력은 우승 트로피로 보상을 받는다. 그러나 전쟁에서 패하면 장군이 그 책임을 지듯 승부에서 패배한 책임은 전적으로 감독에게 돌아간다. 감독의 리더십, 경기 전략, 선수 선발과 운용 등에 대한 모든 권한이 감독에게 주어졌음에도 불구하고 원하는 결과를 내지 못했기 때문이다.

그렇다면 감독을 제대로 선발하지 못한 잘못은 누구에게 있는가? 감독을 선발하는 구단 관계자 혹은 모기업 담당자들이 구단 운영에 대한 확고한 철학이 없이 단지 유명한 선수 출신이기 때문에 혹은 인기가 많다는 이유로 감독을 선임하는 일은 더 이상 없어야 한다. 감독에 선임된 지 1년도 채 안 된 새내기 감독들이 전략을 선보일 수 있는 최소한의 시간도 갖지 못한 채 우리의 기억 속에서 서서히 사라지는 것은 매우 안타깝다.

감독을 선발하는 구단 최고 경영자들에게 묻고 싶다. 구단이 추구하는 철학은 무엇인가? 신임 감독에게 원하는 것은 우승 팀인가, 명문 구단 구축인가? 우승 팀과 명문 구단의 차이를 알고 있기는 하는가?

★ ★ ★
최고의
명장이
된
감독들

우승하는 구단에는
명감독이 있다

여러분이 가장 좋아하는 스포츠는 무엇인가? 가장 좋아하는 구단은? 가장 좋아하는 선수는? 그렇다면 여러분이 가장 존경하는 스포츠 감독은 누구인가? 얼핏 들으면 이 질문들은 서로 관계가 없는 듯 보이지만 유기적으로 연결되어 있다.

예를 들면, "내가 가장 좋아하는 스포츠는 축구인데, 잉글랜드 프리미어리그를 즐겨본다. 가장 좋아하는 팀은 토트넘 홋스퍼이며 손흥민 선수를 가장 좋아한다. 물론 모리뉴 감독을 가장 존경한다"는 식이다. 혹은 "한국 프로 야구를 좋아하고 NC다이노스를 응원한다. 좋아하는 선수는 여럿이지만 그중에서도 양의지 선수를 가장 좋아한다. 존경하는 감독을 꼽으라고 하면 당연히 2020년 한국 시리즈를 우승으로 이끈 이동욱 NC 다이노스 감독이다"라고 말하는 사람도 있을 것이다.

위의 질문에 대해 좋아하는 구단, 선수, 감독이 일치하면 할수록 프리미엄 구단에 가깝다고 할 수 있다. 구단의 단기 목표인 우승을 여러 차례 했거나 더 나아가 연속 우승을 달성한 경우 명문 구단의 반열에 들어갈 자격이 주어진다. 아마도 이 과정에서 가장 중요한 영향을 미치는 사람은 단연 감독일 것이다. 아무리 뛰어난 연주자들이 모인 오케스트라라고 하더라도 명지휘자가 없으면 빛을 발하기 어려운 것처럼 아무리 뛰어난 선수들이 모인 팀이라고 하더라도 명장 없이는 우승하기 어렵다.

대표적인 유럽 축구 명장들

아스널은 1996년 새 감독을 선임했다. 당시 세

상에 잘 알려지지 않은 무명 감독이 아스널이라는 명문 구단 감독에 선임된 사실에 많은 팬들은 의아해할 수밖에 없었다. "도대체 벵거가 누구야?"라는 말이 돌아다닐 정도로 아스널 팬들은 아르센 벵거 Arsène Wenger를 선임하는 이유에 대해 의문을 가졌다.[1]

하지만 의구심은 잠시, 아스널은 1990년대 말부터 2000년 초까지 제2의 전성기를 누렸다. 1996년 감독으로 부임한 이후 아르센 벵거는 22년 동안 리그 우승 세 번, FA컵 우승 일곱 번 등의 기록을 세웠다. 그는 프랑스 선수들을 대거 영입하는 등 리그의 국제화를 주도했을 뿐만 아니라 구단 재정의 건전성 확보와 유망주 육성이라는 구단의 철학을 현장에 제대로 반영하며 최고의 축구 명장 반열에 이름을 올렸다.

영국 축구에는 자신의 감독 경력에 대해 남들보다 훨씬 높은 자부심을 가진 감독이 있다. 바로 조제 모리뉴José Mourinho다. 그는 2013년 한 언론과의 인터뷰에서 "나는 특별한 사람이다"라고 밝혔는데, 축구 감독으로서 자신의 능력과 업적을 꽤나 높게 평가하고 있는 듯하다.[2] 모리뉴는 첼시 FC의 감독으로 선임된 뒤 첼시를 영국의 전통 명문 구단들을 위협하는 명실상부한 신흥 명문 구단의 반열에 올려놓았다. 그는 첼시 FC를 떠나 이탈리아 인터밀란, 스페인 레알 마드리드에서 감독을 했을 때도 구단을 성공적으로 이끌며 명장으로 자리 잡았다.

감독으로서 자부심이 강한 조제 모리뉴와 대비되는 감독이 있다. 바로 위르겐 클롭Jürgen Klopp이다. 그는 독일 분데스리가 소속인 도르트문트에서 성공을 거둔 이후 영국 리버풀 FC의 감독을 맡았다. 그는 리버풀 FC가 영국 프리미어리그에서 처음으로 우승하도록 만들면서 현재 감독 중 최고로 손꼽힌다. 클로프는 한 언론과의 인터뷰에서 "나는 평범한 사람이다"라고 밝힌 적이 있는데, 모리뉴 감독의 인터뷰와 정반대되는 입장이었기 때문에 다시 한 번 언론의 주목을 받기도 했다.[3]

이 외에도 선수와 감독 모두에서 최고의 자리에 오른 지네딘 지단Zinedine Zidan 레알 마드리드 감독과 요한 크루이프Johan Cruyff 전 FC 바르셀로나 감독은 축구 전술의 이해도가 매우 높은 감독으로 인정받고 있다.

프로 스포츠 구단의 역사와 숫자에 비해 명장이라고 불리는 감독은 그리 많지 않다. 그럼에도 불구하고 명문 구단의 중심에는 언제나 명장이 등장한다. 명장이 되기 위한 함수나 공통된 성공 비법은 존재하지 않는다. 구단의 상황과 조건에 따라 적합한 명장의 조건이 달라지기 때문이다. 하지만 명장으로 불리는 감독들의 철학과 비전에는 일반 감독에게서는 찾아볼 수 없는 다른 가치가 있다. 그렇다면 과연 그 가치의 차이는 무엇일까?

최고의 명장이 된 감독들

(평범한) 감독의 역할 vs
(최고의) 명장의 역할

여러분은 '드림팀'이라는 말을 들어본 적이 있는가? 드림팀 하면 가장 먼저 무엇이 떠오르는가? 약 10여 년 전 연예인들의 숨은 운동 능력을 기반으로 승부를 펼치는 TV 연예 프로그램 타이틀이 〈출발 드림팀〉이었는데, 이 프로그램을 통해 드림팀이라는 단어는 우리 귀에 익숙해졌다.

우리나라 스포츠에서는 1998년 방콕 아시안 게임에 출전했던 박찬호, 김병현, 서재응, 임창용, 박재홍 등 당시 한국을 대표하는 선수들로 구성된 국가 대표 야구팀이 처음으로 드림팀이라고 불렸다. 이후 한국 국가 대표 야구팀 앞에는 줄곧 드림팀이라는 호칭이 따라붙었다. 2008년 베이징 올림픽에서 출전한 아홉 게임을 모두 이기며 금메달을 획득한 한국 야구 대표팀은 말 그대로 드림팀이라는 이름값을 했다.

진정한 드림팀의 원조는 1992년 미국 국가 대표 남자 농구팀이다. 1992년 바르셀로나 올림픽에 참가했던 이 원조 드림팀에 속한 선수는 농구의 황제 마이클 조던을 비롯하여 매직 존슨, 래리 버드, 찰스 버클리, 존 스탁턴, 칼 말론Karl Malone 등 당시 최고의 슈퍼스타들로 구성된 환상적인 팀이라고 할 수 있다. 당시에는 아마추어가 아닌 현역 NBA 선수들이 올림픽에 출전하는 것은 매우 이례적이었다.

미국 농구 드림팀과 감독의 역할을 설명하기 전에 당대 최고의 농구 선수들로 구성된 최초의 드림팀이 어떻게 탄생하게 되었는지 살펴볼 필요가 있다. 과연 드림팀이 탄생한 계기는 무엇일까? NBA 선수들이 왜 올림픽 대회에 출전하게 되었을까?

미소 냉전 체제, 그리고 남자 국가 대표 농구 경기

이를 설명하기 위해서는 1972년으로 거슬러 올라가야 한다. 미국과 구소련은 냉전 시대의 두 축으로 무기 경쟁부터 우주 산업 진출까지 사사건건 치열한 경쟁을 하던 관계였다. 미국과 구소련이 체제 문제로 심각한 갈등을 겪고 있을 때 올림픽과 같은 국제 스포츠 대회는 서로의 체제가 우월하다는 사실을 증명하는 무대로 이용되곤 했다. 여러 올림픽 종목 중에서도 특히 남자 농구 대표팀의 경기는 체조, 복싱과 더불어 미국으로 대표되는 민주주의와 구소련이 이끄는 공산주의가 체제 우수성을 전 세계에 알리는 상징적인 종목으로 간주되었다. 이러한 두 국가의 갈등과 대립이 정점에 다다랐을 때 1972년 뮌헨 올림픽이 개최됐다.

뮌헨 올림픽은 팔레스타인의 독립운동 단체 PLO 계열의 과격파인 검은 9월단이 이스라엘 선수를 납치해 선수단 11명의 생명을 빼앗은 참사 올림픽으로 잘 알려져 있다.[4] 미국은 뮌헨 올림픽이 열리기 전까지만 해도 남자 농구 종목에서는 단연코 우승할 자신이 있었다. 올림픽 대회 6연속 금메달을 획득했고, 대학 농구 리그를 통해 기량이 매우 뛰어난 선수들이 꾸준히 공급되는 시스템이 갖춰졌기 때문이다.

1972년 뮌헨 올림픽 대회에서도 미국 남자 국가 대표 농구팀은 가장 강력한 우승 후보였다. 하지만 당시 UCLA 선수였던 빌 월튼이 학교의 거부로 올림픽 대회에 출전할 수 없게 되고, 올림픽 대회를 담당했던 심판들의 미숙한 경기 운영으로 결국 구소련에 패해 은메달에 그치고 말았다.[5] 그 후 1976년 몬트리올 올림픽에서 미국 국가 대표팀은 다시 유고슬라비아를 꺾고 금메달을 따서 어느 정도 구겨진 체면을 만회하는 듯했다.[6]

1980년 모스크바에서 열렸던 올림픽에서 미국과 구소련의 냉전 관계는 다시 극으로 치달았다. 1979년 구소련이 아프가니스탄을 불법 침공한 사건이 발생했는데, 이를 빌미로 미국을 위시한 여러 서방 국가들이 모스크바 올림픽을 보이콧했다. 1984년 LA 올림픽 대회에는 구소련을 비롯한 동유럽 국가들이 미국의 '모스크바 올림픽 보이콧'에 대한 보복으로 참가하지 않았다. 이 올림픽에서

마이클 조던을 주축으로 한 미국은 압도적인 기량을 선보이며 다시 금메달을 목에 걸었다.[7]

1976년 몬트리올 올림픽을 마지막으로 한동안 올림픽 남자 농구 경기에서 미국과 구소련의 대결을 볼 수 없었다. 드디어 1988년 서울 올림픽에서 미국과 구소련이 12년 만에 다시 만났다. 하지만 충격적이게도 미국 대표팀은 구소련과 유고슬라비아에 밀려 은메달도 아닌 동메달에 그치고 말았다.[8]

마이클 조던, 그리고 미국 농구 드림팀의 탄생

미국 대표팀 입장에서 볼 때 동메달을 받은 것은 커다란 충격이었을 뿐만 아니라 매우 수치스러운 일대 사건(?)이었다. 미국은 농구의 종주국일 뿐만 아니라 세계 최고의 농구 베테랑들이 모인 NBA 리그를 갖고 있었기 때문이다. 당시 미국 대표팀은 NBA 선수들도 올림픽에서 뛰는 것을 허용해야 한다고 주장했다. 올림픽 대회는 전 세계에서 가장 뛰어난 실력을 가진 선수들이 모여 기량을 겨루는 국제 스포츠 대회인데 정작 실력이 뛰어난 NBA 선수들에게 '프로 선수'라는 이유로 출전 자격이 주어지지 않는 것은 논리적으로 이해할 수 없다는 것이다.

최고의 명장이 된 감독들

더 나아가 미국 올림픽위원장은 국제농구연맹인 피바FIBA를 노골적으로 압박하기 시작했다. 농구 종목에서 올림픽 출전 자격을 심사하는 국제기구가 바로 국제농구연맹이었기 때문이다. 당시 NBA 커미셔너였던 데이비드 스턴David Stern 역시 당시 세계 최고의 기량을 가진 선수들이 프로라는 이유로 올림픽 대회에 참가하지 못한다는 것은 어불성설이라고 비판하면서 미국 올림픽위원회의 주장에 힘을 실어주었다. 결국 1988년 서울 올림픽이 끝나고 다음 해인 1989년 미국 올림픽위원장과 NBA 커미셔너의 강력하고 끈질긴 로비로 1992년 올림픽 대회부터 프로 농구 선수들이 올림픽 대회에 참가할 수 있도록 선수 자격 규정을 변경했다.[9]

프로 선수들의 올림픽 출전은 당시 후안 안토니오 사마란치 국제올림픽위원회IOC 위원장의 목표인 올림픽 대회의 '프로화' 및 '상업화' 정책과도 잘 맞아떨어졌다.[10] 예상대로 1992년 바르셀로나 올림픽은 NBA 최고 기량의 선수들로 구성된 미국 남자 농구 대표팀이 출전하여 올림픽 흥행에도 큰 성공을 거뒀다.

드림팀으로 구성된 미국 대표팀은 결승전까지 경기를 총 여덟 번 했는데, 상대팀과의 점수가 평균 40점 이상 차이가 났다. 재미있는 사실은 미국 드림팀의 척 데일리Chuck Daly 감독이 경기 도중 단한 차례도 작전 시간을 요청하지 않았다는 것이다.[11] 그만큼 최고의 기량을 가진 뛰어난 선수들이 모인 명실상부한 역대 최고의 농구 드림팀이었다고 할 만하다. 이러한 드림팀은 1996년 애틀랜타 올림픽과 2000년 시드니 올림픽에서도 월등한 실력을 발휘하며 미국 본토 농구의 우수성을 만천하에 알렸다.

미국 농구 드림팀, 수모를 당하다

2004년 아테네 올림픽 역시 이러한 농구 명문 드림팀의 전통을 유지하는 듯싶었다. 4기 드림팀에 속한 선수들의 면모를 보면 엄청난 위력이 느껴진다. '킹'이라는 별명을 가지고 2019~2020 시즌에 로스앤젤레스 레이커스를 우승 팀으로 이끈 주역인 르브론 제임스를 비롯해 앨런 아이버슨, 카멜로 앤서니, 드웨인 웨이드, 아마레 스터드마이어, 팀 던컨 등 NBA 올스타 선수 명단이라고 해도 손색이 없을 정도의 선수들이 2004년 아테네 올림픽 국가 대표팀 명단에 이름을 올렸다.

많은 스포츠 도박사들은 미국 남자 농구 드림팀을 강력한 아테네 올림픽 금메달 후보로 손꼽았다. 결과는 어땠을까? 첫 경기부터 푸에르토리코에 73 대 92로 대패했다. 그뿐만 아니라 리투아니아 대표팀에 4점 차이로 또 한 번 패하면서 결국 1988년에 이어 또 다시 동메달에 그치고 말았다.[12]

당시 대표팀 감독은 래리 브라운Lawrence Brown이었다. 래리 브라운은 2001년 NBA 올해의 감독상을 받은 명장으로 통했으며 1,275승 935패의 기록을 갖고 있다.[13] 그렇다면 그가 이끌었던 4기 미국 농구 드림팀에 무슨 일이 벌어졌던 것일까? 래리 브라운은 과연 무엇을 놓친 것일까? 누가 이길지 모르는 승부의 예측 불가능성이 스포츠가 가진 가장 큰 매력이라고 하지만 세계 최고의 기량을 갖춘 선수들로 구성된 드림팀이 올림픽 대회에서 또다시 동메달에 그친 이 사건은 많은 농구 팬들에게 적지 않은 충격을 주었다. 그렇다면 패인은 무엇일까?

국제 안보 위기에서 열린
2004년 아테네 올림픽

미국은 9·11 테러에 대한 보복과 응징이라는 명분으로 2003년 이라크에 전투 병력을 보내 전쟁을 시작했다. 전투가 치열해지자 이라크와 멀지 않은 아테네는 미국 선수들이 기량을 펼치기에 안전한 곳이 아니었다. 이러한 위험을 인지한 미국은 올림픽이 열리는 기간 동안 하루 24시간, 2주 내내 수송기의 엔진을 한 번도 끄지 않고 비상사태 시 선수단을 본국으로 수송하려는 치밀한 계획까지 세웠다.[14]

개최 도시인 아테네는 올림픽이 열리기에는 매우 작은 도시였을 뿐만 아니라, 전 세계에서 찾아오는 방문객들을 수용할 수 있는 숙박 시설도 많이 부족했다. 상당수의 관광객이 이탈리아와 같은 인접 국가에 숙소를 잡고 국경을 넘어오는 상황이 되자 국경 수비에 허점이 드러났다. 이런 상황에서 억만장자들로 구성된 4기 드림팀 선수들 중 일부는 안전을 핑계로 아테네 올림픽 선수촌에 입소하기를 거부하며, 개인 전용 비행기를 타고 최고급 호텔 스위트룸에 숙소를 잡기도 했다.

드림팀이 만들어진 후로 어려움 없이 금메달을 획득한 선배 선수들처럼 이번에도 큰 문제가 없으리라는 자만심이 지나쳤던 것일까? 일부 선수들은 대회가 열리기 전에 가진 단체 훈련에도 참가하지 않았고, 첫 경기가 열리기 바로 전날 팀 훈련에 합류하는 등 대회 준비에 매우 소홀했다. 이들이 가장 두려워했던 것은 올림픽 경기 중 부상을 당해 곧 있을 NBA 시즌에 뛰지 못하는 상황이 발생하는 것이었다. 미국 국가 대표 선수들인 동시에 NBA 선수들이었으므로 올림픽 경기 중에 부상을 입는 것을 크게 염려할 수밖에 없었다.[15]

선수들의 이런 소극적인 태도는 사회적 태만에 기인하는데, 결국 그들 개개인이 지닌 뛰어난 기량을 발휘하지 못하게 하는 커다란 장애물이었다. 어쩌면 올림픽 대회의 금메달보다 NBA 구단으로부터 받는 수백억의 연봉이 훨씬 더 가치가 크게 느껴질 수 있기

최고의 명장이 된 감독들

때문이다. 금메달을 목에 걸기 위해 열심히 뛰다가 부상을 당해 수백억의 연봉을 받지 못하는 상황이 된다면 누가 책임을 질 것인가?

사회적 태만이란?[16]

4기 미국 농구 국가 대표 드림팀의 패인은 '사회적 태만'으로 불리는 이론으로 설명할 수 있다.

1913년 프랑스 엔지니어였던 막시밀리안 링겔만Maximilien Ringelmann은 마력을 연구했는데, 연구의 핵심 내용은 한 마리의 말이 마차를 끌 때는 젖 먹던 힘을 다하지만 두 마리가 함께 마차를 끌 경우 전력을 다하지 않는다는 것이다. 즉, 혼자 할 때보다 여럿이 함께 협업을 할 때 전력을 다하지 않는다는 것이다.

이러한 사회적 태만 현상('링겔만 효과'라고도 한다)은 비단 동물들에게서만 나타나는 것이 아니다. 링겔만은 사람을 대상으로 밧줄을 끌 때 낼 수 있는 힘을 측정했다. 두 명이 같이 밧줄을 끌 때는 개인의 총 역량 중 약 93퍼센트만 발휘하는 것으로 나타났으며, 세 명은 85퍼센트, 그리고 여덟 명이 끌 때는 49퍼센트의 힘만 발휘했던 것이다.[17]

미국 드림팀의 선발 선수들이 각자 자신들의 역량을 최대한 발휘했다면 100퍼센트 x 5명 = 500퍼센트가 될 것이다. 자신이 최선을 다하지 않더라도 동료 선수들이 잘해줄 것이라는 잘못된 믿음이 결국 4기 드림팀을 사회적 태만의 함정에 빠뜨린 것으로 해석할 수 있다.

마음을 움직이는 리더십,
슈셉스키의 등장

아테네 올림픽이 끝나자 래리 브라운은 부진한 성적에 대해 책임을 지고 대표팀 감독에서 사퇴했다. 2008년 베이징 올림픽에서는 미국 듀크대학 남자 농구팀의 일명 '코치 K'로 불리는 마이크 슈셉스키Mike Krzyzewski가 미국 남자 농구 드림팀의 지휘봉을 잡았다. 과연 그는 팀을 어떻게 이끌었을까?

코치 K는 농구 드림팀을 바라보는 시각이 남달랐고 그에 대한 해결책도 다소 특이했다. 그는 2004년 드림팀의 가장 큰 문제는 바로 미국 대표팀 선수로서의 자긍심과 동기 부족이며, 이는 곧 우승에 대한 간절함의 상실로 나타났다고 판단했다. 다시 말해서 프로 농구 선수로서 올림픽 대표팀으로 금메달을 딴다는 것이 금전적으로 봤을 때는 그리 크지 않을 뿐더러 경기 중 부상의 위험이 높기 때문에 최선을 다해 경기를 뛸 필요성을 느끼기 어렵다는 것이다. 이들에겐 올림픽 금메달의 금전적 가치가 그다지 크게 느껴지지 않았을 것이다. 만약 여러분이 '코치 K'라면 수십억에서 수백억의 연봉을 받는 스타선수들이 올림픽에서 최선의 경기력을 펼칠 수 있도록 어떻게 동기를 부여하겠는가?

슈셉스키는 '마음을 움직이는 리더십Leading the Heart'을 세상에

최고의 명장이 된 감독들

알렸다. 그는 미국 대표팀 선수들의 사기를 높이기 위해서는 금전적 보상보다 더 자극적인 충격요법이 필요하다고 생각했다. '그들이 왜 올림픽에서 최선을 다해야 하는가?'에 대한 본질적인 의문에 답을 하지 못한다면 이들의 마음을 전혀 움직일 수 없다는 사실을 잘 알고 있었다. 어떻게라도 최선을 다할 수 있도록 강력한 명분을 만들어 이들을 설득해야 했다.

그는 2008년 베이징 올림픽에 참가한 드림팀 선수들을 올림픽 첫 경기가 열리기 전날 한자리에 불러 모았다. 이 자리에는 그가 초청한 미군 상이군인들도 참석했다. 슈셉스키는 이들을 '전사warrior'라고 불렀다. 그중에는 전쟁 중 폭탄이 터져 시각을 모두 잃은 전사도 있었고, 한쪽 다리를 잃은 전사도 있었다. 국가와 국민을 위해 전쟁에 나가 커다란 장애를 갖게 된 참전 유공자들의 경험을 들으며 선수들은 처음에는 의아한 표정을 지었지만 시간이 흐를수록 표정이 굳어지기 시작했다. 르브론 제임스와 드웨인 웨이드 선수 등 일부 선수들은 울분을 참지 못했고 눈가에 이슬이 맺힌 선수들도 있었다. 이들의 강연을 듣고 난 선수들에게 슈셉스키는 다음과 같이 말했다. "여러분은 미국을 대표해 미국 농구 대표팀에 뽑혔습니다. 여러분이 조국을 위해 할 수 있는 일은 바로 이번 올림픽에서 최선을 다하는 것입니다."[18] 다른 말이 필요 없었다.

올림픽을 준비하는 매우 짧은 기간 동안 감독이 할 수 있는 것은 최고의 기량을 가진 선수들에게 새로운 농구 기술과 전략을 가르치는 것이 아니라 이들이 실력을 제대로 발휘할 수 있도록 심장을 이끄는 것뿐이었다. 미국 농구 드림팀은 2004년 아테네 올림픽에도 출전했던 르브론 제임스와 코비 브라이언트Kobe Bryant를 중심으로 하여 2008년 베이징 올림픽에서 결국 금메달을 거머쥐었다.

비디오 리더십,
커다란 반향을 일으키다

일명 '마음을 움직이는 리더십'을 통해 선수들에게 동기 부여를 한 사례는 과거 한국 국가 대표 축구팀에서도 찾아볼 수 있다. 2015년 가을 서강대에서 열린 울리 슈틸리케의 특강에 참석한 적이 있는데, 그는 자신이 사용한 비디오 리더십을 집중적으로 설명했다. 그가 사용했던 비디오 리더십은 도대체 무엇일까? 슈틸리케의 비디오 리더십을 설명하기 위해서는 그가 2014년 가을에 한국 대표팀에 부임하기 전 상황을 살펴볼 필요가 있다.

그가 부임하기 전 홍명보 감독이 이끄는 월드컵 대표팀은 1986년 처음으로 FIFA 월드컵 대회에 참가한 후 아홉 번 연속으로 본선 진출이라는 기록을 세우며 당당하게 브라질 월드컵 본선에 참가했다. 한국 대표팀은 2002년 한일 월드컵에서 4강에 올랐을 뿐만 아니라

2010년 남아공 월드컵에서 16강에 오르는 등 월드컵에서 좋은 활약을 했다. 2014년 브라질 월드컵 대회는 2002년 월드컵 4강 신화를 이룬 팀의 주장이었던 홍명보가 감독으로 팀을 이끌었던 터라 국민들의 관심과 기대가 매우 높았다. 하지만 알제리에 2 대 4, 벨기에에 0 대 1로 패하면서 16강의 꿈은 물거품이 되고 말았다.[19]

국민들은 2014년 월드컵에서 16강 탈락이라는 만족스럽지 못한 결과를 안고 돌아온 대표팀에 실망을 많이 했다. 같은 해 여름 홍명보는 16강 실패에 대한 책임을 지고 대표팀 감독직에서 자진 사퇴했지만 국민들의 실망과 분노는 쉽게 사그라지지 않았다. 특히 국가 대표팀이 16강 진출에 실패한 후 유유히 유명 관광지를 다녀왔다는 기사는 국민 정서를 더욱 악화시켰다.

이러한 어수선한 시기에 슈틸리케가 새롭게 국가 대표팀 감독으로 부임했다. 2015년 1월에 열리는 AFC 아시안컵에 참가할 대표팀을 이끌기 위해서였다. AFC 아시안컵 대회까지 얼마 남지 않았던 터라 슈틸리케는 젊고 잠재력 있는 새로운 선수를 발굴할 시간과 기회조차 갖지 못했다. 어쩔 수 없이 2014년 브라질 월드컵 명단에 있던 선수들 대부분을 그대로 이끌고 호주에서 열린 아시안컵 대회에 참가했다.

2014년 브라질 월드컵에서 저조한 성적으로 국민에게 큰 실망을 안겼던 터라 당시 대표팀의 분위기는 매우 좋지 않았을 뿐만 아니라 국민들도 이들에게 별다른 기대를 하지 않았다. 중요한 것은, 감독은 교체되었지만 선수들은 2014년 브라질 월드컵에 출전했던 선수 구성과 별반 다르지 않았다는 점이다. 만약 당신이 슈틸리케 였다면 이 팀을 데리고 AFC 아시안컵에서 좋은 성적을 거두기 위해 어떤 전략을 펼쳤을까?

슈틸리케는 경기가 열리기 전날 선수들을 불러 모았다. 그리고 잠시 후 3분 24초의 동영상을 선수들에게 보여주었다. 이 영상에는 호주로 이민 가서 고생을 많이 한 이민 1세대의 눈물 섞인 응원의 메시지가 들어 있었다.[20] 태극 전사들을 응원하기 위해 "(지금까지 한 번도 문을 닫은 적이 없었지만) 처음으로 가게를 닫고 응원하러 갈 예정"이라는 여성 교민을 시작으로 다양한 분야에서 최선을 다해 살고 있는 호주 교민들의 응원이 이어졌는데, 이들의 진심 어린 응원은 태극 전사들을 뭉클하게 하기에 충분했다.

슈틸리케가 직접 준비한 '특별 영상'의 폭발력은 생각보다 컸다. 태극 전사들이 왜 최선을 다해 경기에 임해야 하는지, 그리고 어떤 분들이 경기장에 와서 응원을 하는지 가슴 깊이 느낄 수 있었다. 이 대회가 열리기 불과 몇 달 전만 해도 대표팀은 월드컵 16강에 진출하지 못한 패배감에 매우 침체된 분위기에 싸여 있었다. 선수들의 피 끓는 열정을 다시 한 번 끄집어낸 것은 슈틸리케의 호통이나 꾸짖음이 결코 아니었다. 바로 선수들의 여린 감정을 건드린 호주

최고의 명장이 된 감독들

교민들의 진심 어린 목소리였던 것이다.

물론 슈틸리케가 (선수들 몰래) 특별히 준비했던 이 영상 때문만은 아니겠지만 (2014년 브라질 월드컵 대표팀과 대부분 같은 선수로 구성되었지만) 대표팀은 AFC 아시안컵에서 준우승 트로피를 안았다. 비록 안타깝게도 결승전에서 개최국인 호주에 져 준우승에 그쳤지만 몇 개월 전에 열렸던 브라질 월드컵과 비교하면 준우승은 상상할 수도 없는 일이었다. 슈셉스키와 더불어 슈틸리케는 선수들의 심장을 움직이게 함으로써 원하는 결과를 만들어낸 감독이었다. '심장을 움직이는' 리더십은 분명 선수들이 지닌 기량의 진가를 짧은 시간 안에 발휘할 수 있게 만든 묘약 같은 것이었다.

신치용,
한국 배구 최고의 명장이 되다

잉글랜드 축구에 퍼거슨이, 미국 NBA에 필 잭슨이 있다면 한국을 대표하는 감독은 단연 신치용일 것이다. 그를 모르는 사람은 거의 없겠지만 혹시나 모르는 독자들을 위해 그의 업적을 간략히 설명해 보겠다.

'제갈공명'이라는 별명을 가진 신치용은 1995년에 삼성화재의 창단 감독으로 부임했다.[21] 당시 그의 나이 마흔을 갓 넘었을 때였다. 그는 슈퍼리그가 열렸던 1997년부터 삼성화재를 우승으로 이끌었고, 슈퍼리그 9연속 우승이라는 위업을 달성했다. 9연속 우승은 필 잭슨의 시카고 불스와 LA 레이커스 때의 3연속 우승보다도 세 배나 많은 수치다. 물론 NBA의 구단 수와 종목, 리그의 성격이 한국 배구와는 많이 다르지만 9회 연속으로 팀을 우승으로 이끄는 것은 결코 아무나 할 수 있는 일이 아닐 것이다. 특히 4장에서 설명했던 '경쟁적 균형' 제도 때문에 전년도 우승 팀은 드래프트 시스템을 통한 역차별로 매년 전력이 약해질 수밖에 없는 상황이었지만 그는 이러한 불리함을 이기고 9회 연속으로 리그 우승을 했다.[22]

일각에서는 신치용이 안젤코 추크, 가빈 슈미트와 같은 용병 선수에게 지나치게 의존하여 우승했다며 공격하기도 했다. 심지어 용병 선수에게 거의 모든 공격 포인트를 의존하는 그의 경기 스타일을 일명 '몰빵 배구'라고 부르며 그가 이룬 업적을 의도적으로 폄하하기도 했다. 하지만 앞서 설명한 사회적 태만 현상을 이해한다면 '몰빵 배구'가 얼마나 효과적이며 효율적인지 이해할 수 있다.[23]

예를 들면, 유치원생 다섯 명을 한 팀으로 해서 퍼즐을 맞추라고 하면 이들은 역할을 나누지 않고 퍼즐을 맞추기 시작한다. 유치원생들은 큰 부담 없이, 그리고 남 눈치를 보지 않고 퍼즐을 많이 해서 자신 있는 아이가 앞장서서 퍼즐을 맞춰가는 것이다. 퍼즐에 경험이 없거나 능숙하지 못한 아이는 어느덧 뒷전에서 잘하는 아이를 지켜볼 뿐이다. 또 다른 팀은 미국 유명 명문대 경영대학원생 다섯 명을 한 팀으로 해서 퍼즐을 맞추게 한다. 그들은 사회 경험도 많을 뿐만 아니라 퍼즐 맞추기를 시작하기 전에 회의를 거쳐 리더를 선발하고 각자의 역할을 배분한다. 대학원생들은 퍼즐에 자신이 없더라도 팀 프로젝트이기 때문에 아무런 역할을 하지 않았을 때 받을 수 있는 '무임 승차자free rider'라는 오명을 듣지 않기 위해 열심히 참여한다. 경영대학원생 다섯 명이 모인 팀은 팀원 모두가 퍼즐 맞추기에 열심히 참여했다.

여러분들은 위의 두 팀 중에 누가 더 빠른 시간에 퍼즐을 맞췄다고 생각하는가? 유치원생 다섯 명이 유명 명문대 경영대학원생보다 더 빠른 시간 내에 퍼즐을 맞췄다. 이것은 여러분이 예상한 결과인가?

우리는 종종 팀 프로젝트를 수행할 때 잘못된 기준으로 판단하는 경향이 있다. 예를 들면, 다섯 명이 팀을 이뤄 공동 프로젝트를 수행한다면 내가 맡은 역할은 약 20퍼센트라고 생각하는 것이다. 행여 팀원들 중 한 명이 프로젝트에 대한 기여도가 20퍼센트보다 낮다고 느끼면 분노를 참지 못하고 '무임 승차자'라고 부르며 어떻게든 불이익을 받도록 한다. 실제로 강의 중 학생들에게 팀 프로젝트 과제를 부여했을 때 팀원들 사이의 불화로 문제가 발생하는 경우가 종종 있다. 자세한 사정을 들어보면 불화의 원인은 대부분 엔

분의 일로 나눈 역할을 누군가 충실히 하지 않았을 때 발생했다. 팀 프로젝트를 수행할 때 업무를 엔 분의 일로 나눠 각자의 역할을 하면 업무 생산성은 최대가 될 수 있을까?

'몰빵 배구'에
담긴 전략

여섯 명의 선수가 뛰는 배구 경기를 생각해보자. 득점, 리시브, 블로킹 등 경기에 필요한 역할을 6분의 1로 나누고, 자기의 역할을 제대로 하지 않은 선수에게 불이익을 준다면 과연 합리적일까? 다섯 명이 하는 농구 경기 역시 득점, 드리블, 어시스트, 리바운드 등의 경기 기여도를 5분의 1로 나누지 않는다. 그렇다면 여러 명의 선수들로 구성된 단체 종목의 경우 선수들의 역할을 어떻게 분배하는 것이 최고의 조합이 될지 정확하게 파악할 필요가 있다. 다시 말해서, 감독은 경기에 필요한 포지션을 구분하고 선수들의 기량을 파악한다. 그 다음으로 각 포지션에 배치된 선수들 개개인이 각자 맡은 역할을 가장 효과적으로 이행하도록 선수들의 조합을 구성하는 것이다. 그래야 최고의 성과를 거둘 수 있다.

배구 경기에서 리베로의 역할은 서브와 블로킹이 아니다. 리베로는 공격수가 안전하게 득점할 수 있도록 도와주고, 레프트와 라이트는 주로 득점을 위한 공격을 한다. 각자 자신이 맡은 역할에 최선을 다하는 것이 바로 최고의 성과를 거둘 수 있는 비결이라는 것을 신치용만큼 잘 이해한 감독은 드물다. 신치용을 명장 반열에 올린, 그가 활용한 최고 전략은 바로 각 포지션에서 최고의 기량을 갖춘 선수를 발굴하고 그에게 주어진 역할을 가장 잘할 수 있도록 선수 조합을 구성하는 것이다. 삼성화재의 우승 주역이었던 안젤코나 가빈 선수와 같은 용병 선수들은 득점포로서의 역할을 하기에 가장 적합한 선수였고, 신치용은 이들이 최선의 역할을 할 수 있도록 지휘를 잘한 것이 적중했다.

여러 명이 공동으로 하나의 목표를 위해 일할 때 업무를 인원수에 따라 엔 분의 일로 공평히 나누는 것은 일의 효율성에 맞지 않는다. 능력이 뛰어난 사람이 일을 더 많이 하고 경험이 없거나 소질이 부족한 사람은 업무의 참여도가 낮아야 일의 전체 효율성이 높아진다. 필 잭슨이 이끌었던 시카고 불스의 경우 데니스 로드먼은 리바운드를 비롯해 수비에만 전념하는 대신 공격력이 뛰어난 마이클 조던은 팀의 득점에 치중했다. 필 잭슨이 3연속 우승을 이끌었던 LA 레이커스의 구성도 비슷했다. 공격 포인트는 코비 브라이언트를 중심으로 이루어진 반면 골밑은 샤킬 오닐이 담당했다.

NBA 명예의 전당에 헌정된 유타 재즈의 명콤비로 불렸던 존 스탁턴은 어시스트를 경기당 평균 열 개 넘게 하고, 총 1만 5,000개나 기록했다. 그는 칼 말론에게 정확한 패스를 해주는 역할에 충실했다. '우편배달부'라는 별명을 가졌던 칼 말론은 존 스탁턴의 패스를 받아 득점하는 역할을 완벽하게 수행했다.

최고의 명장을
육성하라

스포츠만큼 일의 결과가 뚜렷하게 드러나는 것도 없다. 스포츠는 본질적으로 승자와 패자가 공존하며 그 결과는 순위나 각종 통계로 나타난다. 선수들의 기량 부족으로 경기에서 지기도 하지만 감독의 뛰어난 전략과 전술로 승리를 만끽하기도 한다. 전략과 전술은 상대적인 것이기 때문에 상대방이 펼치는 전략과 전술에 따라 대응하는 방식도 바뀐다. 한두 번으로 끝나는 것이 아니라 시즌이 열리는 내내 경기를 치르면서 끊임없이 승패를 경험해야 하는 스포츠 리그의 특성은 감독의 업무를 더욱 어렵게 만든다.

경기 결과와 관련된 거의 모든 실질적인 책임을 져야 하는 탓에 어떤 감독은 계약 기간을 채우지 못하고 경질되기도 하고, 건강상의 이유와 부진한 성적에 책임을 지며 조기 사퇴하기도 한다. 수많은 선수들 중에 극히 일부만이 톱클래스 선수가 되는 것처럼 극히 소수의 감독만이 명장의 반열에 오른다.

명장을 발굴하고 길러내는 과정은 톱클래스 선수를 양성하는 것만큼 많은 노력과 인내가 필요하다. 구단의 투자가 필요할 뿐만 아니라 스포츠 조직의 전략적인 지원 프로그램이 절실하다. 톱클래스 선수를 양성하기 위해서 많은 부모가 자녀들을 스포츠 선진국으로 조기 유학을 보내기도 하고 다양한 유소년 장학 프로그램을 통해 이들을 지원하기도 한다. 하지만 명장을 길러내기 위한 구단과 리그의 노력은 쉽게 찾아볼 수 없다. 아무리 훌륭한 선수들이 모였다고 하더라도 명장이 있어야 빛을 발할 수 있다. 명장이 없는 명문 구단은 존재할 수 없다는 사실을 인식하고 최고의 감독을 체계적으로 양성할 수 있는 시스템을 만들어나가야 한다.

6장

★ ★ ★

셀럽
스포츠 선수들의
빛과
그림자

롤모델이 된
스타 선수들

　　일명 '셀럽'으로 불리는 유명 스포츠 스타 선수들은 우리에게 커다란 즐거움과 재미를 선사할 뿐만 아니라 많은 청소년에게 롤모델 역할을 하며 꿈과 희망을 심어주기도 한다. 많은 이들은 손흥민이 세계 최고의 무대인 잉글랜드 프리미어리그에서 멋지게 활약하는 모습에 열광하곤 한다. 실제로 BBC의 보고서에 따르면, 영국 프로 축구EPL를 즐기는 한국인 가운데 약 21퍼센트는 손흥민 선수가 소속된 토트넘 홋스퍼 구단의 팬이라고 한다.[1]

1990년대 중반부터 많은 야구팬은 LA 다저스에서 활약하던 박찬호의 선발 경기를 손꼽아 기다렸고, 그를 통해 미국 메이저리그를 접할 수 있었다. 2000년대 중반에는 박지성이 활약하던 맨체스터 유나이티드 경기를 시청하며 영국 프리미어리그를 즐겼다. 한국은 더 이상 동방의 작은 나라가 아닌 스포츠 월드 스타를 배출한 스포츠 강국으로 거듭났다.

실제로 셀럽 선수들은 우리 국민이 어려운 역경을 겪을 때마다 큰 힘을 주곤 했다. 1998년 한국이 국제통화기금IMF의 구제 금융을 받게 된 즈음 LPGA에서 활약하던 박세리가 워터해저드 부근으로 떨어진 공을 치기 위해 과감히 양말을 벗고 맨발 투혼을 발휘해 US 오픈 대회에서 우승한 것을 기억하는가? 만약 그녀가 신고 있던 양말을 벗는 대신 벌타를 선택했다면 그녀의 우승은 날아갔을 것이다. 그래서 그녀의 우승은 더욱 소중하고 값지게 여겨졌다.

한국인으로서 처음으로 세계 최고의 선수들이 모인 LPGA에서, 그것도 메이저 대회에서 우승 트로피를 들어 올린 박세리는 IMF로 많은 어려움을 겪던 국민에게 큰 희망과 힘을 주었다(아마도 일부 독자들은 그녀의 맨발 투혼을 배경으로 해서 만든 공익 광고를 기억할지도 모르겠다. 광고에서 흘러나오는 〈상록수〉라는 노래는 IMF로 힘들어하는 국민

의 마음을 한껏 어루만져주었다).[2]

2020년 코로나19가 한창 유행하기 시작했을 무렵 김광현은 미국 MLB 세인트루이스 카디널스로 진출했다. 메이저리그 첫 승을 거둔 2020년 8월 23일, 이를 축하하기 위한 인터뷰에서 김광현은 다시 한 번 국민들을 위로했다. "지금 한국에 코로나19가 재확산 중인 걸로 아는데, 멀리 있지만 잘하는 모습, 멋있는 모습 보여드리면 국민들에게 조금이나마 힘이 되지 않을까 싶다."[3]

스포츠 스타 선수들은 많은 어린이들과 청소년들에게 롤모델이 된다. 박세리를 롤모델로 삼아 훌륭하게 성장한 많은 골프 선수들은 일명 '박세리 키즈'라고 불린다. 박찬호가 한국인 최초로 미국 메이저리그로 진출한 후 지금까지 23명의 한국 선수들이 메이저리그로 이름을 올렸다. 손흥민의 멋진 활약은 수많은 유소년 축구 선수들의 귀감이 되고 있다.

하지만 우리가 아는 모든 셀럽 선수들의 삶이 순탄한 것은 아니다. 선수 시절 뛰어난 실력을 바탕으로 많은 업적을 남겼지만 은퇴후 불법 혹은 범죄 행위로 구설수에 휘말리거나 우리의 기억 속에서 사라져간 스타 선수들이 있다. 미국 메이저리그에서도 한 시즌에 30승을 올린 투수는 단 두 명뿐이다. 1934년 30승을 한 디지 딘과[4] 1968년에 31승을 올린 데니 맥레인이다.[5] 그렇다면 여러분은 한국 프로 야구에서 한 시즌 30승을 올린 투수를 기억하는가? 바로

셀럽 스포츠 선수들의 빛과 그림자

장명부다. 장명부는 삼미 슈퍼스타즈 투수로 활약할 당시 1983년 시즌 최다승(30승), 최다 등판(60경기), 최다 투구 이닝(427과 1/3)이라는 다시는 깨질 것 같지 않은 대기록을 세웠다.[6] 그는 프로 야구 원년 꼴찌 팀인 삼미 슈퍼스타즈 구단에 입단할 당시 30승을 올리면 1억 원을 추가로 받는 보너스 계약을 체결했는데, 많은 이의 예상을 깨고 그는 한 시즌 30승을 올렸다.

하지만 너무 무리한 탓일까? 그의 실력은 급격히 저하됐고, 결국 1986년 빙그레 이글스에서 퇴출당한 뒤 그를 원하는 팀이 없어 어쩔 수 없이 은퇴의 길을 걷게 되었다. 안타깝게도 그의 순탄한 삶은 여기까지였다. 크고 작은 구설수에 휘말린 그는 1991년 필로폰 투약 혐의로 구속돼 징역형을 받았다. 이로 인해 한국 프로 야구에서 영구 제명되고 재일 동포였던 그는 일본으로 추방당했다. 2005년 그는 자신이 직접 운영하던 마작 하우스에서 생을 마감했다.

셀럽 선수들의
정치·사회적 영향력

스포츠 선수들은 누군가의 롤모델에 그치지 않고 더 나아가 사회적 문제를 공론화하는 데 서슴지 않는다. 인권에 관심이 많은 독자들은 아마 콜린 캐퍼닉Colin Kaepernick이라는 NFL

선수를 기억할 것이다.

2016년 경기 시작 전 열린 국민의례 행사에서 미국 국가가 울려 퍼졌다. 다른 선수들은 너 나 할 것 없이 가슴에 손을 얹고 미국 국가를 따라 부르고 있었는데, 당시 샌프란시스코 포티나이너스 소속이었던 캐퍼닉은 경기장 바닥에 한쪽 무릎을 꿇고 있었다. 이를 의아하게 여긴 기자들이 그 이유를 묻자 그가 한 대답은 간결하고 명쾌했다. "인종 차별하는 나라의 국가를 따라 부르기 위해 일어나기 싫었다."[7] 며칠 전 일어난 흑인에 대한 경찰의 과잉 진압에 항의한다는 뜻이었다.

이 사건이 일어난 후 그는 수많은 언론의 주목을 받았다. NFL 선수들 가운데 일부는 그의 행위를 정면 비판했으며 트럼프 전 대통령도 그의 행동을 비난했다. 캐퍼닉을 바라보는 백인 NFL 구단주들의 시선 역시 좋지 않았다. 그의 계약은 연장되지 않았고 결국 그는 비자발적 은퇴를 할 수밖에 없었다.

아프리카계 미국인에 대한 경찰의 불공정과 잔인함이 지속되고 이 과정에서 안타깝게 사망하는 사건이 잇따라 발생하자 새로운 형태의 평화시위가 생겨났는데 바로 '흑인 생명은 소중하다Black Lives Matter' 운동이다.[8] 미국 프로 농구 NBA는 2019~2020년 시즌 동안 선수들의 유니폼에 그들의 이름 대신 "흑인 생명은 소중하다"라는 구호를 써 넣는가 하면 농구장 바닥에도 이러한 구호를 새겼다.

NBA 선수들뿐만 아니라 구단 그리고 협회가 한목소리로 아프리카계 미국인들의 인권 운동에 적극적으로 동참하는 등 사회적 정의를 실현하는 데 앞장서고 있다.

미국 여자 프로 농구인 WNBA 리그 역시 NBA와 유사한 인권 운동 캠페인을 펼치고 있다.[9] 리그의 규정상 경기장에서 벌어지는 스포츠 선수들의 정치적 행위는 (이유를 막론하고) 엄격히 금지된다. 그래서일까? '흑인 생명은 소중하다' 캠페인은 그들에게 어떠한 피해가 갈지 모르는 상황에서 벌어지기 때문에 더욱 값지고 소중하게 느껴진다.

셀럽 선수들,
비즈니스계의 리더로 거듭나다

유명 스포츠 스타 선수들은 스포츠 산업뿐만 아니라 미국 경제 분야에서도 이름을 떨치고 있다. 프로 선수 시절 연봉과 후원 계약으로 엄청난 부를 쌓은 스타 선수들은 IT 산업을 중심으로 성장성 높은 스타트업 기업들을 발굴하고 이들 기업에 적극적으로 투자하고 있다.

미국 NBA 명예의 전당에 이름을 올린 샤킬 오닐은 현재 155개의 햄버거 프랜차이즈 레스토랑과 150개의 세차장, 17개의 도너츠

가게 등 수백 개가 넘는 사업체를 운영하는 것으로 알려져 있다.[10] 그는 "학업에 소홀히 하지 말라"는 어머니의 가르침에 따라 경영학 박사 학위를 받기도 했다.[11] 그는 2006년 미국의 금융 위기가 한창일 때 주택 대출금을 갚지 못해 집을 잃을 위기에 처한 지역 주민들을 위하여 그들의 주택을 한꺼번에 구입한 후 금융 위기가 끝나고 전 주인들에게 싼 값으로 다시 돌려줬다.[12]

2020년 10월 초 미국 월가에 샤킬 오닐의 이름이 다시 오르내렸다. 그 이유는 바로 중국 기업 바이트댄스가 개발해 세계적으로 큰 인기를 끌고 있던 쇼트 비디오 제작 플랫폼 '틱톡TikTok'과 유사한 스포츠 엔터테인먼트 전용 플랫폼을 개발하는 기업에 샤킬 오닐이 거액을 투자했고 직접 고문으로 활동한다는 기사가 나왔기 때문이다. '숲길지주회사Forest Road Acquisition Company'라고 불리는 이 기업은 '디즈니플러스'와 '틱톡' 플랫폼에 직접 참여한 기술자들이 모여 개발을 이끌고 있다.[13] 샤킬 오닐은 216센티미터의 신장으로 NBA에서 '빅 맨'으로 기억될 만한 커리어를 쌓았는데, 현재는 재계에서 엄청난 파워를 가진 제2의 빅 맨 인생을 즐기고 있다.

르브론 제임스는 미국의 자동차 공유 기업인 리프트와 함께 저소득층 청소년들을 위한 자전거 공유 서비스를 하면서 이들을 위한 직업 교육과 식료품 지원 사업도 진행하고 있다.[14] 그는 영국 프리미어 구단인 리버풀의 자산을 2퍼센트 소유한 구단주이기도 하고,

셀럽 스포츠 선수들의 빛과 그림자

2013년에는 스프링힐 엔터테인먼트 회사를 직접 설립해 TV 드라마 및 영화 사업을 추진하고 있기도 하다.[15]

르브론 제임스와 함께 미국 NBA 유니콘으로 불리는 케빈 듀란트 또한 서티 파이브 벤처스라는 벤처 펀드 회사를 소유하고 있다. 이 회사는 이미 50개가 넘는 스타트업 기업에 투자하고 있을 정도로 IT 산업 발전에도 커다란 기여를 하고 있다.[16] 셀럽 선수들의 행동반경은 더 이상 스포츠 산업에만 한정되지 않는다. 그들은 사회운동, IT 산업, 사회공헌 등에 이르기까지 다양한 영역을 넘나들며 막강한 영향력을 발휘하고 있다.

셀럽 선수들,
기업 후원 계약의 핵심으로 자리 잡다

비즈니스 잡지인 『비즈니스 인사이더』에 눈길을 끄는 기사가 실렸다.[17] 마이클 조던이 지난 36년 동안 나이키와의 후원 계약을 통해 총 13억 달러(약 1조 6,000억 원)에 달하는 수입을 올렸다는 것이다(나이키와 계약하기 전 마이클 조던은 아디다스와 계약을 하고자 했지만 나이키의 제안을 잘 들어보고 현명하게 결정하라는 부모님의 조언을 듣고 아디다스가 아닌 나이키와 인연을 맺게 되었다. 이 내용은 넷플릭스 영화 〈더 라스트 댄스〉에 자세하게 묘사되어 있다).[18]

일부 셀럽 선수들은 연봉이나 대회 상금으로 거두는 수입보다 기업의 후원 계약을 통한 수입이 더 크다. 골프 황제 타이거 우즈 Tiger Woods는 2019년에 브리지스톤, 몬스터에너지, 나이키, 테일러 메이드 등과의 후원 계약을 통해 6,000만 달러(약 720억 원)을 벌었고, NBA의 르브론 제임스는 나이키, 코카콜라, 비츠바이드레, 기아 자동차 등에서 5,500만 달러(약 620억 원)를 벌어들였다.[19] 그가 기업 후원 계약을 통해 벌어들이는 수입은 그의 전체 수입의 61퍼센트를 차지할 정도로 매우 큰 규모다.

세계 남자 테니스를 제패한 로저 페더러는 유니클로와 10년간 3억 달러(약 3,600억 원)의 장기 계약을 체결한 것으로 알려졌는데, 그가 벌어들인 2019년 전체 수입 가운데 84퍼센트를 차지했다.[20] 그는 2018~2019년 기업 후원을 통해 8,600만 달러(약 1,000억 원)를 벌었다. 노박 조코비치가 3,000만 달러(약 360억 원), 나달 선수가 2,600만 달러(약 310억 원)을 벌어들여 그 뒤를 이었다.[21] 골든 스테이트 워리어스로부터 연간 4,020만 달러(약 480억 원)의 연봉을 받는 스테폰 커리는 언더아머, 비보Vivo, 닛산자동차, 체이스뱅크 등으로부터 4,500만 달러(약 520억 원)에 달하는 부가 수입을 올렸다.[22]

그렇다면 왜 기업들은 셀럽 선수들에게 엄청난 후원금을 지급하는 것일까? 기업들은 광고, 판매 프로모션, 홍보, SNS 마케팅, 방문 판매 등 다양한 전략을 통해 기업의 상품과 서비스를 판매한다. 하지만 종종 선수 후원 계약을 통한 세일즈 전략이 다른 방법에 비해 훨씬 효과적이고 확실한 방법이 되기도 한다.

마이클 조던을 활용한 나이키 'AJ Air Jordan' 브랜드는 오랫동안 스포츠화(특히 농구화) 시장을 지배해왔다. 나이키는 르브론 제임스와의 계약을 통해 '에어 조던' 브랜드를 이을 새로운 상품 라인을 선보였다. '르브론 솔저 라인'으로 불리는 르브론 농구화는 '에어 조던 시리즈'와 유사한 방법으로, 생산되는 연도에 따라 '르브론 #'이라고 불리며 다시 한 번 농구화 시장의 지배력을 확고히 하고 있다.[23]

종목에 따라 다소 차이가 있겠지만 일반적으로 각 스포츠 종목을 대표하는 셀럽 선수들은 후원 계약을 체결한다. 야구, 농구, 배구, 축구, 골프, 테니스, UFC, 다양한 올림픽 등 대중의 주목을 많이 받는 종목일수록 후원 기업의 관심을 끌 수 있다. 기업들은 선수 후원 계약을 통해 다음과 같은 효과를 얻는다.

첫째, 기업의 후원을 받는 선수들은 전통 미디어 광고와 다양한 소셜 미디어 플랫폼을 통해 특정 기업의 후원을 받고 있는 사실을 공유한다. 후원 기업에서 새로 론칭하는 스포츠 용품을 직접 소개하기도 하며 실제로 그 제품을 사용하는 모습을 자연스럽게 연출한다. 충성도가 높은 팬일수록 자신이 좋아하는 선수가 어떤 브랜드의 유니폼을 입고, 어떤 운동화를 신으며, 어떤 스포츠 장비를 사용하는지에 대한 궁금증이 크기 마련이다.

둘째, 기업 후원을 받는 선수들은 대부분 해당 종목을 대표할 정도로 실력이 뛰어난 선수들이 많다. 지속적인 기록 갱신과 대회 우승을 통해 실력이 증명된 선수들은 팬들에게 다음과 같은 메시지를 전달한다.[24] '나이키 농구화가 나를 부상으로부터 보호해주었기 때문이다' 혹은 '언더아머 농구화는 내가 안정적으로 점프 슛을 하는 데 도움이 되었다'는 식으로 후원 기업의 용품에 대해 가치를 부여한다.

셋째, 기업들은 후원 선수들의 멋진 활약을 통해 잠재 고객들에게 암묵적으로 다음과 같은 메시지를 전달한다. '마이클 조던처럼 높이 점프하고 싶으면 에어 조던 시리즈를 신으세요' 혹은 '아디다스 축구화를 신으면 리오넬 메시처럼 드리블을 잘할 수 있어요'. 소비자들은 이들이 전달하는 강력한 메시지에 끌려 나이키 농구화를 구입하거나 아디다스 축구화를 신고 마이클 조던이나 리오넬 메시 같이 멋진 선수가 될 수 있다고 확신하게 된다.

어떤 선수가
기업의 후원을 받는가?

실력이 좋은 선수라고 하더라도 모두가 기업의

후원을 받는 것은 아니다. 선수가 가진 실력과 이미지가 후원 기업이 생산하는 상품이나 서비스와 일치할수록 계약 가능성은 높아진다. 또한 후원 계약의 본질과 그 가치를 충분히 이해하고 후원 기업에 도움을 주고자 하는 의지가 있으면 더욱 좋다. 물론 선수들의 외모와 행동 방식에 별 문제가 없고 스캔들로 인해 구설수에 오르지 않아야 한다. 가장 중요한 것은 셀럽 선수들의 인지도다. 경기장 밖에서 사람들이 잘 알아보지 못하는 선수라면 선호도가 떨어지기 마련이다. 데이비드 베컴의 사례를 통해 선수들의 인지도가 후원 계약에 얼마나 중요한지 살펴보자.

2007년 미국 메이저리그 축구에 당시 최고의 실력과 인기를 누리던 데이비드 베컴이 등장했다. 로스앤젤레스 갤럭시와 천문학적인 연봉을 계약한 그는 미국 축구 산업을 유럽처럼 부흥시켜야 한다는 사명을 안고 있는 듯했다. 1970년대 중후반 뉴욕 코스모스 구단이 펠레를 스카우트하여 미국 축구 리그를 발전시키려고 한 것에 비견되는 하나의 커다란 사건(?)이었다. 펠레 한 명에게 지나치게 많은 연봉을 지불하면서 그에게 너무 큰 기대를 하고 의존한 탓일까? 미국 축구 리그는 얼마 가지 않아 파산하고 말았다. 아무리 유명한 셀럽 선수라고 하더라도 한 국가의 산업을 혼자 발전시키기는 역부족이었을 것이다. 더 문제는 미국 내에서 펠레의 인지도가 생각보다 그리 높지 않았다는 사실이다(TV로 방송하지 않았던 축구 경기에서 펠레가 아무리 멋진 활약을 한다고 해도 이렇다 할 반향은 기대하기 어렵다).

예상컨대 이 책을 읽고 있는 독자 중에서 데이비드 베컴을 모르는 사람은 한 명도 없을 것이다. 하지만 베컴이 2007년 처음으로 미국에 진출했을 때 예상치 못한 일이 벌어졌다. 데이비드 베컴이라는 유명 축구 선수가 LA 갤럭시와 계약을 했다는 기사는 대서특필되었지만, 그의 얼굴을 정확히 인식하는 사람들은 별로 없었다. 특히 (축구 유니폼이 아닌) 정장을 입은 그의 모습을 언론에서 본 많은 사람들은 그를 잘생긴 영화배우 정도로 생각했다. 충격적이게도 미국 시장에서 베컴 선수의 'Q 스코어'가 그리 높지 않았던 것이다.[25]

Q 스코어는 방송이나 광고업계에서 유명인의 인지도를 나타내는 중요한 기준으로 사용한다. 스포츠 선수의 경우 유니폼을 입었을 때와 평상복을 입었을 때 각각 얼마나 많은 사람들이 알아보는지를 살펴보고, 이를 통해 방송이나 광고 시장에서의 가치가 형성된다. 미국 시장에서 베컴의 진가를 증명하는 데는 오래 걸리지 않았지만 그의 Q 스코어가 높지 않았던 점은 다소 당혹스럽다.

선수 후원을 통해 기업은 셀럽 선수들로부터 다양한 결과를 기대한다. 많은 팬을 통해 기업의 인지도를 높이고 싶어 할 뿐만 아니라 실추한 기업의 이미지를 만회하고자 깨끗한 이미지를 가진 셀럽 선수와 후원 계약을 체결하기도 한다. 기업의 이미지를 높이는 데 셀럽 선수들이 어떠한 역할을 할 수 있는지 다음 사례를 통해 살펴보자.

세계적인 글로벌 컨설팅 업체인 액센추어Accenture PLC(과거에는 앤더슨 컨설팅으로 불렸다)는 실추한 기업의 이미지를 높이기 위해 선수 후원 계약을 이용한 적이 있다. 미국의 대표적인 대기업이었던 엔론Enron이 각종 회계 비리로 공중분해 되었는데 이때 엔론의 회계 감사를 담당한 기업이 바로 앤더슨 컨설팅이었다. 당시 정부는 물론 언론으로부터 부실 감사라는 거친 공격과 심한 비판이 쏟아졌다.[26]

도덕적 비난으로 기업 이미지가 실추된 앤더슨 컨설팅은 얼마 후에 '액센추어'로 사명을 변경하고 기업 이미지 개선에 나섰다. 컨설팅 기업의 고객들이 가장 좋아할 만한 스포츠인 골프에 막대한 홍보 비용을 지출했다. PGA 및 LPGA와 타이틀 후원 계약을 맺고, 『골프 다이제스트』와 같은 골프 전문 잡지에 전면 광고를 했다. 『이코노미스트』, 『포브스』, 『비즈니스 위크』 등 잠재 고객들이 즐겨 읽는 주간지의 표지에도 엄청난 비용을 들여 새로운 기업 명칭인 '액센츄어'를 노출했다. 결정적으로 당시 골프계를 주름잡으며 독보적인 세계 1위 선수였던 타이거 우즈와 후원 계약을 체결하고 기업 행사에 타이거 우즈를 초청하기도 했다.

그렇다면 액센추어가 기업의 이미지를 개선하기 위해 타이거 우즈를 선정한 이유는 무엇일까?[27] 첫째, 액센추어의 고객들이 주로 좋아하는 스포츠 종목인 골프나 테니스 종목 선수여야 했다. 성별과 관계없이 액센추어가 지향하는 '세계 1위' '최고'라는 이미지에 적합한 선수를 찾았다. 둘째, 도덕적·윤리적인 관점에서 스캔들이 없는 선수를 원했다. 엔론 기업의 회계 부정으로 실추됐던 기업이라 더더욱 깨끗한 선수 이미지가 필요했던 것이다.

Q 스코어 역시 중요했다. 아무리 실력이 뛰어나도 언론에 노출이 적어 많은 사람들이 알아볼 수 없다면 큰 도움이 되지 않기 때문이다. 비용 역시 선수 후원 계약에서 중요한 고려 사항이다. 아무리 선수 후원 계약에 적합한 선수라고 하더라도 비용이 너무 높다면 선뜻 계약하기가 쉽지 않기 때문이다. 그 밖에 선수의 태도, 지식, 후원 선수 계약에 대한 이해도, 외모, 성향 등도 기업에서 고려하는 것으로 알려져 있다.

스캔들에 휩싸인 셀럽 선수들, 어떻게 바라볼 것인가?

앞서 셀럽 선수들이 갖는 선한 영향력에 대해 설명했다. 셀럽 선수들은 많은 청소년들의 롤모델이 되거나 '박세리 키즈'처럼 많은 유소년 선수들에게 부푼 꿈과 희망을 심어주기도 한다. 박세리나 김광현은 IMF와 코로나19와 같은 힘겨운 시기를 겪는 국민들에게 희망과 용기의 메시지를 전해줬다. 세계 최고의 리그에서 멋진 활약을 펼치는 손흥민은 많은 한국인들에게 긍지와 자부심을 갖게 한다. 이처럼 좋아하는 선수들을 응원하며 그들의 우승을 통해 대리만족을 느끼는 사람들도 있을 것이다.

하지만 잇따른 사건 사고로 구설수에 오르는 셀럽 선수들도 있다. 음주 운전·사고, 폭력, 불법 도박, 불법 약물 복용 등을 통해 대중들의 미움을 받는 스타 선수들도 있고 선수 시절 뛰어난 활약을 통해 스타덤에 올랐지만 용서받지 못할 일탈 행위로 우리의 기억 속에서 영원히 사라진 선수들도 있다. 스포츠 선수들은 대중의 관심과 언론의 주목을 받을 수밖에 없는 태생적 특성으로 스캔들에 휘말리지 않도록 주의를 기울일 필요가 있다.

특히 스포츠 스타 선수들과 유기적인 관계를 맺을 수밖에 없는 스포츠 구단, 리그, 협회, 연맹, 에이전시는 선수들이 의도치 않게 불법적이거나 부도덕한 행위를 하지 않도록 철저한 교육과 관리가 필요하다. 그럼에도 불구하고 국내외를 막론하고 잊을 만하면 셀럽 선수들이 크고 작은 일탈 행위를 저질러 이름이 미디어에 오르내린다. 한순간의 일탈로 후원 시장에서 찬밥 신세가 된 셀럽 선수들을 종종 볼 수 있다.

만약 여러분이 XYZ 기업(휴대전화 유통 서비스 기업: SK 텔레콤, KT or LG U+ 등)의 마케팅 팀장이라고 하자. 선수 후원 계약을 맺고 있는 한국 프로 야구 A 구단 선수가 (기업과의 계약이 아직 3년 남은 상황에서) 불법 해외 원정도박으로 수억 원을 탕진했다는 보도가 나왔다면 마케팅 팀장으로서 여러분은 어떻게 행동할 것인가? 해당 선수와의 후원 계약을 즉시 파기할 것인가? 사실 여부가 밝혀질 때까지 결정을 유보할 것인가? 아니면 이러한 구설수에도 계약 기간이 끝날 때까지 그대로 지켜볼 것인가?

쾌락의 쳇바퀴란?[28]

사람들은 좀 더 나은 삶을 원한다. 좋은 집, 좋은 차, 더 좋은 직장을 원한다. 만약 원하는 것을 모두 얻었다면 어떻게 될까? 그렇게 갖고 싶던 한정판 고급 스포츠카를 소유한 사람도 3개월만 지나면 그 행복감이 대부분 사라진다. 한정판 에어 조던 운동화를 구입하든 대저택을 구입하든 물질적인 충만은 시간이 지나면 결국 다 사라진다는 것이다. 우리는 열심히 일을 하고 출세의 꿈을 이루려 노력하지만 원하는 것을 얻는다고 해서 더 행복해지는 것은 아니다. 이것이 바로 '쾌락의 쳇바퀴hedonic treadmill'다.

대회에서 우승한 뒤 승리의 기쁨에 도취되어 있는 사이 자신도 모르게 슬럼프에 빠져 더 이상 좋은 성적을 내지 못하고 은퇴하는 선수들을 어렵지 않게 목격할 수 있다. 말 그대로 피나는 노력 끝에 우승을 차지했더라도 이 우승의 기쁨은 영원히 지속되지 않는다. 또 다른 목표를 세우고 뚜벅뚜벅 앞으로 나아가야 한다.

마리아 샤라포바

세계에서 가장 많은 수입을 올린 선수. 통산 전적 532승 127패로 승률 81.97퍼센트. 2005년 세계 랭킹 1위. 호주 오픈, 프랑스 오픈, 윔블던, US 오픈 우승까지 그랜드 슬램 달성. 최고의 전성기를 누렸던 마리아 샤라포바Maria Sharapova가 돌연 은퇴를 선언했다. 과연 무슨 일이 있었던 것일까?

2017년 넷플릭스에 〈마리아 샤라포바: 더 포인트〉라는 타이틀로 그녀의 인생을 다룬 다큐멘터리가 소개되었다. 샤라포바가 스타덤에 오르는 순간부터 도핑테스트에서 양성 반응을 보여 국제테니스연맹ITF으로부터 자격 정지를 당한 사건까지 셀럽 선수로서의 빛과 그림자를 잘 보여주었다. 승승장구하던 그녀의 인생을 암흑기로 만든 건 바로 그녀가 복용한 '멜도늄'이었다. 2016년 1월에 열린 호주 오픈 대회에 참가 중이던 그녀는 도핑테스트를 받았는데, 금지 약물로 지정된 '멜도늄'을 복용한 사실이 밝혀진 것이다.[29]

멜도늄은 그녀의 모국인 러시아를 포함해 동유럽에서 협심증과 심근경색을 앓는 환자들에게 사용하는 약이지만 운동선수들 사이에서는 심장 박동을 빠르게 하여 운동 능력을 향상시키는 약물로 공공연하게 불법으로 악용되었다. 그녀는 이 다큐멘터리 영상을 통해 "멜도늄은 러시아에서는 불법 약물이 아니며 더욱이 러시아 의

사인 그녀의 팀 주치의가 처방한 약이었기 때문에 불법이라는 사실을 전혀 인지하지 못했다"고 주장했다.

물론 그녀는 "이 모든 것이 자신의 불찰"이라고 눈물을 보이기도 했지만 국제테니스연맹으로부터 2년간 자격 정지를 받았고, 그 뒤 그녀의 스토리는 더 이상 언론에 오르내리지 않았다. 이후 계속된 슬럼프로 샤라포바는 예전의 기량을 발휘하지 못하게 되었고, 결국 2020년 2월 은퇴 기자회견을 하기에 이르렀다.

그렇다면 그녀가 도핑테스트 양성 반응으로 2년간 자격 정지를 받았을 때 그녀를 후원했던 기업들은 어떻게 반응했을까? 기업들과 팬들의 반응은 냉담했다. 샤라포바와 오랫동안 후원 관계를 맺어왔지만 기업들의 결정은 결국 철저히 비즈니스 측면에 초점이 맞춰졌다. 샤라포바 선수를 가장 적극적으로 후원했던 나이키조차 국제테니스연맹으로부터 '자격 정지' 소식을 듣자마자 바로 그녀의 후원 계약을 파기했고, 태그 호이어 역시 즉각적으로 계약을 중지했다.[30] 하지만 그녀를 후원했던 다른 업체인 에비앙과 포르세는 결정을 연기하거나 자체 조사를 한 후 결정하겠다며 판단을 유보했다. 어떤 기업이 현명한 결정을 한 것인가? 과연 여러분이 후원 계약을 책임지는 담당자였다면 어떤 결정을 내렸겠는가?

셀럽 스포츠 선수들의 빛과 그림자

마이클 펠프스

    지금까지 올림픽에서 금메달을 가장 많이 획득한 선수는 누구일까? 수영 종목 중 세계에서 가장 영향력 있는 선수는 누구일까? 바로 마이클 펠프스다. 그는 열네 살이었던 2000년 시드니 올림픽 대회를 시작으로 2016년 리우데자네이루 올림픽까지 총 다섯 번의 올림픽에 출전했으며, 시드니 올림픽을 제외한 네 번의 올림픽에서 금메달 스물세 개와 은메달 세 개, 동메달 두 개를 획득했다.

    한국 올림픽 대표팀의 목표가 '10-10'으로 금메달 열 개를 획득해 세계 10위 안에 드는 것이다. 그런데 펠프스 혼자 금메달 스물세 개를 땄으니 세계적으로도 대단한 기록이 아닐 수 없다(비록 스물세 개의 금메달이 한 대회에서 딴 것이 아니고 미국의 메달 텃밭 종목이라 그런지 유난히 메달 수가 많은 수영 종목이라는 것을 감안하더라도 마이클 펠프스의 기록은 쉽게 깨지기 어려울 것이다). 그렇다면 마이클 펠프스는 어떤 스캔들에 휘말렸던 것일까?

    펠프스는 2008년 베이징 올림픽에서 총 여덟 개의 금메달을 따며 가장 많은 주목을 받았다. 특히 그가 주의력 결핍 과잉행동 증후군을 앓고 있지만 이를 극복하고 '수영 황제'로 등극했다는 사실은 그를 떠오르는 스타로 만들기에 충분했다. 하지만 긴장이 풀어졌기 때문일까? 올림픽이 끝난 후 반년 만에 그의 이름은 다시 한 번 미디어의 조명을 받았다. 그가 마리화나를 피우는 사진 한 장이 영국의 타블로이드 기사를 통해 전 세계에 알려진 것이다.[31] 지금은 미국의 여러 주에서 마리화나를 합법화했지만 2009년에는 마리화나를 거래하거나 흡연하는 것을 엄격히 금지했다. 이 사건 당시 그의 나이는 불과 스물 셋이었다.

그는 미국수영연맹으로부터 3개월 자격 정지라는 징계를 받았다. 재미있는 사실은 바로 마이클 펠프스를 후원하던 기업들이 이 사건을 두고 취한 반응과 태도였다. 펠프스와 후원 계약을 맺은 기업 중 가장 먼저 행동을 취한 기업은 바로 켈로그였다. 미국 청소년들이 아침 식사로 가장 선호하는 시리얼을 생산하는 켈로그는 펠프스가 자격 정지를 당할 당시 계약이 3개월밖에 남지 않은 상황이어서 별 다른 조치를 취하지 않고 계약이 끝날 때까지 별다른 반응을 보이지 않았다. 물론 켈로그는 이 사건이 발생한 즉시 모든 마트에서 펠프스의 사진이 들어간 켈로그 시리얼 제품을 수거했다.

하지만 놀랍게도 스피도, 오메가, 비자와 같은 글로벌 기업들은 그의 공식 사과를 받아들이고 후원 계약을 그대로 유지했다. 샤라포바와 유사하게 선수의 불법 행위로 해당 연맹으로부터 자격 정지를 당한 사건이지만 대부분의 후원 기업들은 그와의 계약을 그대로 유지했다. 그렇다면 후원 기업들이 (샤라포바와는 달리) 계약을 그대

셀럽 스포츠 선수들의 빛과 그림자

로 유지하기로 결정한 근거와 명분은 무엇이었을까?

셀럽 선수들의 스캔들에 대한
후원 기업들의 대응 전략은?

2019년 『하버드 비즈니스 리뷰』 5~6월호에 기업의 후원을 받고 있는 셀럽 선수들의 스캔들과 관련된 재미있는 사례 연구가 실렸다.[32] 미국 코네티컷대학의 스테판 호크Stefan J. Hock 교수는 1988년부터 2016년까지 미국 증권거래소에 등록된 기업들 중 유명인(연예인, 가수, 스포츠 선수, 방송인을 포함)을 대상으로 개인 후원 계약을 체결한 230개의 기업들을 조사했다. 특히 후원 계약의 당사자들이 부도덕한 행동으로 구설수에 올랐던 128건에 대해 후원 기업들이 어떤 의사 결정을 했는지를 분석했다.

스캔들에 휘말린 셀럽 스타 가운데 70퍼센트는 남성이었다. 그리고 55퍼센트는 스포츠 선수, 24퍼센트는 방송인, 17퍼센트는 뮤지션이었다. 스타들이 일탈 행위로 구설수에 올랐을 때 이들을 후원하는 기업들의 반응은 참으로 다양했다. 그중에서 59퍼센트에 해당하는 기업들이 계약 당사자인 셀럽 스타들의 스캔들에 전혀 반응을 보이지 않았다는 사실은 놀라웠다. 과연 왜 그랬을까?

스테판 교수에 따르면, 기업들은 그들이 후원하는 셀럽들이 스캔들에 휘말릴 때 어떻게 대처해야 할지 전혀 준비가 되어 있지 않았을 뿐만 아니라 대응해야 할 시기를 놓쳐 결국 적절한 대응을 하지 못했다는 것이다. 체계적인 의사 결정 과정을 통해 전략적으로 무대응을 한 것인지 아니면 아무런 대책을 마련할 능력이 없어서 무대응으로 대처한 것인지는 정확히 알 수 없지만 이렇게 많은 수의 기업들이 아무런 반응을 보이지 않았다는 것은 다소 충격적이다. 약 20퍼센트의 기업들은 셀럽들과의 계약 관계를 지속했고, 21퍼센트는 계약이 만료할 때를 기다리거나 의사 결정을 유보했다.

그렇다면 기업에서 후원하는 선수들이 부정적인 스캔들에 휘말릴 경우 기업의 의사 결정은 어떻게 하는 것이 바람직할까? 이에 대한 노하우는 없을까? 기업의 후원을 받는 선수들이 일탈 행위를 했을 때 다음과 같은 요인을 살펴봐야 한다.

첫째, 선수들이 일으킨 스캔들의 성격과 본질이 그들의 스포츠 종목과 직접적으로 연관이 있는가이다. 샤라포바가 멜도늄이라는 금지 약물을 복용해 자격 정지를 받은 사건을 생각해보자. 그녀가 멜도늄이 금지 약물이라는 것을 몰랐다고 하더라도 그녀가 저지른 행동은 테니스 경기의 결과에 영향을 미치는 사건으로 규정된다. 기업들이 의사 결정을 하는 가장 중요한 기준은 바로 이것이다. 공정성이 최고의 가치로 인식되는 스포츠에서 불법적인 도구나 약물 등을 이용한 경우 절대로 용납될 수 없다. 스포츠의 본질에 흠집을 내는 일은 스포츠 선수로서는 절대로 해서는 안 되는 '금기 사항'이라고 할 수 있다. 샤라포바가 금지 약물을 사용해 경기 결과에 중대한 영향을 끼쳤다는 사실을 파악한 후원 기업들의 판단은 냉정하고 정확했다.

반면에 같은 불법 약물이라도 마이클 펠프스가 복용한 마리화나는 '수영'이라는 경기력에 영향을 미치는 약물이 아니라 개인적인 쾌락을 위한 일탈 행위였기 때문에 여러 기업들은 그의 사과를 받아들이고 계약을 지속했다. 타이거 우즈 역시 크고 작은 성추문에 시달렸지만 그의 개인적인 스캔들일 뿐 '골프'라는 종목에서 부당하게 좋은 성적을 거두기 위한 불법 행위는 아니었기 때문에 그를 후원했던 기업들은 계약을 지속적으로 유지했다.

둘째, 셀럽 선수들이 잘못된 행위로 구설수에 오를 경우 정중하게 사과를 해야 한다는 것이다. 사과는 빠르면 빠를수록 좋다. 이 시기를 놓치면 다시는 사과할 기회가 없을 수도 있기 때문이다. 사과를 받아들일지 아닐지는 대중의 선택이지만 기업들의 경우 경기 종목과 직접적으로 관계가 없는 개인의 일탈 행위는 대부분 시간이 지나면 용납하는 경향을 보인다고 판단했다.

셀럽 선수들이 스캔들에 휘말렸을 때 이들에 대한 팬들의 비난도 적정한 수위가 필요하다. 샤라포바가 금지 약물을 복용한 것은 매우 잘못된 행동이다. 결국 그녀는 이로 인해 연맹으로부터 자격 정지를 받고 은퇴까지 하게 되었다. 그녀는 스포츠계에서 가장 소중한 가치인 공정성을 해쳤지만 그렇다고 살인과 같은 중범죄를 저지른 것 또한 아니다. 사람들은 셀럽 스타들의 부도덕한 행동에 대해 비난할 수 있지만 스포츠와 전혀 관련이 없는 일상생활과 연계하여 비난하는 것은 결코 옳지 않다. 셀럽 선수들을 후원하는 기업들, 그들을 응원하는 팬들의 현명하고 냉철한 비판이 필요하다.

7장

★ ★ ★

구단주가
되려는
슈퍼
자산가들

여가와 취미를 즐기는
다양한 방법

      사람들의 삶은 매우 다양하다. 직업도, 취미도,
삶의 방식도 그렇다. 코로나19로 외부 활동이 제한되자 차 안에서
숙박을 하는 일명 '차박'이 한창 인기를 끌기도 하고, 사람들이 붐
비지 않는 외딴 섬으로 캠핑을 가기도 한다. 종합편성 채널 MBN에
서 방송하는 다큐멘터리 형식의 오락 프로그램 〈나는 자연인이다〉

는 중·장년층을 중심으로 꾸준히 사랑받고 있으며, 이를 모방한 프로그램도 나날이 늘어나고 있는 추세이다. 연예인들을 중심으로 한 낚시 방송에 이어 이제는 요트를 타고 여행하는 프로그램까지 인기를 끌고 있다. 코로나로 인간관계가 줄어들면서 더욱 깊어지는 외로움을 달래기 위해서일까? 반려 동물을 키우는 사람들은 점점 늘어나며 강형욱과 같은 반려견 훈련사들의 인기는 점점 높아진다.

코로나로 인해 경제적인 어려움을 겪는 사람들은 증가했지만 역설적이게도 골프장의 인기는 더욱 높아졌고, 골프장의 사용료가 20퍼센트 가까이 상승하기도 했다.[1] 여가와 취미는 우리가 가진 시간적, 금전적, 심리적, 환경적인 상황에 따라 다를 수밖에 없다. 아무리 돈이 많아도 일에만 쫓긴다면 한가롭게 필드에 나가서 골프를 치는 시간적인 여유를 갖지 못한다. 반면 경제적인 여유가 없다면 하고 싶은 취미와 여가 생활에 제한이 있을 수밖에 없다. 그렇다면 우리가 상상하기 어려울 정도로 재산이 많은 슈퍼 자산가들은 어떤 것에 관심이 있을까?

세상에서 가장 비싼 소비재는 프로 구단이다

재력이 풍부한 부자들은 재미를 얻을 수 있는 무

언가(?)를 끊임없이 찾는다. 크리스티아누 호날두는 열 대만 한정 생산된 2020년형 부가티 센토디에치를 850만 파운드(약 130억 원) 에 구입했고, 트럼프 미국 전 대통령은 자신이 소유한 골프장에서 골프를 맘껏 즐기기도 한다.[2] 타이거 우즈는 자신의 초호화 요트에 서 지인들과 파티를 즐기기도 하며 마이클 조던은 카지노를 즐겼다.

부자들의 취향은 다양하고 여가를 즐기는 방식도 서로 다르다. 하지만 자세히 살펴보면 슈퍼 자산가들의 소비 패턴에서 한 가지 공통점을 발견할 수 있다. 바로 (소수의 슈퍼 리치라고 불리는 소수의 자 산가들에게만 부여된) 세계 명문 구단의 구단주가 되는 것이다. 마치 사람들이 유튜브를 통해 남는 시간을 보내고 반려 동물과 산책하면 서 일상을 보내는 것처럼 전 세계의 슈퍼 부자들은 프로 스포츠 팀 의 구단주가 되어 그들의 부를 한껏 과시한다.

빌 게이츠와 함께 마이크로소프트를 공동 창업했던 스티브 발머 는 현재 미국 프로 농구 LA 클리퍼스의 구단주이며 728억 달러(약 80조 원)의 재산을 가진 것으로 알려졌다.[3] 미국 미식축구 구단인 캐 롤라이나 팬더스 구단주인 데이비드 텝퍼David Tepper는 130억 달 러(약 15조 원)의 재산을 가진 재력가로 23억 달러(약 2조 7,000억 원)에 구단을 매입하고 구단주로 취임했다.[4]

엄청난 규모의 연봉과 스폰서십 수입으로 슈퍼 재력가가 된 스 타 선수들 역시 프로 구단의 구단주로 속속 이름을 올리고 있다. 마이클 조던은 미국 프로 농구 샬럿 호니츠의 구단주로 활동하고 있으며, 은퇴한 NBA 선수인 매직 존슨은 (농구가 아닌) LA 다저스의 구단주로 알려져 있다. NBA의 유니콘으로 불리는 르브론 제임스는 비록 2퍼센트에 지나지 않지만 잉글랜드 프리미어리그 리버풀 FC의 소액 구단주로 이름을 올렸고, 케빈 듀란트 역시 2020년 6월 미국 프로 축구 필라델피아 유니언 구단의 지분을 5퍼센트 가진 구단주가 되었다.[5]

그렇다면 슈퍼 재력가들만 될 수 있는 구단주들이 원하는 것은 과연 무엇일까? 리그 우승을 통해 챔피언십 트로피를 받는 것일까? 구단을 열렬히 지지하고 응원하는 팬들을 바라보며 행복을 느끼는 것일까? 구단주로서의 위상을 발판으로 다른 여러 사업에서 매출을 증대시키는 것일까?

구단주가 된다는 의미는 무엇인가?

스포츠 뉴스를 차지하는 기사 대부분은 당일 경기 결과나 선수, 감독들의 동향 등이다. 날씨와 같이 매일매일 엇비슷한 내용들이 주를 이룬다. 프로 리그가 한창 진행되는 시즌 중이거나 올림픽, FIFA 월드컵과 같은 대형 이벤트가 열리고 있다면 좀 더 풍부한 내용이 담긴 기사를 기대할 수 있다.

반면에 구단주의 이름이 언론에 자주 오르내리는 일은 쉽게 볼 수 없다. 구단을 성적 부진으로 매각하거나 연고지 이전, 혹은 재정 악화로 인한 구조조정 등과 같은 조직의 운명과 관련한 뉴스가 아니면 구단주의 존재는 팬들의 관심사가 아니기 때문이다. 그럼에도 불구하고 스포츠팬들은 구단주의 역할과 그들의 강력한 영향력에 대해 충분히 잘 알고 있다. 겉으로 드러나지는 않지만 그들의 전폭적인 지원과 투자가 없으면 구단이 성공하기 힘들다는 것 또한 상식에 가까운 사실이다.

그렇다면 구단주는 우리와 얼마나 가까이 있을까? 구글에 '구단주'라는 키워드를 검색하니 0.39초 만에 231만 개의 결과가 나왔다. 같은 의미를 가진 영어 단어인 'franchise owner'라고 치자 0.56초 만에 1억 7,000개의 결과물이 올라왔다. 이렇게 많은 검색 결과가 나왔다는 것은 우리가 쉽게 만날 수 없는 부류의 사람들이지만 우리 곁에 가까이 다가와 있는 인물들임에는 틀림없다는 말일 것이다.

구단주 가운데 한 명은 매년 리그가 끝날 때 언론의 주목을 받는다. 평상시에는 유명 선수들과 감독에 가려 주목을 받지 못했지만 소유한 구단이 리그 우승을 차지하는 순간 구단주는 모습을 드러내곤 한다. 2019~2020 시즌 NBA 챔피언 결정전에서 LA 레이커스가 마이애미 히트를 누르고 우승을 확정하자 그동안 제대로 주목받지 못했던 지니 버스Jeanie Buss LA 레이커스 구단주가 오랜만에 얼굴을 보이며 선수단을 축하했다.[6] LA 레이커스에 이어 LA 다저스도 2020 시즌 월드 시리즈에서 우승을 차지했다. 다저스 공동 구단주였던 매직 존슨의 모습이 곧바로 카메라에 잡혔다.[7]

정의선, 김택진, 손정의의 공통점

국내에서도 우승 팀 구단주의 모습이 언론을 타는 모습이 보였다. 2020년 11월 1일 K리그에서 4년 연속으로 우승을 차지한 전북 현대 선수단을 응원하기 위해 구단주인 현대차그룹의 정의선 회장이 전주 월드컵경기장을 찾았다.[8] K리그 최초 4연패를 달성한 업적과 함께 이번 시즌을 끝으로 은퇴하는 이동국 선수를 격려하기 위한 구단주의 행보였다. 우승 팀을 이끈 감독과 선수단, 그리고 뒤에서 묵묵히 격려와 지원을 아끼지 않는 구단주가 서로 어울려 우승을 축하하는 장면은 구단주로서 누릴 수 있는 최고의 영광이 아닐까 싶다.

2020년 11월 24일 또 한 명의 구단주가 언론의 스포트라이트를 받았다. 바로 프로 야구 NC 다이노스의 김택진이었다. 2011년

구단주가 되려는 슈퍼 자산가들

창단한 NC 다이노스는 10년 만에 KBO 정규 시즌 우승,[9] 한국 시리즈 우승을 차지하며 통합 챔피언에 올랐다.[10] 김택진은 바쁜 스케줄에도 야구단에 대한 높은 애정을 과시하며 팀을 격려했다. '대중과 팬들의 엄지 척'은 우승한 구단주만이 누릴 수 있는 최고의 가치라고 할 수 있다. 리그 우승은 슈퍼 재력가라면 누구도 거부할 수 없는 성공의 증표임에 틀림없어 보인다.

2004년 일본 프로 야구에는 김택진을 떠올리게 하는 인물이 한 명 있다. 바로 소프트뱅크의 손정의 회장이다. 그는 2004년 일본 백화점 체인 다이에가 소유한 호크스 구단을 매입하고 새로운 구단주가 되었다. 구단 이름을 소프트뱅크 호크스로 바꾼 그는 신인 선수 육성과 함께 통계를 기반으로 하는 선진 야구를 선보이며 일본 최고의 명문 구단으로 육성했다. '용맹 과감한 도박사'라는 그의 별명대로 손정의 특유의 기업가 정신을 바탕으로 한 호크스 구단에 대한 전폭적인 투자와 지원은 곧 그를 이상적인 모범 구단주로 만들기에 충분했다.[11]

구단주와
구단 수익 간의 함수

구단주가 되는 것은 슈퍼 자산가들만이 즐기는

일종의 '번외 경기' 정도로 볼 수 있다. 리그 우승을 통해 그들끼리 보이지 않는 자존심 대결을 펼쳐지기도 한다. 하지만 아무리 재산이 많아도 금전적으로 손해 보는 것을 좋아할 사람은 세상에 아무도 없다. 구단주들 역시 자신의 주머니에서 돈이 새어 나가는 것을 싫어할 뿐만 아니라 어떻게든 개인 사비를 들이지 않고 구단의 이익을 증대시킬 수 있을까 고민한다. (구단 주머니가 아닌) 세금을 이용해서 새로운 홈구장을 짓고 수익을 증대시키는 일이 그러한 고민 가운데 하나일 것이다.

2005년부터 사망한 2014년까지 10년 동안 맨유의 구단주이자 미국 NFL 탬파베이 버커니어스의 구단주였던 맬컴 글레이저 Malcolm Glazer는 구단 운영과 관련해 자신의 주머니에서 한 푼이라도 나가는 것을 원치 않았던 대표적인 인물이다. 수조 원의 자산가로 알려진 그는 1995년 탬파베이 버커니어스를 1억 9,000만 달러(약 2,200억 원)에 매입했다.[12] 현재 버커니어스의 가치는 22억 8,000만 달러(약 2조 8,000억 원)로, 맬컴 글레이저가 구단의 가치를 열 배 이상 높인 셈이다.[13]

그런 그는 팀이 훈련할 수 있는 돔구장 형태의 연습구장을 100퍼센트 세금으로 탬파시와 플로리다주에 지어달라고 정부 관계자들에게 로비를 했다. 이 사실이 세간에 알려지면서 그에 대한 비판의 목소리는 더욱 커졌다. 연습구장 건설은 약 300~400억 원에 달하는 비용이 드는 프로젝트였는데, 그는 어떻게든 자신의 주머니에서 한 푼도 나가지 않도록 철저한 계획을 세우고 이를 실천했다.[14]

우리가 잘 아는 하워드 슐츠Howard Schultz 스타벅스 명예회장도 한때 구단주로 활동했다. 그는 2006년까지 NBA구단인 오클라호마시티 선더의 전신인 시애틀 슈퍼소닉스의 구단주였다. 그는 구단의 성적이 신통치 않아 경영 손실을 입게 되자 2006년 약 1억 달러(약 1,200억 원)의 수익을 남기고 3억 5,000만 달러(약 4,200억 원)에 오클라호마 태생의 재벌인 클레이 베넷Clay Bennett에게 구단을 매각했다.[15] 당시 하워드 슐츠는 엄청난 부호임에도 불구하고 '자신의 주머니를 더 채우기 위해 구단을 팔아치웠다'는 비난을 면치 못했다(2019년 1월 그는 시애틀 지역 방송국인 킹 파이브와 독점 인터뷰를 했는데, 2006년에 적자 운영을 핑계로 슈퍼소닉스 농구단을 매각한 것은 자신의 큰 실수였음을 솔직히 고백하기도 했다).[16]

우승은 못할지라도 손해 보는 장사를 할 수 없다고 생각하는 구단들은 점점 많아지고 있다. 아직까지 모기업의 홍보 역할 정도로 구단의 존재를 인정하거나 기업의 사회적 책임을 실현하기 위한 하나의 플랫폼 정도로 생각하는 구단도 적지 않다. 반면에 프로 스포츠 구단을 하나의 독립 법인으로 인식하고 재정적으로 충분히 자립할 수 있도록 정책적으로 지원하는 사례도 점차 늘어나고 있다. 다시 말해서, 구단 운영에 들어가는 비용보다 더 많은 수익을 창출하도록 운영 시스템을 선진화하기 위해 꾸준히 노력하고 있다.

실제로 몇 년 전 국내 한 프로 스포츠 구단에서 입장권 가격에 대한 연구 문의를 해 왔다. 오랫동안 유지해온 입장권 가격에 변화를 줌으로써 수익을 증대하고 싶어 한다는 의사를 전해왔다. 특히 이 구단의 현 입장권 가격에 대한 가격 탄력성을 알고 싶다고 했다. 그들은 '가격을 현재의 1만 원에서 10퍼센트 올려 1만 1,000원으로 인상할 경우 과연 팬들의 반응은 어떠할까, 가격 상승에 반발한 팬들이 등을 돌리는 일이 발생할까, 가격을 올려도 팬들이 계속 경기장을 찾아올까, 입장권 가격 인상에 대해 다른 경쟁 구단은 어떻게 반응할까?' 등을 궁금해했다. 구단 내부에서 수익 창출에 대한 압박이 점차 커지고 있다는 것을 간접적으로나마 짐작할 수 있었다.

프로 스포츠 구단(리그)이 아마추어 구단(리그)과 가장 크게 차이 나는 점은 바로 구단의 재정적인 자력이다. 다시 말해서 프로 구단 운영으로 벌어들이는 수입이 구단 운영에 드는 지출 비용을 초과해야 한다는 것이다. 국내외를 막론하고 프로 구단의 수입은 방송 중계권, 스폰서십 판매, 입장권 판매, 각종 굿즈 및 상품 판매, 주차장 수입을 포함한 기타 수입에서 나온다. 반면 구단 운영에 드는 비용 중 가장 큰 비중을 차지하는 것은 바로 선수들의 연봉이 포함된 인건비 지출이다.

슈퍼 자산가들로 대변되는 구단주들은 구단이 목표로 한 수익을 달성하지 못하면 우승하지 못했을 때처럼 불편한 기색을 내비치곤 한다. 팀 내 최고 선수들을 다른 구단으로 이적시키는 한이 있더라도 절대로 자신의 주머니에서 돈이 빠져나가는 일이 없게 하려고 한다. 물론 수익 창출이 프로 구단을 운영하는 유일한 목표는 아니지만 수익 창출을 기대하지 않는 구단주는 세상 어디에도 없을 것이다.

구단주는 어떻게
그들의 주머니를 채우는가?

구단주가 부를 늘리는 방법은 크게 네 가지로 나뉜다.

첫 번째는 앞서 설명한 것처럼 구단을 성공적으로 운영하면서 수익을 높이는 것이다. 방송 중계권 수입, 스폰서십 수입, 입장권 판매, 머천다이즈(팬덤을 겨냥한 상품) 판매, 식음료 서비스, 주차장 수입과 그 밖의 기타 수입을 통해 구단의 매출 이익을 극대화하는 방법이다. 새로운 팬을 계속해서 늘리거나 기존 팬들의 주머니에서 나가는 지출 금액을 점점 더 늘리는 방법이다. 예를 들면, 구단의 성적이 좋아지면 팬이 늘어나고 입장권에 대한 수요도 높아지게 마련이다. 경기장을 찾는 팬이 늘어나고 그들의 소비 지출액이 증가하면 구단은 환호할 수밖에 없다. 여기에 우승까지 한다면 구단의 수입은 증가하며 구단주 역시 주머니를 채울 수 있게 된다.

두 번째 방법은 구단의 가치를 올려 자산을 늘리는 방법이다. 2018년 미국 뉴저지주 대법원에서 스포츠 베팅을 합법화하는 판결이 났을 때 미국 프로 농구 댈러스 매버릭스의 마크 큐번Mark Cuban 구단주는 언론과의 인터뷰에서 이렇게 얘기했다. "이번 스포츠 베팅의 합헌 판결로 구단의 가치는 바로 두 배로 올라갈 것이다."[17] 물론 구단 가치가 올랐더라도 당장 구단을 매각하지 않으면 수익을 챙길 수 없지만 중장기적인 차원에서 구단의 가치를 꾸준히 높이는 것은 구단주의 목표 가운데 하나임에 틀림없다.

세 번째는 구단주가 소유한 다른 비즈니스 업체들과의 수직적 통합vertical integration을 통해 수익을 높이는 방법이다. 미국 프로 미식축구 리그NFL의 LA 램스와 잉글랜드 프리미어리그의 아스널 FC를 비롯해 총 아홉 개의 프로 스포츠 구단과 일곱 개의 프로 스포츠 경기장, 여러 개의 방송국을 소유한 스탠 크랑키Stan Kroenke는 자신이 소유한 계열사 사이에 시너지 효과를 최대로 하는 일종의 '내부자 중심의 거래 전략'을 펼치는 것으로 유명하다.[18]

예를 들면, 그는 미국 프로 농구NBA의 덴버 너기츠, 북미 아이스하키 리그NHL의 콜로라도 애벌랜치뿐만 아니라 이 두 구단의 홈구장인 볼 아레나Ball Arena까지 소유하고 있기 때문에 두 구단의 고

스포츠 산업에서 수직적 통합이란?

일반적으로 수직적 통합이란 생산에서 수직적으로 연결된 두 기업이 하나로 통합되는 것을 말한다. 부품 생산 업체와 유통 업체를 인수 합병해 시장 잠재력을 높이는 경우가 하나의 좋은 사례라고 할 수 있다.

스포츠 산업에서 수직적 통합이란 스포츠 경기에 필요한 경기장, 중계 방송사, 식음료 업체, 머천다이즈 운영 업체 등을 통합해 한 개의 거대 스포츠 기업으로 통합하는 과정을 일컫는다. 프로 스포츠 구단, 경기장, 방송국을 소유하고 있는 크랑키 스포츠 앤드 엔터테인먼트와 양키 글로벌 엔터프라이시즈 등이 여기에 해당한다.

급 좌석을 묶어서 팔기도 하고, 볼 아레나 경기장을 철저하게 두 구단의 스케줄에 우선적으로 맞춰서 사용하도록 운영한다. 또한 그가 가진 지역 방송국을 통해 자신이 소유한 구단의 경기를 독점적으로 방송하도록 해 방송 중계권 수입, 광고 수입, 입장권 매출을 극대화하고 있다.

뉴욕 양키스도 스탠 크랑키와 유사하게 운영하며 수익을 극대화한다. 2010년 고인이 된 조지 스타인브레너George Steinbrenner의 유가족들이 소유한 양키 글로벌 엔터프라이시즈는 뉴욕 양키스 야구단을 비롯해 경기장 내 식음료 전문 서비스 업체인 레전드 호스

피텔러티라는 기업뿐만 아니라 프로 축구단과 야구장 운영 용역 업체, 뉴욕 케이블 방송국YES Network을 소유하고 있다. 전국에 중계되지 않는 모든 양키스 경기는 예스 네트워크를 통해 (독점적으로) 방송해 추가 수입을 올리고 있다. 양키스 구단은 50억 달러(약 5조 5,000억 원)에 달하는 것으로 알려졌는데, 구단 가치가 꾸준히 올라가기도 하지만 다른 계열사들과의 협력을 통해 자산 가치를 꾸준히 늘려가고 있다.[19]

네 번째는 구단주가 소유한 다른 비즈니스의 성장을 통해 부를 늘리는 방법이다. 댈러스 매버릭스 구단주인 마크 큐번과 샬럿 호니츠 구단주인 마이클 조던은 스위스에 본사를 둔 스포츠 빅데이터 분석 업체인 스포트레이더에 수백억 원을 투자했다.[20] 스포트레이더는 마이클 조던과 마크 큐번의 투자와 지원을 바탕으로 미국 메이저리그와 데이터 분석에 관한 업무 협약을 체결하기도 했다. 또한 마이클 조던은 스포츠 판타지 업체인 드래프트킹이라는 기업에도 투자한 뒤 고문으로 활동하면서 구단주와는 별개로 상당한 수입을 올리고 있다.[21] 마크 큐번과 마이클 조던이 투자했다는 기사만으로 이들 기업의 가치는 급격히 올라가는 경향이 있다.

2020년 한국 시리즈 우승 팀 NC 다이노스의 구단주 김택진 역시 이 범주에 해당한다고 볼 수 있다. 그는 한국 시리즈 우승을 통해 자신의 중점 비즈니스인 엔씨소프트의 대표작 '리니지'를 상징하는 게임 아이템인 '진명황의 집행검'을 직접 제작했는데, 한국 시리즈 MVP를 받은 양의지 선수가 검을 꺼내 드는 세리머니를 선보였다.[22] 김택진은 진명황의 집행검이라는 게임 아이템을 통해 그가 소유한 두 개의 비즈니스에서 연결점을 만들었다. 그가 엔씨소프트 대표라는 것을 모르는 사람은 거의 없겠지만 이번 한국시리즈 우승, 그리고 진명황의 집행검 세리머니는 그의 게임 비즈니스에 도움이 될 것임은 틀림없다.

프로 스포츠 구단이 발전하기 위해서는 다음과 같은 최소한의 조건이 충족되어야 한다. 첫째, 구단주들은 구단에 높은 관심과 열정, 애착이 있어야 한다. 구단주의 관심을 받지 못하는 구단은 절대 성공하지 못한다. 구단주의 적극적인 투자와 지원 없이 우승한다면 그건 기적이고 일시적인 신기루일 뿐이다. 둘째, 구단주의 존재는 대체로 표면에 잘 드러나지 않는다. 하지만 그들의 영향력은 절대적으로 막강하다. 스포츠 산업이 발전하기 위해서는 구단주들의 명확한 철학과 비전이 있어야 한다. 재산이 많아 슈퍼 자산가의 위상에 오르면 각 리그의 규정에 따라 구단주가 될 수는 있다. 하지만 확실한 철학과 비전 없이 구단주가 되는 것 자체에만 의미를 두는 것은 결코 바람직하지 않으며, 자칫하면 수많은 팬들에게 예상치 못한 상처를 줄 수 있다는 사실을 망각해서는 안 된다.

8장

★ ★ ★

입장권, 가격,
그리고
멤버십
전략

가격을 매기기 힘든
스포츠의 가치

어느 날 한 친구가 야구장 입장권이 두 장 있으
니 함께 가자고 연락했다. 내가 좋아하는 팀은 따로 있어서 딱히 가
고 싶은 생각이 없었다. 더군다나 나는 내일 전공과목 퀴즈가 있어
서 시험공부를 해야만 하는 상황이다. 하지만 친구의 부탁을 거절
할 수가 없어서 같이 갔다. 지하철을 타고 야구장까지 가는데 마침

주변에 국제 행사가 열려 엄청난 인파로 붐볐다. 지하철이 아니라 이건 완전 '지옥철'이었다. 경기장에 도착하니 갑자기 배가 고파졌다. 경기장 주변에는 이미 치킨과 김밥 등 다양한 음식을 파는 상인들이 자리를 잡고 있는 모습이 보였지만 간만에 야구장에 오는 터라 들뜬 마음에 경기장에 빨리 들어가서 좌석을 잡고 다시 나와 음식을 사기로 했다. 치킨, 떡볶이와 음료수를 산 뒤 자리로 돌아와 경기장의 푸른 잔디를 보며 여유롭게 음식을 먹으면서 경기가 시작되기를 기다렸다. 시간이 좀 남아 경기장 복도를 돌아다니다가 맘에 드는 티셔츠가 눈에 띄어 한 벌 구매했다.

드디어 경기가 시작되었다. 오늘 경기는 완전 투수전이다. 선발 투수들의 팽팽한 대결 양상으로 8회 말까지 0 대 0으로 매우 지루한 흐름을 이어갔다. 결국 9회 말에 솔로 홈런으로 홈팀이 승리했다. 경기가 끝난 후 집에 가려고 하니 피로가 급격히 몰려왔다. 나와 같이 야구장을 찾았다가 집에 가는 사람들로 지하철은 만원이었다. 밤늦게 집에 도착한 나는 내일 있을 시험 준비도 못한 채 피로한 몸을 침대에 던졌다. 경기가 재미있었다면 모르겠지만 오늘 경기는 정말 지루함의 끝이었다. 오늘 이 재미없는 경기를 보기 위해 나는 얼마나 많은 에너지와 시간을 소비했는가?

이렇듯 스포츠가 지닌 가치는 개인마다 다르고 매 경기마다 그리고 팀마다 다르다. 어제 경기와 오늘 경기 내용이 다르고 내일 경기 또한 오늘과 다를 것이다. 스포츠는 살아 있는 생물과 같아 끊임없이 움직이고 변화한다. 이러한 생물적 성질을 지닌 스포츠에 하나의 가격을 매기는 것은 생각처럼 쉬운 일이 아니다.

예를 들어보자. 막상막하의 팽팽한 접전 끝에 9회 말 역전 홈런으로 내가 응원하는 팀이 8 대 6으로 이긴 경기와 이렇다 할 공격 없이 투수전 양상으로 가다가 1 대 0으로 끝난 경기, 그것도 내가 응원하는 팀이 패한다면 이 두 경기에 대해 느끼는 가치는 결코 같지 않다. 스포츠에 가격을 매기는 건 쉬운 일이 아닐 뿐만 아니라 스포츠의 가격 전략은 다른 일반 공산품 가격 전략과는 차원이 다르다(물론 서비스 상품이라는 공통점이 있긴 하다).

재고와 반품이 없는
스포츠

여러분은 대형 마트에서 파는 묶음 상품을 사고 후회를 한 적이 있는가? 가격이 저렴해서 구입했지만 집에 와서 보니 너무나 많은 양이라 베란다에 쌓아두고 '언젠가 쓰겠지' 하고 스스로를 위안한 적은 없는가? 홈쇼핑 광고를 보다 자기도 모르게 주문하고 후회한 적은 없는가? 다행히 일반 소비재 상품은 충동구매를 했더라도 일정 기간 내에 환불할 수 있다. 식료품이 아니라면 내가 구매한 소비재의 상태는 오늘이나 내일이나 큰 변화가 없기 때문이다. 물론 경우에 따라 다시 포장하고 업체에 연락해야 하는 번거로움이 따르겠지만 말이다.

반면에 스포츠는 경기가 끝날 때까지 우리가 어떤 상품을 구매했는지 알 수 없다. 경기 입장권을 사고 내가 구매한 날짜의 경기가 최고의 즐거움과 재미를 주기를 기대할 뿐이다. 야구 경기의 경우 1회부터 9회 말까지 모두 다르게 구성된다. 1회에는 경기가 실망이었지만 9회에는 멋진 승부를 펼칠 수도 있다. 축구도 마찬가지다. 전반 경기는 최악일 수 있지만 후반 경기는 생애 최고의 경기가 될 수도 있다. 또 경기가 1 대 0으로 끝났지만 그 한 골이 하필 내가 화장실에 갔을 때 나와서 억울해할 수도 있다.

스포츠가 일반 소비재와 다른 점은 또 있다. 입장권을 구입한 시기와 관계없이 일단 경기를 시작하면 환불이 불가능하다는 것이다. 경기가 시작되는 순간 소비가 진행되기 때문이다. 마치 먹다가 맛이 없다고 녹아내리는 아이스크림을 환불할 수 없는 것과 유사하다. 두산 베어스의 김재환이 홈런을 치는 순간 우리는 그 장면을 본다. 바로 이것이 상품을 소비하는 순간이다.

이러한 스포츠의 독특한 특성은 일반 소비재와 다른 차원의 마케팅 전략을 필요로 한다. 명문 구단의 연간 입장권은 다음 시즌을 시작하기도 전에 매진된다. 올해 우수한 성적을 내고 시즌을 성공적으로 마무리한 구단은 '다음 시즌에는 더 잘할 수 있다는 기대감'을 내세워 입장권 가격을 올린다. 반면에 저조한 성적을 기록한 구단은 다양한 공짜 선물을 제공하며 팬들의 환심을 사기 위해 노력한다. 혹은 '신인 드래프트를 통해 높은 순위의 신인 선수를 선발했기 때문에 다음 시즌에는 더 좋은 성적을 달성'할 수 있다고 팬들에게 희망을 심어주기도 한다.

가격 인하는
최고의 대안인가?

일반적으로 기업들은 경영 실적이 좋지 않으면 이사회를 열고 비상 대책회의를 연다. 이 회의를 통해 경영 위기를 인식하고 기업이 나아갈 방향을 제시할 것이다. 종종 대량 해고를 통한 인건비 감축이 피할 수 없는 선택이 되기도 하고, 기업이 역경을 이겨내고 재도약할 수 있도록 대표이사를 포함한 이사진을 교체하기도 한다. 경영 위기를 극복하기 위해 새롭게 선임된 경영자가 가장 빈번하게 선택하는 전략이 바로 '가격 인하를 통한 매출 증대'라고 할 수 있다. 대부분의 경영자들은 가격을 내리면 소비자들의 관심을 끌 수 있고, 결국 매출 증가로 나타날 것이라 기대한다. 물론 기대와는 다른 결과가 나타나기도 하지만 말이다.

그렇다면 스포츠는 어떨까? 입장권 가격이 좀 내렸다고 경기장을 찾는 팬이 많아질까? 반드시 그렇지만은 않다. 그 이유를 살펴보자. 팬들의 입장에서 볼 때 경기장을 찾을 때 쓰는 비용은 입장권 외에도 치킨, 떡볶이, 음료수와 같은 식음료, 그리고 티셔츠와 같은 머천다이즈 상품에 쓴 비용을 모두 포함한다. 입장권 가격이 조금 내렸다고 할지라도 팬들이 예상하는 총 지출 비용을 생각할 때 할인폭이 그리 크지 않다면 팬들은 가격 인하를 체감하기가 어렵다.

팬들이 경기장을 찾을 때 고려하는 잠재적인 비용은 이것만이 아니다. 교통비(주유비, 주차비 등)은 물론 경기장까지 왕복하는 데 따르는 육체적·정신적인 피로감도 일종의 비용으로 느낀다. 내가 응원하는 팀이 8회 말까지 이기고 있다가 9회 말에 역전패를 당하는 경우를 생각해보자. 경기장을 찾아 누렸던 나의 모든 재미와 즐거움은 금세 사라지고 실망감과 상실감이 그 자리를 채울 것이다. 집에 가는 동안 우울한 기분은 좀처럼 사라지지 않는다. 결국 사람들은 본능적으로 경기장을 찾을 때 앞에서 설명한 눈에 보이지 않는 무형의 비용까지 모두 고려해 의사 결정을 한다.

가격 결정의
블랙박스

소비자의 입장에서 볼 때 가격은 보통 소비자가 지불하는 하나의 금액으로 인식되는 단순한 숫자를 상징한다. 하지만 상품 혹은 서비스에 붙는 가격을 지불할지, 말지에 대한 결정은 매우 복잡한 사고 과정을 거친다. 가격은 한자리에 고정되어 있는 것이 아니라 시간, 상황, 환경에 따라 시시각각 변하기 때문에 우리는 나름대로 소비하는 과정에서 가치 판단을 하도록 훈련되어 있다. '싼 게 비지떡이다' 혹은 '비싼 만큼 가치가 있을 것이다' 등의 표현은 그것을 잘 나타낸다.

일반적으로 기업은 제품 생산에 들어가는 고정비, 변동비, 인건비 등에 적절한 이익을 추가해 소비자 가격을 정한다. 상품이 시장으로 유통된 뒤에는 특별 할인이나 가격 프로모션 등의 행사를 통해 실질 가격에 변화를 주기도 한다. 식료품은 유통 기한이 정해져 있어 적정 시기까지 판매하지 못한 재고들은 가격이 할인될 가능성이 높다. 약 3개월에 한 번씩 신상품이 나오는 운동화는 제품 주기에 따라 소매점에서 팔고 남은 것을 아울렛 상점 등의 할인 마켓으로 보낸다.

휴대전화의 경우는 할인 상품이 소비자 이익으로 직결되지는 않는다. 휴대전화는 제품 구입뿐 아니라 통신사를 통해 요금제를 선택해야만 사용할 수 있다. 즉, 휴대전화라는 메인 상품 구입과 요금제라는 서비스 상품을 모두 구입해야 하기 때문에 가끔씩 새로 나온 휴대전화를 값싸게 구입했더라도 비싼 요금제를 사용하는 불합리한 상황이 벌어지기도 한다.

2013년 말 미국의 대형 유통 업체인 베스트바이의 전 CEO 위베르 졸리Hubert Joly는 가격 프로모션을 풍부하게 제공했으나 그것이 기업 매출 증가로 이어지지 못했다.[1] 가격 할인에도 소비자들의 관심을 끄는 데 실패했으며, 오히려 지나친 할인으로 베스트바이의 매출 이익만 크게 줄어든 것이다. 이렇듯 가격 전략은 기업의 흥망성쇠에 지대한 영향을 미칠 수 있으므로 이에 대한 정확한 이해는 물론 적절한 가격 전략을 펼칠 수 있는 역량을 강화해야 한다.

슈퍼볼 대회에서 배우는 가격 전략

지금까지 세상에서 가장 비싼 광고는 무엇일까? 5분 광고비가 650억 원이라고 한다면 여러분은 어떤 생각이 드는가? 매년 2월 첫째 주 일요일이면 어김없이 열리는 미국만의 스포츠 축제가 있다. 바로 미국 미식축구 리그의 결승전인 슈퍼볼이다.

2021년 2월 7일 미국 플로리다주에 있는 탬파에서 열린 55회 슈퍼볼에서는 30초당 광고비가 550만 달러(약 66억 원)가 넘었을 것으로 보인다.[2] 몇 년 전만 해도 30초당 광고가 약 10억 원 정도였지만, 매년 기하급수적으로 올라가는 광고비에도 불구하고 글로벌 기업들은 아직까지 수십억에서 수백억이 드는 광고비를 아끼려는 생각이 없는 듯 보인다.

슈퍼볼이 열리기 몇 주 전부터 마트에서는 슈퍼볼을 후원하는 맥주 회사의 상품들을 매장에 전시하기 시작한다. 해가 지날수록 슈퍼볼은 기념일처럼 인식될 뿐만 아니라 점점 더 많은 기업들이 슈퍼볼 다음날을 임시 휴일로 지정해 직원들에게 충분한 휴식권을 보장하려 한다(슈퍼볼 대회를 몸살이 날 정도로 즐겨 흔히 '슈퍼볼 월요일 병Super Sick Monday라고 부르기도 한다).[3] 슈퍼볼 하프 타임 쇼에는 그 시대 가장 대표적이고 상징적인 가수들이 출연해 또 하나의 대규모 콘서트 축제로 자리를 잡았다. 기업들이 슈퍼볼 대회를 위해서 만든 참신하고 창의적인 광고들은 시청자들의 관심을 끌기에 충분할 만한 재미와 감동을 내포하고 있다. 대부분의 광고는 이야기 형식으로 만들어지고, 방송국들은 슈퍼볼 대회가 끝난 뒤 가장 인기 있었던 광고 순위를 매겨 또 하나의 이야깃거리를 만들어낸다.

그 무엇보다 슈퍼볼이 많은 사람들의 이목을 끄는 또 하나의 이유는 바로 엄청난 금액의 슈퍼볼 입장권 가격이다. 위치가 좋은 좌석은 입장권 한 장 가격이 4만 달러(약 4,800만 원)에 거래되기도 한다.[4] 아무리 슈퍼볼 경기가 인기 있어 입장권 수요가 늘었다고는 하지만 현실적으로 입장권 한 장 가격이 고급 승용차 한 대 값 정도로 비싸다는 사실을 쉽게 이해할 수 있을까?

슈퍼볼 대회를 운영하는 NFL 본사에서 일하는 직원들의 이력을 보면 대부분 글로벌 기업의 마케팅이나 회계, 재무, 인사, 법무 등의 다양한 업무에서 큰 두각을 나타내거나 실력을 인정받은 사람들이다. 다시 말해 재계에서 이미 철저하게 실력을 검증받은 인재들로 구성된 조직이 바로 NFL이라고 할 수 있다. 이러한 인재들이 모여 슈퍼볼 입장권 가격을 결정하는데, 입장권 구매에 영향을 미치는 다양한 요인들을 이용해 적정 가격 결정 모델을 만든 후 시뮬레이션을 통해 최종 가격을 정하는 것으로 알려졌다. 이 모델에는 잠재 구매자들의 인구 통계학적 특성과 충성도, 팬덤, 친밀성, 감성적 일치감, 지역 특성, 슈퍼볼 구단 이력 등이 변수로 사용된다.

그렇다면 슈퍼볼 입장권 가격이 이렇게 높은 이유는 어떻게 설명할 수 있을까? 슈퍼볼 입장권이 천문학적으로 비싼 가격에 2차 시장에서 판매될 수 있는 이유는 바로 대체재가 존재하지 않기 때문이다. 일반 상품은 내가 원하는 상품 가격이 비쌀 경우 다른 상점에서 구입하거나 좀 더 낮은 가격의 비슷한 상품을 사면 되지만 1년에 단 하루, 그것도 단 한 경기밖에 열리는 않는 슈퍼볼 대회는 다른

대체재가 없기 때문에 '오늘 아니면 평생 다시 볼 수 없다'는 희소성을 갖는다.[5]

이러한 상품의 희소성은 소비자의 비이성적이고 불완전한 사고를 자극해 다른 상황에서는 쉽게 이해할 수 없는 소비자 행동 유형을 유발한다. 다시 말해서 다른 소비자들이 100만 원에 구입한 입장권을 나 혼자 44배나 비싼 4,400만 원에 구매하는 비이성적인 소비자 행동이 발생하는 것이다. 100만 원짜리 다른 일반 상품을 4,400만 원에 구매했다고 하면 속된 말로 '호갱'(어수룩해서 이용하기 좋은 손님을 낮잡아 이르는 말로 '호구'와 '고객'의 합성어이다) 혹은 '찐호갱'이 될 수 있겠지만, 슈퍼볼 입장권을 44배나 비싸게 구매한 팬들은 자랑스럽게 '호갱'임을 밝히기도 한다. 우리는 이것을 베블런 효과Veblen effect라고 부른다. 단지 상품의 유형이 달라졌을 뿐, 같은 상품을 남들보다 44배나 비싸게 구매한 소비 행동에 대한 평가가 어떻게 이처럼 달라질 수 있는가?

스포츠 구단에서 가격 전략을 세울 때 가장 심혈을 기울이는 부분은 바로 오늘(혹은 내일) 열리는 경기에 대한 판타지를 심어 소비자로 하여금 비이성적이고 불완전한 소비자 행동을 야기하는 것이다. 이것이 바로 앞에서 말한 불확실한 결과가 갖는 엄청난 힘이라고 할 수 있다.

만약 NFL이 수익을 더 올리기 위한 욕심으로 슈퍼볼 대회를 가

미국의 경제학자이자 사회학자인 소스타인 베블런Thorstein Bunde Veblen
은 1898년 『유한계급론』에서 가격은 지위와 사회적 위상을 상징한다고 주
장했다. 사치재의 경우 가격은 상품의 품질과 고급스러움의 지표로 인식된
다는 것이다.

시바스 리갈은 술병의 디자인을 고급스럽게 하고 고급 라벨을 붙이면서 가
격을 20퍼센트 인상했는데, 판매량이 대폭 증가했다. 양주병에 있는 양주
는 그대로였지만 말이다. 또한 고급 스포츠카를 생산하는 어느 기업의 전
사장은 페라리가 10만 달러(약 1억 2,000만 원)밖에 안 한다면, 그것은 더 이
상 페라리가 아니라고 했다. 다시 말해서 슈퍼볼의 입장권을 정가보다 44배
나 더 주고 샀지만, 이것은 하나의 베블런 효과를 상징한다고 볼 수 있다. 이
러한 이유로 베블런 효과는 속물 효과 또는 품격 효과라고도 부른다.

을에 한 번 더 연다면 어떤 일이 벌어질까? 슈퍼볼을 직관하고 싶어
하는 사람들이 많아 단기적으로는 과수요로 수익 창출에 성공할 수
있겠지만 중장기적으로 볼 때 슈퍼볼이 가진 유일무이한 본질적 가
치는 결국 하락하고 말 것이다. 슈퍼볼이 1년에 두 번 열린다면 그
것은 더 이상 슈퍼볼이 아니다.

미식축구를 좋아하든 좋아하지 않든 미국에서는 슈퍼볼이 열리는 2월 첫째 주 일요일이 그야말로 축제의 날로 변한다. 미국 전체 인구의 3분의 1가량인 1억 명 이상이 시청할 정도로 슈퍼볼의 위상이 높아진 탓에 경기를 보지 않으면 대화에 낄 수 없을 정도로 누구나 봐야만 하는 거대한 스포츠 행사가 되었다. 이것은 옳고 그름의 판단 영역이 아니다. 많은 사람들이 하는 행동일수록 그 행동은 바람직할 가능성이 높아진다는 것이다. 이것을 바로 '집단 충동' 혹은 '동조 심리'라고 부른다.

집단 충동의 기원은 수렵 채집 시대로 거슬러 올라간다. 한 부족이 사슴 사냥을 나갈 때 동쪽으로 몰려갔다면 이것을 지켜본 다른 부족 역시 사슴 사냥을 위해 동쪽으로 갈 가능성이 매우 높다. 집단 충동은 경험적으로 그리고 본능적으로 따를 수밖에 없는 인간의 기본 본성인 것이다. 많은 대중들이 가는 방향으로 함께 가야 손해를 적게 볼 수 있다는 것을 우리는 이미 경험적으로 잘 알고 있다.

가격 라벨과
실제 구매 가격 사이

우리가 잘 모르는 상품을 고를 때엔 가끔은 가격 라벨이 선택하는 데 도움이 된다. 가격에 따라 상품과 서비스의 질을 어느 정도 예측할 수 있다는 것이다. 옛말에 '싼 게 비지떡'이라는 말이 있듯이 가격이 너무 저렴하면 오히려 상품의 품질을 의심하게 된다. 반대로 가격이 비싸면 품질에 대한 기대가 높아질 수 있고 구매력이 높은 소비자들의 관심을 끌기도 한다.

뮤지컬 〈오페라의 유령〉의 월드 투어 한국 공연을 예를 들어보자. 토니상, 올리비에상 등 70여 개의 상을 수상한 〈오페라의 유령〉은 뮤지컬 음악의 거장인 앤드루 로이드 웨버의 주제음악을 통해서 꾸준히 사랑을 받는 불후의 명작이라고 할 수 있다. 여러분은 친구나 연인, 가족 등과 함께 이 공연을 관람하기 위해 입장권을 구입하고자 할 때 페이북, 위메프, 인터파크, 예스24, 하나티켓, 옥션, 티켓11번가, 멜론 티켓 등 다양한 디지털 플랫폼을 이용할 수 있다.

하지만 어느 업체에서 티켓을 구입하느냐보다 더 중요한 것은 좌석의 위치와 가격일 것이다. 공연장 좌석의 위치와 가격은 티켓 구매처 사이트에 자세히 나타나 있다. 좌석은 총 5개 구역으로 나뉘어 있다. 한 사이트에 나와 있는 입장권 가격은 VIP석 17만 원, R석 14만 원, S석 11만 원, A석 9만 원, 그리고 B석 6만 원이다. 그렇다면 여러분은 어떤 좌석에 가장 눈길이 가는가? 금전적으로 여유가 있는 사람들은 별 다른 고민 없이 VIP석을 구매할 수도 있다. 또한 〈오페라의 유령〉을 꼭 관람하고 싶어 상위 등급의 좌석을 구매하려 했으나 모두 매진되어 어쩔 수 없이 B석을 구입하는 경우도 있고 주머니 사정이 좋지 않아 부득이하게 B석을 구입하는 사람들도 있을 것이다.

그렇다면 가장 인기가 있는 좌석은 어디일까? 대부분 최고가도 최저가도 아닌 중간 단계에 있는 S석이 가장 먼저 매진이 된다. VIP석은 너무 고가라서 S석보다 수요가 낮고, 그리고 B석은 무대와 너무 멀리 떨어져 있어 공연에 몰두하기가 좀처럼 쉽지 않다는 것을 우리는 이미 경험으로 잘 알고 있다. 그래서 뮤지컬 공연과 같이 정가를 정하기 어려운 서비스 상품의 경우 많은 소비자들은 관람의 질과 비용 등을 고려해 가장 무난할 것 같은 중간 가격의 좌석을 선호하는 것이다. 사람들은 대부분 입장권 좌석표를 보는 순간 VIP석과 B석을 각각 최고가와 최저가로 기준을 삼아 무난하게 중간대 가격인 S석을 선택하는 것이다.

공연 마케터들은 이러한 중간대 가격의 매력을 이미 잘 알고 있다. 만약 VIP보다 더 비싼 좌석인 VVIP석을 만들고 가격을 25만 원으로 책정한다면 소비자들의 선택에는 어떤 변화가 일어날까? 입장권의 최저가는 그대로 6만 원이지만 최고가는 25만 원으로 상향되어 입장권 판매처에서는 (S석과 함께) R석에 관한 문의를 많이 받을 것이다.

멤버십 제도의
숨은 가치

         코로나19 팬데믹을 거치면서 매출이 급등한 공룡 기업 아마존의 성장 배경에는 멤버십 제도가 아주 큰 역할을 했다. 프라임 멤버십이라고 부르는 아마존의 멤버십 제도는 의무 사항이 아니다. 하지만 회원이 되면 수만 권에 이르는 전자책을 읽을 수 있으며 아마존에서 구입하는 상품을 배송비 없이 무료로 받을 수 있다. 또한 아마존이 가진 영화와 드라마 등 영상물을 무료로 시청할 수 있으며, 심지어 NFL 등 일부 인기 경기를 무료로 볼 수 있는 혜택도 제공한다.

    미국에 본사를 두고 있는 회원제 창고형 대형 할인점 업체인 코스트코는 전 세계에 782개의 매장을 운영하고 있다. 코스트코가 온라인 공룡 유통 업체인 아마존과 다른 점은 바로 멤버십을 의무화하고 있다는 것이다. 코스트코를 이용하는 모든 고객은 멤버십을 구매해야 한다. 코스트코의 상품 판매 마진율은 약 11.02퍼센트로 꾸준히 증가하는 추세이고 성장성이 매우 높은 기업이지만 멤버십 수익을 통해 안정적인 운영을 하는 것으로 더 유명하다.[8] 고객이 피부로 느낄 만큼 저렴한 상품을 판매하여 이익을 남기는 것은 참으로 어렵게 보이지만 성공적인 회원 관리를 통해 안정적으로 올리는 멤버십 수입은 상대적으로 수월해 보인다.

한국 프로 스포츠 리그는 다른 일반 기업들에 비해 매출이 그리 높지 않다. 매년 적자가 늘어나지만 스포츠 팀을 마케팅과 홍보에 활용하고 기업의 사회적 책임을 다하기 위해 모기업에서 상당한 금액의 지원금이 구단으로 들어온다. 그럼에도 뉴 미디어 등이 발전하면서 중계권 수입이 증가하는 것 외에는 획기적인 수익 증대를 기대하기는 어려워 보인다. 이러한 상황에서 멤버십 제도를 잘 활용한다면 구단의 수익 창출에 도움이 될 것으로 보인다. 안타깝게도 국내에서는 회원제 골프장을 제외하면 아직 실질적인 사례를 찾기 어려운 게 현실이다.

그렇다면 멤버십 제도를 어떻게 활용할 수 있는지 미국의 사례를 들어 간략하게 알아보자. 다음 사례는 스포츠 산업에 진출하고자 하는 예비 마케터들에게 실질적인 도움을 줄 것이라 기대한다.

일반적으로 프로 스포츠 구단 멤버십은 개인 좌석권PSL: Personal Seat License이라고 부른다. 구단과 리그에 따라 부르는 명칭이 달라지는데, 평생 좌석권PSL: Permanent Seat License, 경기장 건설권SBL: Stadium Builder's License으로 불리기도 한다.[9] NFL 리그에서 가장 화려한 시설을 갖춘 샌프란시스코 포티나이너스 구단의 홈구장인 리바이스 경기장의 시즌 입장권을 사려면 (입장권 가격 외에) 추가로 80만 달러(약 1억 원)에 달하는 멤버십, 즉 개인 좌석권을 구입해야 한다.[10]

입장권, 가격, 그리고 멤버십 전략

개인 좌석권을 구입하지 않으면 시즌 입장권을 구매할 수 없다. 그런데 시즌 입장권은 선착순으로 판매되기 때문에 우물쭈물할 시간이 없다. 특히 인기 구단일수록 시즌 입장권의 수요가 많기 때문에 서둘러서 개인 좌석권을 구매해야 한다.

미국에서 인기가 높은 4대 스포츠 리그인 NFL, MLB, NBA, NHL 모두 개인 좌석권을 구매하도록 하고 있다. 예를 들면, 최지만이 활약하는 탬파베이 레이스의 시즌 입장권을 구매하려면 시즌 입장권뿐만 아니라 개인 좌석권을 따로 구매해야 한다. 물론 시즌 입장권이 아닌 당일 경기장 입장권을 구매할 때는 개인 좌석권이 필요 없다(위치가 좋은 좌석은 대부분 시즌 입장권으로 팔리기 때문에 당일 경기장 입장권을 구입할 경우 좋은 좌석을 구입할 가능성이 별로 높지 않기 때문에 좌석의 위치에 대한 과도한 기대는 절대 금물이다).

개인 좌석권의 가격은 좌석의 위치와 구매 시기에 따라 달라진다. 만약 더 이상 시즌 입장권을 구매할 의사가 없을 경우 개인 좌석권을 구단에 반납하면 그 비용을 돌려받는다. 구단은 개인 좌석권을 통해 입장권 수입 외에도 추가 수입을 상당한 규모로 올리는 장점이 있다. 개인 좌석권은 일종의 보증금 형태로 운영하는데 구단의 성적에 따라 시장 가격이 변한다는 점이 특이하다. 이 때문에 일부 기업과 자산가들은 투자 목적으로 지역에 소속된 명문 프로 구단의 개인 좌석권을 단체로 구매하기도 한다.[11] 인기가 많은 구단일

수록 그리고 경기장이 새로 건설될 경우 개인 좌석권의 가격은 폭발적으로 올라가는 특징을 보인다.

시즌 입장권 적용
가상 시나리오

국내 프로 스포츠 산업에서는 아직 개인 좌석권을 통한 입장권 판매 방식이 활성화되지 않고 있다. 하지만 한국 프로 야구의 인기가 더 높아지고 시즌 입장권에 대한 수요가 급격히 높아진다면 언제라도 개인 좌석권을 활용한 가격 전략이 실현될 수 있다.

예를 들어 설명해보자. 한국 프로 야구에서는 한 시즌에 각 팀이 144경기씩 총 720경기가 열린다. 144경기 중 절반인 72경기는 홈에서, 나머지 반인 72경기는 원정 경기로 펼쳐진다. 72경기를 홈에서 하는 A 구단의 경기장이 약 3만 명을 수용하는 규모라고 가정하고, 그중에서 인기가 많은 위치에 있는(특히 홈 팀의 팬들이 주로 찾는 1루수 부근) 좌석을 중심으로 약 5,000석 규모의 개인 좌석권을 판매한다고 해보자. 개인 좌석권의 가격은 좌석의 위치에 따라 차이가 나고, 저렴한 좌석은 10만 원부터 가장 비싼 좌석은 50만 원을 받는다고 하면 이 가격의 평균 가격은 30만 원이다. 5,000석의 개인 좌석권이 모두 팔린다고 가정하면 5,000석×30만 원=15억 원 추가 수입이 발생한다.

또 다른 가정을 해보자. 코스트코의 멤버십 전략처럼 시즌 입장권을 구입하려면 개인 좌석권을 반드시 구매해야 한다고 해보자. 그리고 개인 좌석권을 구매하면 시즌 입장권을 50퍼센트 할인해주는 혜택을 준다. 개인 좌석권이 필요한 좌석의 매 경기장 입장권 가격이 평균 3만 원이라면 매 경기 입장권을 1만 5,000원에 구입할 수 있고, 홈경기 72회에 모두 온다면 1만 5,000원×72회=108만 원의 할인혜택을 본다.

개인 좌석권의 비용이 30만 원이라면 평균 약 78만 원의 혜택을 볼 수 있다. 72경기 중 52경기만 와도 손익분기점이고, 53경기부터는 경기를 무료로 볼 수 있다. 구단의 입장에서는 시즌을 시작하기 전에 15억 원의 추가 수입을 올리는 장점이 있다. 팬의 입장에서는 개인 좌석권 비용 30만 원을 지불하면 20경기를 무료로 볼 수 있는 혜택이 주어진다.

이번에는 프로 농구가 열리는 실내 경기장의 사례를 들어보자. B 구단이 홈구장으로 사용하는 경기장 좌석은 총 6,000석이고 그중에서 A급에 해당하는 1층 중앙의 300석만을 대상으로 개인 좌석권을 판매한다고 가정하자. 개인 좌석권의 가격은 한 시즌에 10만 원으로 책정되어 있다. 각 팀은 한 시즌에 총 54경기를 하는데 그중

절반인 27경기는 홈구장에서, 나머지 27경기는 원정 경기장에서 열린다고 하자. 1층 중앙에 위치한 300석의 경기당 평균 입장료가 약 2만 원이라면 팬이 지불해야 하는 총 비용은 2만 원×27경기(홈경기)+10만 원=64만 원이다.

하지만 개인 좌석권 비용을 지불한 팬들은 입장료 가격의 50퍼센트를 할인받을 수 있다면 한 시즌에 지불하는 비용이 1만 원×27경기+10만 원=37만 원이다. 다시 말해서 개인 좌석권을 구입하지 않으면 37만 원으로는 18.5경기밖에 볼 수 없지만, 개인 좌석권을 구입하면 19경기부터 27경기까지 총 9경기를 무료로 보는 혜택을 얻는다.

팬들은 이러한 혜택을 간절히 원할 것이다. 즉, 개인 좌석권이라는 일종의 멤버십을 구입하면 각 경기당 입장료 비용을 50퍼센트 절약할 수 있기 때문에 경기를 더 많이 관람할수록 이익이 된다. 구단 입장에서는 시즌을 시작하기도 전에 약 3,000만 원의 추가 수입을 보장받을 수 있을 뿐만 아니라 충성도 높은 팬을 늘릴 수 있다. 만약 개인 좌석권을 구입하는 팬들에게 구단의 머천다이즈 상품이나 식음료를 할인해준다면 상품 매출 증대에 도움이 될 것이다. 팬의 입장에서 보면 다른 팬들보다 더 저렴한 가격에 머천다이즈 상품이나 식음료를 구입할 수 있으니 금상첨화가 아닐 수 없다.

스포츠 강국 vs
스포츠 선진국

스포츠 산업의 지속적인 발전은 외형과 내형이 균형적으로 발전할 때 비로소 가능하다. 스포츠 산업의 외형적인 발전을 이룬 국가를 '스포츠 강국'이라고 한다면, 스포츠 산업의 법과 제도, 시스템, 팬 문화, 산업 발전 전략 등의 무형적 가치가 발전한 국가를 '스포츠 선진국'이라고 부를 수 있다.

한국은 지금까지 외형적인 발전에 많은 공을 들였다. 하계·동계 올림픽, FIFA 월드컵, F1 자동차 경주 대회, 세계 육상 선수권 대회, 아시안 게임 등 다양한 국제 대회를 성공적으로 개최했고, 그 과정에서 새로운 경기장과 시설물들을 건축했다. 또 각종 국제 대회에서 우수한 성적을 거두고 많은 기록을 세웠으며, 23명에 달하는 메이저리거를 비롯해 유럽 축구 무대에서 여러 명의 선수들이 멋진 활약을 펼치고 있다.

이러한 것들은 스포츠 산업의 외형적인 측면이라고 할 수 있다. 누가 보아도 한국은 스포츠 강국이다. 세계 언론들은 어떻게 한국이 스포츠 강국이 되었는가에 관심을 갖는다. 동유럽, 동남아시아, 남미, 아프리카 국가들은 이러한 한국 스포츠 산업의 외형적인 발전을 배우고자 한다.

하지만 스포츠 산업의 내형적인 발전을 위해서는 가야 할 길이 아직 멀다. 지금도 많은 한국인 학생들은 스포츠 산업을 공부하기 위해 스포츠 선진국이 미국, 영국, 독일 등으로 유학을 가려고 한다. 이러한 사실은 아직도 한국이 스포츠 법과 제도, 시스템, 전략 등 무형 가치 등으로 대표되는 스포츠 산업의 내형적인 측면에서 스포츠 선진국의 대열에 들지 못했다는 것을 반증한다.

한국은 프로 스포츠 산업의 제도와 발전 전략, 그중에서도 스포츠 경기에 대한 가치 평가 분석과 가격 전략 부분이 다른 스포츠 선진국에 비해 상당히 뒤처져 있다. 국내 스포츠 산업의 지속적인 발전을 위해서는 리그와 구단 등 산업 주체들이 좀 더 적극적으로 이러한 가치 분석과 가격 전략에 대해 연구하고 이를 시장에 응용하는 시도와 노력이 절대적으로 필요해 보인다.

입장권, 가격, 그리고 멤버십 전략

9장

왜 우리는
비싼 암표를 사고도
분노하지
않는가?

비싼 암표에도
후회하지 않았던 이유

대학원 수업 중에 학생들에게 이런 질문을 했다. "지금까지 가장 기억에 남는 스포츠 경기는 무엇인가요?" 한 학생이 손을 들었다. "예전에 스페인에 배낭여행 갔을 때 '직관'했던 FC 바르셀로나 경기가 지금까지 본 경기 중에서 가장 감동 깊었습니다." 그때 입장권 가격이 얼마였느냐고 묻자, 그 대학원생은 "입장권이 매진돼서 암표를 살 수 밖에 없었고, 그 가격은 원화로 약 40만 원이 넘는 금액으로 기억됩니다"라고 했다. 약 20~30만 원의 웃돈을 주고 암표를 사서 본 경기가 그 학생에게는 가장 기억에 남는 스포츠 경기였다니 그 이유가 더 궁금해졌다.

이 학생은 조금만 더 일찍 입장권을 구입했더라면 암표상의 주머니에 들어갈 웃돈을 지불하지 않아도 됐다. 그의 옆 좌석에 앉아 함께 응원했던 팬들보다 더 비싼 금액을 주고 관람한 경기라 금전적으로는 손해를 봤다고 할 수 있다. 하지만 그의 얘기를 좀 더 들어보니 그가 크게 불만을 갖지 않는 이유를 알 수 있었다. 그는 이렇게 말했다.

"FC 바르셀로나는 제가 가장 좋아하는 팀입니다. 그래서 FC 바르셀로나 직관이 제 버킷리스트에 들어 있을 정도로 이 팀의 경기는 언젠가 꼭 와서 직접 보고 싶었습니다. 앞으로도 스페인에 올 기회는 있겠지만 지금 현재 선수들로 구성된 FC 바르셀로나 경기를 앞으로는 볼 수 없기 때문에 제가 쓴 암표 비용은 충분히 감당할 수 있었습니다. 또한 중요한 것은 그날 FC 바르셀로나와 아틀레티코 마드리드가 경기를 했는데, 경기 내내 긴장을 놓을 수 없을 정도로 팽팽한 양상으로 진행되었고 경기 후반에 리오넬 메시의 극적인 프리킥 골로 바르셀로나가 3대 2로 이겨서 저의 기쁨과 만족도는 최고조에 달했습니다."

왜 우리는 비싼 암표를 사고도 분노하지 않는가?

이 대학원생에게 다시 물었다. "만약 스페인에 다시 가서 경기를 볼 기회가 있는데 입장권이 매진되었다면 정가보다 몇 배나 비싼 암표를 또 살 의향이 있나요?" 그 학생은 "물론입니다. 암표를 사더라도 전혀 후회하지 않을 것입니다"라고 말했다. 이 이야기의 핵심은 바로 간절히 원하는 경기를 보기 위해 원가보다 몇 배나 비싼 암표를 샀지만 후회하지 않고 오히려 만족감을 나타냈다는 사실이다.

사람들은 살면서 손해 보는 것을 결코 좋아하지 않는다. '바가지 썼다'는 말에 우리는 종종 분노의 감정을 느끼기도 한다. 그렇기 때문에 사람들은 물건을 살 때 쿠폰을 통해 할인을 받거나 각종 신용카드 할인, 휴대전화 통신회사의 멤버십 할인 등의 혜택을 통해 정가보다 조금이라도 더 싸게 물건을 구매하려는 성향을 보인다. 특히 요즘같이 휴대전화가 보편화된 사회에서는 이러한 할인 구매는 더욱 일반화되고 있다. 할인을 받지 못할 경우에는 나중에라도 사용할 수 있는 '보너스 포인트'와 같은 보이지 않는 혜택이라도 받아야 비로소 안심하고 구매한다.

그렇다면 위에서 소개한 학생처럼 같은 경기장, 같은 섹션의 좌석에 앉아서 응원하는 다른 팬들과 달리 웃돈을 주고 암표를 구매했음에도 후회하지 않는 이 상황을 어떻게 이해해야 할까?

디지털 시대의
비싼 암표와 성난 팬들

       디지털 시대를 살아가는 요즘에는 종이 입장권 대신 모바일 입장권이 더 익숙하고 편하게 느껴진다. 사람들은 경기장 매표소 앞에 긴 줄을 서서 입장권을 사는 대신 온라인 앱을 통해 가격을 비교한 뒤 가장 저렴한 입장권을 구매한다. 그다음은 휴대전화에 저장된 입장권에 새겨진 바코드나 QR코드를 출입구에 설치된 스캐너에 갖다 대기만 하면 입장이 된다. 이러한 모바일 입장권 구매 방식은 스포츠 경기뿐만 아니라 영화관, 심지어 커피 전문점에서도 이미 보편화되었다. 특히 코로나19 시대에 모바일 입장권은 판매자와 구매자 사이에 접촉 없이 입장권 판매부터 경기장 입장까지 가능하기 때문에 그 이용 가치가 더욱 높아졌다.

    이렇듯 입장권 구매 방식은 아날로그에서 디지털 방식으로 완전히 변모했다. 그럼에도 여전히 변하지 않는 것이 있다. 바로 경기장 주변에 서성이는 암표상들이다. 미처 표를 구하지 못해 발을 동동 구르며 경기장 주변을 맴도는 사람들에게 누군가가 접근하며 말을 건넨다. "남는 티켓 있으면 파세요.""혹시 티켓 필요하신가요?" 바로 불법 암표상들이다.

    2020년 10월 29일, 전주 월드컵경기장에서 11월 1일에 열리는 전북 현대와 대구 FC의 하나원큐 K-1리그 경기 입장권 판매 현장에는 정가의 일곱 배에 달하는 암표가 등장했다. 중고 거래 사이트에서는 1만 4,000원짜리 입장권이 10만 원에 거래되고 있었다. 코로나19로 관중을 최대 정원의 25퍼센트만 입장하도록 제한함에 따라 입장권의 수요가 급격히 증가한 탓이다.[1]

그뿐만이 아니다. 고액의 암표는 야구장에서도 거래됐다. 2020년 11월 23일 고척 스카이돔에서 NC 다이노스와 두산 베어스의 한국 시리즈 5차전이 열렸다. 4차전까지 2승 2패로 팽팽한 접전을 펼치고 있던 터라 이날 경기에 대한 관심과 열기는 그 어느 때보다 높았다. 물론 이 경기의 입장권은 이미 매진된 상태였다. 그다음 날 한국 시리즈 6차전이 열렸다. 코로나19로 관중을 정원의 10퍼센트로 제한하면서 입장권을 구하기가 '하늘의 별따기'처럼 어려운 상황이 연출됐다. 이날 예매가 끝난 직후 입장권 거래 사이트에서 한국 시리즈 경기 입장권이 수십 장 올라왔다. 대부분 정가보다 두 배 이상 비싼 가격에 거래되고 있었고, 정가가 4만 원에 불과한 내야 지정석은 최고 18만 원에 달했으며, 다이아몬드 클럽 좌석은 정가보다 네 배나 비싼 45만 원까지 치솟았다.[2]

이러한 암표상들의 극성은 비단 우리나라만의 문제가 아니다. 중국 상하이 마스터스 대회에서 직접 경험한 암표 거래는 상상을 초월할 정도로 심각했다.

티켓 판매 전략과
상하이 마스터스 대회 암표상

만일 여러분이 테니스 팬이라면 꼭 가보고 싶은 대회는 무엇인가? 가장 보고 싶은 선수의 경기는? 호주 오픈, 윔블던, 프랑스 오픈과 US 오픈 등 메이저 대회를 쫓아다니면서 로저 페더러, 노박 조코비치, 라파엘 나달 등 세계 톱 선수들의 경기를 마음껏 즐기고 싶지만 현실적으로 쉽지 않다. 이들의 경기를 볼 수 있는 거리상으로 가장 가까운 대회는 아마도 10월 중순에 열리는 상하이 마스터스 대회일 것이다. 다른 아시아 국가에서 열리는 대회는 상금의 규모가 비교적 작고, 이동 거리가 길기 때문에 세계 정상급 선수들이 출전을 꺼리지만 롤렉스 상하이 마스터스 대회만큼은 예외다. 로저 페더러나 노박 조코비치 등 세계 톱 랭킹 선수들이 꾸준히 참가하기 때문에 대회의 인기나 위상은 꾸준히 높아지고 있다.

하지만 대회의 위상이 무색하게 입장권 판매 방식은 비합리적이며, 암표상의 극성은 날이 갈수록 심해진다. 인터넷 검색창에 '상하이 마스터스 암표'라고 치니 0.5초 만에 869건의 결과가 나왔다. 다양한 관람 경험을 다룬 블로그 글들을 볼 수 있는데, 인상적인 것은 암표를 구하는 방법, 흥정하는 방법 등에 대한 자세한 설명이 나온다는 것이다. 한마디로 이렇게 정리할 수 있다. 표는 매진이지만

왜 우리는 비싼 암표를 사고도 분노하지 않는가?

경기는 언제든지 관람할 수 있다.

약 2년 전 롤렉스 상하이 마스터스 대회가 열리는 치종 경기장을 방문한 적이 있다. 입장권은 오래전에 매진되었다. 경기를 시작하기 전이었지만 이미 경기장은 입장을 기다리는 수많은 팬들로 인산인해를 이뤘다. 충격적인 장면은 눈으로 어림잡아 수백 명이 넘을 것으로 보이는 암표상들의 긴 행렬이었다. 그들은 주차장 입구에서부터 경기장 정문까지 걸어가는 길가에 우후죽순 늘어서 있었다. 암표상들은 저마다 한 묶음의 입장권을 들고 있었다. 인기가 많은 경기라 암표상들이 붙을 수 있겠다는 생각은 했지만 이렇게까지 거대한 규모로 장사진을 칠 줄은 몰랐다. '과연 이 많은 암표가 다 팔릴까?', '안 팔리는 티켓은 어떻게 될까?' 하는 의문을 가지고 경기장 안으로 들어갔다.

예상했던 것처럼 경기장의 관중석은 대부분 비어 있었다. 모든 경기가 매진인데 왜 이렇게 빈자리가 많았을까? 노박 조코비치 선수의 경기부터 팬들이 몰리기 시작했다. 그다음 경기는 로저 페더러 경기였지만 나와 일행은 다른 스케줄로 경기장을 미리 나올 수밖에 없었다. 경기장을 빠져나가는 길에 암표상이 우리에게 다가오더니 말을 걸었다. "입장권이 필요 없으면 한 장당 1,000원 (정도)에 팔아라." 매표소는 문을 닫은 지 오래였고, 이날의 경기도 두세 경기밖에 안 남은 상황이었지만 암표 시장은 '현재 진행형'이었다.

국내에서 암표 판매는 시장 가격을 왜곡시켜 소비자들에게 피해를 주기 때문에 엄연히 불법이다. 하지만 상하이 마스터스 대회에서 암표상을 지켜본 경험은 다음 두 가지의 과제를 안겨주었다.

첫째, (비록 하루라는 짧은 시간의 경험이었지만) 고객들은 왜 비싼 암표를 구매하면서 목소리를 높이거나 얼굴을 찌푸리지 않는가? 암표는 얼마나 비싼 가격에 팔리는가? 암표를 사는 사람들은 암표의 가격에 대해 어떻게 생각하나?

둘째, 정식 매표소에는 좌석의 위치에 따라 다른 가격이 붙은 입장권을 판매한다. 하지만 좌석의 위치와 상관없이 입장권을 구매하면 해당 날짜에 있는 모든 경기를 볼 수 있다. 내가 원하는 선수의 경기만 볼 수 있는 입장권이 없다는 말이다. 특히 롤렉스 상하이 마스터스 대회는 '로저 페더러의 홈구장'이라는 별명이 붙을 정도로 로저 페더러 선수의 인기가 단연 압도적이다.

그런데 로저 페더러의 경기를 보기 위해 비싼 비용을 내고 굳이 보고 싶지 않은 선수들의 경기를 봐야 할 필요가 있을까? 입장권을 하루 단위로 판매하는 것은 판매업자들의 편의 때문이 아닐까? 암표상이 합법이든 불법이든 그건 이 글의 논점이 아니다. 이 글의 핵심은 바로 '팬들이 원하는 경기만을 따로 개별적으로 관람할 수 있는 입장권은 오로지 암표상을 통해서만 만들어지고 거래된다'는 사실이다. 이를 어떻게 받아들여야 할까?

왜 우리는 비싼 암표를 사고도 분노하지 않는가?

선 구매,
후 소비?

가격은 우리가 구매하는 상품이나 서비스의 가치를 나타낸다. 상품의 가격이 소비자들이 인식하는 가치보다 높으면 소비자들은 그 상품의 '가성비'(가격 대비 성능의 비율)가 낮다고 생각해 구매를 꺼린다. 반면에 상품 가격에 비해 소비자들이 느끼는 상품의 가치가 더 크면 소비자들의 구매 만족도가 높아지고 앞으로도 구매할 가능성이 올라간다.

예를 들어, 새로 나온 휴대전화를 구입한다고 하자. 우리는 전자제품 대리점이나 휴대전화 대리점에 가서 새로 나온 제품을 직접 보고 만지면서 성능을 테스트한다. 어떤 사람은 제품 사양이 자세히 담긴 상품 안내서를 세심하게 읽은 뒤 구매할지 말지를 결정한다. 물론 가격은 이미 소비자 판매 가격이 정해지기 때문에 할인 판매와 같은 특별한 프로모션이 없으면 흥정할 수가 없다.

일반 상품(여기서는 휴대전화)의 구매 과정에서 생기는 또 하나의 특징은 바로 구매자가 비용을 지불하면 상품의 완전한 소유권을 갖는다는 것이다. 소비자가 직접 산 휴대전화를 쓰다가 여러 가지 이유(싫증을 느끼거나 새로운 제품을 다시 구입하는 등)로 중고 시장에서 팔아도 아무런 제재를 받지 않는다. 다시 말해서 나에게 휴대전화를 최초로 판매했던 대리점 업주는 내가 휴대전화를 맘대로 중고 시장에 판매한다고 해도 내게 뭐라고 할 수 있는 권한이 없다.

하지만 스포츠 경기 입장권은 휴대전화와 다르다. 내가 가진 입장권을 내 마음대로 누구에게든 공짜로 줄 수는 있지만 수익을 창출하기 위해 팔 수는 없다. 왜 그럴까? 스포츠 경기라는 서비스 상품의 가치 평가는 일반 상품과 다른 과정을 거친다. 스포츠 경기 입장권을 구입할 때는 빵이나 우유와 같은 식료품을 살 때와 달리 그날의 경기가 어떤 결과를 가져올지, 어떤 선수가 어떤 활약을 펼칠지 전혀 모르기 때문이다.

프로 야구 경기를 예로 들어보자. 프로 야구 경기 입장권을 구입할 때 우리는 오늘 열릴 경기에 대한 가치를 지불한다. 그것이 바로 티켓 가격으로 정해진다. 휴대전화를 살 때는 상품을 미리 보고 색상도 알아보고 기기를 직접 만져보고 결정한다. 하지만 야구 경기 입장권을 산 팬들은 '야구 경기'라는 상품을 보기도 전에 미리 금액을 지불하고, 나중에 경기가 열리면 그제야 '야구 경기'라는 상품을 본다.

어떤 사람들은 내년 시즌이 열리기 전에 연간 회원권을 구매하기도 한다. 휴대전화를 구매하는 과정과 다르게 오늘 열릴 경기 입장권을 미리 구매하고 좋은 상품이 되길 기대한다. 어제 경기에서 라이벌 팀을 상대로 9회 말 짜릿한 역전승을 거둔 것처럼 오늘도

왜 우리는 비싼 암표를 사고도 분노하지 않는가?

이기길 기대하며 오늘 경기에 대한 가치를 지불하는 것이다.

하지만 오늘 경기가 어제와는 정반대로 역전패로 끝난다면 내가 지불한 입장권의 가치는 어제의 입장권 가치보다 훨씬 낮을 것이다. 다시 말해, 어제의 경기를 통해 오늘 열릴 경기의 내용과 결과를 전혀 예측할 수 없는 스포츠 경기의 특성 때문이다. 이것이 바로 스포츠 경기가 갖는 독특한 가치 중의 하나인 '결과의 불확실성'이라고 할 수 있다.

결과의 불확실성이란?

'결과의 불확실성'은 고객의 기대와 상상을 유발하고 정가보다 더 비싼 비용을 지불하고서라도 구매하고 싶은 욕망을 만들어낸다. 2018년 러시아 월드컵에서 한국 축구가 1퍼센트의 기적을 이룬 것을 기억하는가? 신태용 감독이 이끌던 한국 축구 대표팀은 비록 16강 진출에 실패했지만 조별 리그 마지막 경기에서 김영권과 손흥민의 득점으로 독일을 2 대 0으로 이겼다. 조 최하위 탈락이 예상된 한국 대표팀이 2014년 브라질 월드컵 우승국이자 FIFA 랭킹 1위였던 독일을 이긴다는 것을 그 누가 상상이나 했겠는가? 하지만 스포츠 경기에서는 결코 불가능한 것이 아니다. 이러한 경기 결과의 불확실성에서 오는 보이지 않는 기대감이 바로 입장권 가격이 내포하고 있는 가장 강력한 상품 가치라고 볼 수 있다.

스포츠 경기 입장권을 구매한다는 것은 구체적으로 무엇을 의미할까? 경기를 직접 관람하는 권리를 얻는 것일까, 아니면 입장권에 표시된 경기장 좌석에 합법적으로 앉을 수 있다는 것일까? 입장권을 구매한 후 내게 불가피한 사정이 생겨서 경기장에 갈 수 없다면 어떠한 상황이 발생할까? 가족이나 지인들에게 연락해 입장권을 선물로 줘야 할까? 가족이나 지인 중 아무도 경기장을 찾을 수 없다면 그다음은 어떻게 해야 할까? '직관'을 하고 싶지만 입장권이 없는 사람들에게 적정 가격에 양도해야 할까? 그게 가능할까? 만약 내가 매우 인기 있는 종목의 입장권을 가졌고 이를 원하는 사람이 많다면 어느 정도의 수익을 얻을 수 있을까?

답은 "노NO"다. 특히 한국과 같이 2차 티켓 시장이 형성되지 않은 국가에서는 입장권을 제3자에게 재판매할 경우(특히 수익이 난 경우) 암표상으로 오해받을 수 있다. 스포츠 경기의 입장권을 구매할 때 우리는 그 좌석을 사는 것이 아니다. 입장권에 찍힌 날짜와 시간 동안 그 자리에서 경기를 관람할 수 있는 권리를 살 뿐이다. 경기가 끝나면 우리가 구매한 권리는 사라진다. 이것이 바로 스포츠 경기 입장권이 갖는 특성이다.

왜 우리는 비싼 암표를 사고도 분노하지 않는가?

스포츠 샤덴프로이데란?[3]

사람들은 우승 팀을 좋아하고 챔피언에게 박수를 보낸다. 많은 팬들이 실력이 우수한 선수와 구단을 응원한다. 하지만 어떤 이는 '언더독underdog'이라 불리는 약한 선수나 약체 구단을 응원하기도 한다. 누구를 응원하든 승부를 예측할 수 없기에 경기를 보면서 긴장을 풀 수 없다. 종종 대이변이라고 부르는 경기 결과가 나오기도 한다. 2018년 월드컵에서 한국 축구 대표팀이 독일 대표팀을 2 대 0으로 이겼듯이 말이다. 이것이 바로 스포츠 경기의 불확실성이 갖는 진정한 가치라고 할 수 있다.

그렇다면 사람들은 왜 '언더독'을 응원할까? 바로 샤덴프로이데 schadenfreude 때문이다. 샤덴프로이데란 남의 불행을 보고 느끼는 쾌감을 말한다. 스포츠 리그에서는 항상 우승팀, 명문 구단의 이미지를 가진 팀이 약체 팀에게 패할 경우 쾌감을 느끼는 팬들이 있다. 누구나 인정하는 강한 팀이거나 최고 실력을 지닌 선수라도 승률이 100퍼센트일 수는 없다.

보이지 않는
비용의 가치

바가지를 씌우기 쉽거나 불리한 조건을 별 항의 없이 받아들여 다른 소비자들에 비해 상품을 비싸게 구입하는 소비자를 두고 속된 말로 '호갱'이라고 부른다. 아무리 '호갱'이라고 할

지라도 휴대전화를 사면서 정가보다 서너 배나 더 웃돈을 내는 일은 거의 없다. 하지만 내가 원하는 휴대전화를 정가에 비해 서너 배나 많은 돈을 내고 사야 한다면 나는 어떻게 반응할까? 판매점 관계자에게 항의하거나 바가지를 씌우려는 그들의 의도를 알고 그 가게에서 나올 것이다.

스포츠 경기의 입장권 가격에 대한 금전적 가치는 팬이 처한 입장과 상황에 따라 달라질 수 있다. 앞에서 말한 대학원생의 사례를 다시 돌이켜보자. 언제 다시 스페인에 올지 모르는 상황에서 그가 가장 좋아하는 FC 바르셀로나 경기를 '직관' 할 수 있는 기회에 대해 그가 느끼는 금전적 가치는 분명 20~30만 원의 웃돈보다 더 컸을 것이다. 한국에서 바르셀로나 경기를 보기 위해 다시 비행기 표를 구입하고 숙소를 예약하고 여행할 수 있는 휴가를 만들어내는 비용에 비하면 지금 당장 몇 배의 비용을 내는 것이 더 저렴하다는 판단이었을 것이다.

더욱 중요한 것은 '직관' 기회의 희소성이었다. 그 당시 FC 바르셀로나를 구성하고 있는 리오넬 메시, 네이마르, 제라르 피케, 루이스 수아레스, 안드레 고메스 등 세계 최고의 기량을 가진 선수들이 한 팀에서 뛰는 일은 앞으로 없을 것 같다는 생각이 들었을 수도 있다. 다시는 볼 수 없는 생애 최고의 경기를 보는데 비록 바가지를 쓰지만 암표라도 살 수 있다는 것이 오히려 고맙게 느껴졌을 수도 있다. 이 학생은 수업 후에 물어본 질문에 다음과 같이 답했다. "제가 만약 그 상황으로 다시 돌아간다 해도 똑같이 암표를 구매할 것입니다. 제 선택에 전혀 후회가 없습니다."

입장권 비용이
전부가 아니다

학생들을 데리고 시애틀로 스포츠 산업 연수를 간 적이 있다. 내가 미국 곤자가대학 교수 시절 가르쳤던 제자 두 명이 현재 시애틀 매리너스 마케팅 부서에서 근무하고 있어 그들을 통해 매리너스 홈구장인 T-모바일 파크 경기장을 정식 방문할 기회를 만들었다. 연수 프로그램을 짜기 위해 연수 일정 한 달 전 매리너스 구단을 방문하고 매리너스 마케팅팀 부사장을 만나 이번 연수에 대해 설명한 후 구단의 협조를 요청했다.

학생들과 함께 다시 방문한 매리너스 홈구장. 스케줄 당일 오전에는 매리너스 투어 안내 직원과 함께 경기장을 약 한 시간여 동안 구경하고, 오후에는 토론토 블루제이스와의 경기를 관람했다. 학생들과 내가 앉은 좌석은 1루석 부근 3층이었다. 우리가 구매한 좌석의 티켓 가격은 25달러였는데, 시애틀 응원석인 1루 쪽에 위치한다는 장점이 있었지만 3층 꼭대기여서 경기 자체에 몰두하기에는 필드와의 거리가 너무 멀었다.

　다행히 토론토 블루제이스와의 경기 내용은 그리 나쁘지 않았다. 동점, 역전 등 엎치락뒤치락 접전을 펼치는 바람에 경기 자체는 그리 지루하지 않았다. 하지만 나는 내심 '학생들이 미국에 와서 MLB 경기를 관람할 기회가 많지 않은데, 이왕이면 좀 더 좋은 좌석에서 경기를 보게 했으면 더 좋았겠다' 하는 아쉬움이 남았다. 입장권 가격 그리고 어떤 좌석의 입장권을 구매할 것인가에 가장 커다란 영향을 미치는 것은 경기장을 찾을 수 있는 기회와 여건이라는 사실을 몸소 경험하는 순간이었다.

　이날 경기 내내 나는 참으로 신기한 광경을 목격했다. 분명 시애틀 매리너스 홈구장인 T-모바일 파크 경기장임에도 경기장을 가득 채운 팬들은 토론토 블루제이스를 응원하고 있었던 것이다. 토론토를 응원하던 팬들 대부분은 분명 토론토 유니폼을 입고 있었다. 나중에 관계자에게 그 이유를 물으니, 시애틀이 캐나다 국경에서 자동차로 두세 시간 정도 걸리는데 밴쿠버 지역 인근에 사는 캐나다 국적의 팬들이 토론토 블루제이스와의 경기를 보기 위해 기꺼이 시애틀까지 원정을 온다는 것이었다.

　직관을 하기 위해 캐나다 팬들이 들이는 비용은 입장권이 전부가 아니다. 그들은 토론토 블루제이스의 경기를 보려고 시애틀 다운타운까지 자동차로 국경을 넘어 왕복 예닐곱 시간이 걸리는 여정

　　　왜 우리는 비싼 암표를 사고도 분노하지 않는가?

을 기꺼이 감수한다. 이들이 수백 킬로미터를 오가는 동안 자동차에 들어가는 기름 값을 생각하지 않을 수 없다. 2~3만 원 하는 입장권 비용보다 훨씬 더 많은 비용이 이들의 교통수단에 들어가는 것이다. 어떤 팬들은 경기가 오후 늦게 끝나기 때문에 하룻밤 머물 숙소를 시애틀에서 찾는다. 숙박비와 더불어 시애틀에 머무는 동안 드는 식사비도 무시할 수 없다. 이 외에 주차나 쇼핑 등에 드는 추가 비용까지 생각하면 어지간한 열정이 없으면 캐나다 국경 지역에서 시애틀까지 원정 응원을 온다는 것은 힘든 일이다. 이러한 시간, 노력, 비용을 썼음에도 불구하고 경기 결과까지 좋지 않다면 정말 최악의 상황이 될 수도 있다.

시중에는 스포츠 마케팅에 관한 다양한 교재들이 나와 있고 지금까지 출판된 스포츠 마케팅 관련 논문은 수천 개에 달할 정도로 많은 연구가 되어 있다. 고객의 충성도를 높이는 방법, 입장권 판매를 증대하기 위한 전략, 스포츠 팬 만족도 및 관람 동기 연구 등 그세부 분야도 점점 넓어지고 있는 추세다. 하지만 스포츠 경기장 입장권 가격에 대한 연구는 관심 자체가 매우 부족할 뿐만 아니라 내 시선을 훔칠 정도로 매력적인 연구 결과물을 찾기 어렵다.

우리는 보통 온라인 예매처나 현장 매표소에 적힌 가격을 보고 구매 여부를 결정한다. 그런데도 그 가격이 제대로 정해졌는가에 대해서는 별다른 의문을 갖지 않는다. 일반 기업 연구 분야에서는 자본 자산 가격 결정 모형, 차익 거래 가격 결정 이론 등 가치 평가에 대해 매우 세련된 연구 모형들이 끊임없이 개발되고 있다. 반면에 '팬 경험'을 최고의 가치로 인식하는 스포츠 산업에서는 유·무형의 가치와 비용에 대한 연구가 충분히 되고 있지 않다는 사실이 매우 안타깝다. 현재 스포츠 산업에 종사하는 스포츠 마케터뿐만 아니라 앞으로 스포츠 산업에 진출할 학생들은 가격 전략에 대해 많은 관심을 가졌으면 하는 바람이다.

왜 우리는 비싼 암표를 사고도 분노하지 않는가?

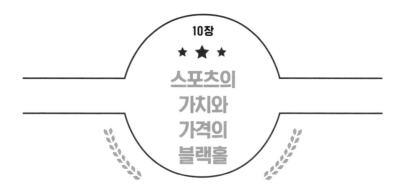

★ ★ ★

10장

**스포츠의
가치와
가격의
블랙홀**

7억 원짜리
중고 운동화

　　우리는 가끔 놀라운 언론 기사들을 접하곤 한다.
로이 리히텐슈타인의 〈기쁨의 그림과 함께 있는 누드〉가 홍콩의 수
집가에게 4,624만 달러(약 550억 원)에 팔렸다는 기사가 그러하다.[1]
전문가들이 예상한 이 작품의 가치는 3,000만 달러(약 360억 원)이
었다고 하는데, 이를 훨씬 웃도는 가격에 팔린 것이다. 그림 한 장이

550억이라니! 이 작품의 가치를 잘 알지 못하는 문외한인 나로서는 쉽게 납득할 수 없는 일이다. 반대로 〈TV쇼 진품명품〉 같은 프로그램에나 나올 만한 아주 값진 물건이 종종 중고 물품점에서 헐값에 거래됐다는 소식도 접한다. 전문가가 아닌 일반인들은 그 물건이나 작품의 숨은 가치를 제대로 판단할 수 없기 때문에 벌어지는 일들일 것이다.

얼마 전에는 마이클 조던이 약 35년 전에 신던 운동화가 약 61만 5,000달러(약 7억 2,000만 원)에 팔렸다는 기사가 나왔다.[2] 조던의 친필이 들어간 이 운동화는 경매 역사상 중고 운동화 가운데 최고가를 기록했다.

전문가들은 이 운동화가 이렇게 비싼 가격에 낙찰된 이유를 다음과 같이 설명했다. 첫째, 그 신발은 지금 나이키의 핵심 브랜드가 된 '에어 조던' 시리즈의 첫 번째 운동화이고, 양쪽 발의 크기가 다른 조던을 위해 특수 제작된 신발이기 때문에 특별한 가치가 있다는 것이다. 둘째, 빨간색의 신발 끈과 나이키 로고, 흰색 바탕은 시카고 불스 구단의 색깔을 상징하기 때문에 상징성이 더 높다는 것이다. 물론 이 신발이 굉장히 독특하고 높은 소장 가치가 있다는 사실은 인정한다고 치더라도 7억이 넘는 거금을 선뜻 지불하기는 쉽지 않을 것이다.

스니커 테크란?

스니커 테크란 스니커 투자 기법Sneaker Investment Techniques의 약자로 장차 가치가 높아질 것을 예상하고 희귀한 가치가 있는 한정판 운동화를 구입한 뒤 나중에 비싼 값에 중고 시장에 되팔아 수익을 올리는 재테크 방법을 말한다. 과거에는 나이키가 마이클 조던 같은 유명 스포츠 선수들을 위한 선수용 한정판 운동화를 주로 생산했다면, 요즘은 지드래곤과 같은 유명 가수나 래퍼 등 엔터테인먼트 산업을 대표하는 셀럽 연예인들과의 협업을 통해 다양한 형태와 종류의 운동화를 한정 생산하고 있는 추세다. 나이키는 2020년 크리스마스 연휴를 전후로 2020년 초 헬리콥터 사고로 안타깝게 사망한 LA 레이커스의 전설 코비 브라이언트를 테마로 한 '나이키 줌 코비 6'를 한정판으로 다시 생산해 스니커 테크 전문가들의 뜨거운 관심을 받은 바 있다.

얼마 전 학생들과 함께 미국 오리건주 포틀랜드에 있는 나이키 본사를 탐방한 적이 있다. 마치 대학 캠퍼스를 연상케 할 정도로 규모가 컸을 뿐만 아니라 활기 넘치는 직원들의 표정을 통해 나이키에서 일한다는 자부심을 읽을 수 있었다. '나이키 캠퍼스'에는 특징적인 건물들이 눈에 띄었는데, 건물 이름에 선수들의 이름을 붙여 놓은 것이다. 듀크대학 농구팀의 전설적인 감독인 마이크 슈셉스키의 업적을 기리기 위한 전시관과 타이거 우즈 선수를 테마로 한 행사장, 그리고 마이클 조던의 이름을 딴 빌딩 등 셀럽 선수들의 이름을 따서 건물 이름을 지었다는 사실은 매우 신선했다. 마이클 조던 빌딩이라고 불리는 건물에 들어서니 조던을 위해 만들었던 '에어 조던 시리즈' 운동화들이 멋지게 전시되어 있었다. 운동화가 출시된 연도는 물론 에어 조던 시리즈 번호까지 상세하게 알려주고 있어 에어 조던 시리즈의 살아 있는 역사를 내 눈으로 직접 경험했다.

우리가 잘 모르는
가격에 대한 불안감

수산 시장에 가면 ○○상회, ○○수산 등 수없이 많은 간판을 볼 수 있다. 장을 보기 위해 시장 골목을 지날 때면 상인들은 어김없이 우리에게 말을 걸곤 한다. 광어, 방어 등 낯익은 생선의 이름을 대면서 대놓고 흥정을 시도하는 상인들도 만난다. 수산물을 하나라도 더 팔려고 애쓰면서 말을 걸며 접근하는 상인들을 일일이 거절하기가 부담스러워진다. 나는 어느새 상인들과 눈을 마주치지 않기 위해 시선을 앞으로만 고정한 채 발걸음을 한껏 빨리해 지인의 가게에 도착한다.

내게 말을 걸었던 상인들, 특히 오늘 처음 보는 상인들에게서 내가 횟감을 사지 않는 이유는 과연 무엇일까? 왜 굳이 지인이 운영하는 가게를 찾아가는 것일까? 지인의 매출에 도움을 주기 위해서? 아니면 내가 바가지를 쓸지 몰라서?

어쩌면 이러한 소비자들의 태도는 과거에 바가지를 썼던 경험이 있었거나 아니면 언론에서 접한 일부 상인들의 불법적인 상술로 인해 신뢰가 떨어졌기 때문일 수도 있다. 우리는 이미 외국산을 국내산으로 원산지를 속여 팔거나, 저울을 불법 개조해 더 많은 이윤을 남기려는 상인이 일부 있었다는 사실을 기억한다. 결국 소비자들이 아는 사람의 소개나 단골 가게를 굳이 찾아가는 중요한 이유는 바로 횟감에는 (수산물에 문외한인 입장에서 볼 때) 소비자 가격 같은 정가가 없으므로 바가지를 쓸 가능성이 농후하다는 판단 때문일 것이다. 우리 눈앞에서 상인들이 횟감을 저울로 재고 가격을 깎아주고 이것저것 다른 수산물을 챙겨준다고 하더라도 잘 모르는 가게라면 맘이 썩 편하지만 않은 것이 현실이다.

휴대전화를 구입할 때도 마찬가지다. 나는 흔히 말하는 '호갱'이 되고 싶지 않지만 내가 '호갱'인지 아닌지는 스스로 알 수가 없다. 판매원과 고객 사이에 보이지 않는 전략 전쟁이 시작되는 순간이다. 최신형 휴대전화를 새로 살 경우 어떤 고객은 할인을 받고 어떤 이는 정가에 산다. 할인을 많이 받은 것 같아도 이런저런 비용을 모두 합쳐보면 오히려 손해를 본 경우도 없지 않다. 휴대전화의 정가가 나와 있고 요금제도 정해져 있는데, 그 누군가는 혜택을 받고 또 다른 누군가는 손해를 보는 상황이 존재한다.

얼마 전 모 통신회사 고객센터에서 전화가 왔다. 내 휴대전화 서비스 외에 앞으로 일정 기간 동안 TV 케이블과 인터넷을 합쳐 패키지로 사용할 경우 TV를 무료로 주거나 30만 원 상당의 백화점 상품권을 준다는 것이었다. 이 제안을 받았을 때 잠깐 귀가 솔깃했지만, 시간이 좀 지난 뒤에 다시 생각해보니 조금 의아한 부분이 생겼다. 즉, '나 같은 고객에게 30만 원 혹은 32인치 텔레비전을 무료로 준다고 했는데, 그렇다면 이 회사는 나한테 얼마를 벌어가기에 무료로 그것들을 준다는 거야?' 하고 말이다.

고객에게 상당한 금전적 혜택을 준다는 기업을 의심하는 이유는 바로 '호갱(?)이 될까 봐' 혹은 '겉으로 드러난 혜택은 달콤해 보이지만 결과적으로 손해를 볼 수 있다는 왠지 모를 찜찜한 느낌'이 들었기 때문이다. 숨겨진 비용, 바로 기업이 가진 비용과 관련한 충분한 정보가 내게는 없다. 이런 이유로 '희망 소비자 가격'이라고 쓰인 숫자 뒤에 숨은 다양한 할인 혜택 정보를 알지 못해서 자칫 손해를 볼 수도 있는 계약을 할까 봐 두려워하는 고객은 점점 늘어날 수밖에 없다.

나이키
중고 운동화 전문 가게

미국 시애틀 인근 웨스트필드라고 불리는 쇼핑센터에 가면 웨스트코스트West Coast라는 가게가 있다. 이 가게는 한정판 중고 운동화만 전문으로 판매한다. 이곳에서 파는 모든 중고 운동화는 흠집이 나지 않도록 랩에 싸여 있으며 각 운동화의 제작 연도, 상품 이름과 가격이 적힌 태그가 붙어 있다. 운동화 가격은 대부분 100달러(약 12만 원)에서 500달러(약 60만 원) 사이지만, 일부 운동화는 원가보다 열 배 이상 비싼 3,000달러(약 360만 원)에 달하기도 한다. 그렇다면 이 운동화의 가격은 누가 어떻게 정할까? 판매자가 정하는 가격이 시장에서 과연 먹힐까? 30~40년 전에 나온 중고 운동화가 어떻게 3,000달러에 팔릴 수 있을까? 그 가격은 누가 정할까? 아니, 그 신발이 과연 팔리기는 할까? 소비자를 현혹하기 위한 트로피 상품은 아닐까?

트로피 상품이란?

트로피 상품이란 진열대에 전시되어 있기는 하지만 가격이 너무 비싸서 실제로는 거래가 많지 않은 값비싼 제품을 말한다. 예를 들어 스포츠 전문 용품점에서 축구화를 구입한다고 가정하자. 10만 원 정도의 예산을 생각하고 스포츠 용품점에 들어갔다. 각종 신제품들이 가게 입구에 멋지게 전시되어 있다. 가게에 들어서는 손님들이 신제품들을 살펴볼 수 있도록 깔끔하게 잘 정리되어 있다. 신제품이라서 그럴까? 새로 나온 축구화의 가격대는 대부분 30만 원 이상이었다. 멋진 디자인에 새로 나온 신발이라 그런지 맘이 더 끌렸다. 내가 용품점을 나올 때는 10만 원이 아닌 20만 원짜리 축구화가 내 손에 들려 있다. 바로 이것이 트로피 상품의 역할이다. 가격이 비싸서 누구도 사지 않을 상품 같지만 이 트로피 상품을 통해 고객들의 눈높이를 높여 더 비싼 상품을 구매하도록 유도하기 위해 사용하는 판매 전략이라고 할 수 있다.

일반적으로 상품 생산에 필요한 고정비와 변동비, 직원들의 임금, 그리고 적정 이윤을 붙이면 가격이 된다. 이 가격에 대한 소비자들의 반응에 따라 수요가 높아지면 가격이 일시적으로 상승하기도 하고, 반대로 인기가 없다면 가격이 떨어지는 경향이 있다. 하지만 중고 가게에서 본 생산된 지 수십 년 된 운동화의 가격은 원래 소비자 가격에 비해 열 배 이상 높은 3,000달러에 팔리고 있었다.

만약 이 중고 신발이 내 신발장에 있었다면 과연 어떤 일이 벌어졌을까? 그 한정판 운동화의 가치를 전혀 모르는 나는 '남에게 주든가' 아니면 너무 오래됐다는 이유로 재활용 의류 수거함에 진작 넣었을지 모른다. 반면에 중고 운동화 전문가들이 내 신발장에 있는 이 골동품 같은 신발을 봤다면 아마도 쾌재를 부르며 웨스트코스트와 같은 중고품 시장을 통해 꽤나 높은 수익을 올렸을 것이 분명하다.

가격은
움직이는 생물이다

공장에서 상품이 생산되면 이름이 붙고 가격이 결정된다. 신제품이라고 하더라도 흠이 있다면 제값을 받기 어렵다. 또 제때 팔리지 않아 아웃렛 등의 할인 판매점으로 넘어가면 상품의 가치는 떨어지기 마련이다. 가격은 제품의 상태, 유통 기간, 그리고 판매되는 장소 등의 조건에 따라 마치 살아 있는 생물처럼 움직이는데, 그 속도는 상품의 특성에 따라 다양하다.

예를 들면, 항공권처럼 눈에 보이지 않는 서비스 상품의 가격은 신발처럼 분명한 형태가 있는 제품의 가격보다 움직이는 속도가 더 빠르다. 만약 다음 주에 제주도로 여행을 가기 위해 인터넷을 통해 항공권 가격을 알아본다고 가정하자. 비행기표의 가격은 어제보다 오늘이, 그리고 오늘보다 내일이 더 비쌀 가능성이 높다. 탑승 날짜가 가까워질수록 남아 있는 좌석 수는 줄어들고, 그로 인해 남은 좌석의 수요는 증가할 것이기 때문이다. 만약 오늘 떠나는 항공권을 구입해야 한다면 어떻게 될까? 최악의 경우 비즈니스석을 구매할 수 있는 비용으로 일반석을 타고 가야 하는 불상사를 겪게 될지도 모른다. 가격은 우리를 마냥 기다려주지 않기 때문이다.

'당신이 타고 있는 비행기 옆자리에 앉은 승객에게 비행기표를 얼마에 끊었는지 절대 물어보지 말라'는 격언이 있다. 왜냐하면 나보다 더 싸게 구입했을 경우 괜히 기분만 상할 수가 있기 때문이다. 우리는 서울-부산행 KTX 열차표를 살 때 어느 정도 비용이 들지 미리 예상할 수 있다. 특별한 경우를 제외하고는 정가가 있기 때문이다. 하지만 항공권은 다르다. 우리는 경험상으로 항공권의 가격이 성수기와 비수기에 따라 크게 달라진다는 사실을 이미 잘 알고 있다. 같은 목적지를 가더라도 우리는 매번 다른 금액을 지불한다. 구입 시기, 구입 방법, 구입 경로 등 여러 가지 변수에 따라 예상보다 저렴한 가격에 사기도 하고 때에 따라서는 터무니없이 비싼 비용을 지불하기도 한다. 물론 억세게 운이 좋을 경우 반값에 항공권을 구입하기도 한다.

중요한 것은 내가 지불한 가격이 아니다. 바로 같은 비행기를 탄 승객이 얼마를 지불했느냐는 것이다. 특히 내 옆자리 승객이 지불한 비용은 절대적으로 중요하다. 왜냐하면 옆 사람이 지불한 비용이 권장 소비자 가격처럼 느껴지기 때문이다. 그 가격보다 더 싼 값에 비행기표를 샀다면 기쁠 것이고, 반대로 비싸게 샀다면 기분이 상할 수 있다.

그렇다면 품질에 대한 정보가 없고 가격을 예측할 만한 어떤 객관적인 가격 척도도 구할 수 없을 때 소비자들은 어떻게 행동할까? 아무리 인터넷을 뒤져도 가격 정보가 나오지 않고 주변 사람들에게 물어봐도 딱히 신뢰할 만한 답을 얻지 못한다면? 싼지 비싼지 가늠이 안 되는 순간 소비자들은 가격을 정할 권한이 있는 판매자 혹은 생산자에게 협상력을 완전히 빼앗기게 된다. 서비스 상품은 대체로 하나의 가격을 정하지 않고 그 대신 넓은 범위의 가격대를 제공해 소비자를 혼돈에 빠지게 하는 전략을 취한다. 이런 가격 전략의 선구자는 단연 미국 프로 농구 구단들이다.

통제 밖의 영역이 된
프로 스포츠 입장권 가격

2019~2020 NBA에서 가장 핫한 구단은 바로 LA 레이커스라고 할 수 있다. 르브론 제임스가 이끄는 레이커스는 NBA 챔피언십 우승 문턱에서 번번이 고배를 마신 과거를 반복하지 않기 위해 드마커스 커즌스Demarcus Cousins, 드와이트 하워드Dwight Howard, 앤서니 데이비스Anthony Davis 선수를 영입해 명문 구단의 위상을 다시 한 번 떨치려고 시도했다.³ 이러한 공격적인 투자가 빛을 발한 것일까? 마침내 LA 레이커스가 2019~2020 시즌 NBA 챔피언 자리를 되찾았다.

스타 선수들을 영입해 우승 가능성을 높인 LA 레이커스는 입장권 가격이 매우 복잡하다. 이 구단이 가격 전략을 어떻게 펼쳤는지 살펴보자. 레이커스의 입장권 가격은 경기가 열리는 날짜, 경기 상대, 좌석의 위치에 따라 상당한 금액 차이를 보였다. 예를 들면, 2020년 1월 1일 피닉스와의 홈경기 일반석 가격은 165달러(약 20만 원)에서 560달러(약 65만 원) 사이였다. 이틀 후인 1월 3일 금요일 같은 장소에서 열리는 뉴올리언스 펠리컨스와의 경기 입장권은 138달러(약 17만 원)부터 720달러(약 82만 원)까지로 가격 분포가 더 커졌다.

같은 경기장, 같은 위치의 좌석 가격이 티켓을 구입하는 시기나 상대 구단(성적, 흥행성)이 누구인지에 따라서 크게 달라졌다. 구매자들이 경기장의 지도를 보고 원하는 자리를 클릭하면 (좌석의 가격이 나올 뿐 싸거나 비싸다고 판단할 여지없이) 하나의 숫자가 화면에 떴는데, 그것이 내가 클릭한 좌석의 가격이었다. 클릭하는 좌석 대부분의 가격은 500달러 이상으로 비쌌다. 가격의 정당성을 전혀 알 수가 없어 상황이 답답하기만 했다.

다음 날 혹시나 하는 마음에 다시 한 번 어제 방문했던 티켓 구매 사이트에 들어가 가격 변화가 있는지 확인했다. 아니나 다를까, 같은 경기 입장권의 가격이 어제보다 더 올라갔다. 이대로 구입을 미루다가는 결국 바가지를 쓸 것 같은 기분이 들었다. 비싼 가격이지만 더 늦기 전에 지금이라도 사야 한다는 구매 강박을 느낌과 동시에 미리미리 티켓을 예매하지 않았다는 자책이 드는 순간이었다. 결국 레이커스의 입장권 판매를 대행하는 티켓마스터ticketmaster는 고객이 티켓 가격을 어느 정도 예측할 수 있는 혜안을 없애는 것은 물론 흥정의 기회조차 갖지 못하도록 고객들을 혼돈에 빠뜨리는 전략을 펼친 것으로 보인다.

스포츠의 가치와 가격의 블랙홀

가격 정보의 부재는
고객을 무기력하게 만든다

우리는 우리가 구매한 티켓의 가격이 적절한지 아니면 비싸게 구매한 것인지 알 방법이 없다. 가격 전략에 대한 노하우를 많이 가진 선진 프로 스포츠 구단은 매 경기의 입장권 가격에 크고 작은 변화를 주어 팬들이 입장권 가격이 비싼지, 적절한지, 싼지를 쉽게 판단하지 못하도록 만든다.

앞에서 말한 LA 레이커스는 1월 1일 연휴 경기와 1월 3일 금요일 경기의 일반석 좌석 가격을 다르게 책정했다. 가격의 상한선과 하한선을 정해놓고 팬들에게 선택권을 준다. 경기장 좌석이 그려진 도면에서 원하는 좌석을 클릭하면 상세한 좌석 번호가 나타나고 입장권 가격을 같이 보여준다. 대략 세 시간이 흐른 뒤 다시 입장권 가격을 알아보면 조금 전에 봤던 가격보다 더 높은 금액이 표시됨을 알 수 있다.

레이커스 팬들은 경기 날짜가 다가올수록 점점 올라가는 가격에 조바심을 느끼고 하루 빨리 입장권을 구매하는 것이 이익이라 생각하며 신용카드 번호를 입력한다. 경기 날짜가 다가온다고 해서 점점 더 많은 팬이 입장권을 구매한다는 보장은 없지만 레이커스의 입장권을 대행해서 판매하는 티켓마스터의 알고리즘은 경기 날짜가 다가올수록 가격이 오르게 짜여 있다. 마치 항공기 출발을 며칠 앞두고 급하게 끊어야 하는 항공권의 가격이 그 전에 비해 서너 배 이상 비싼 가격에 판매되는 것과 유사하다. 어제 티켓마스터에서 본 LA 레이커스 일반석의 가격은 어느새 레이커스 입장권을 비싸게 샀는지 저렴하게 샀는지 판단하는 기준 가격이 된다.

가격 결정의 중요성

미래학자 피터 드러커Peter Drucker는 "가격 결정은, 또한 가격 전략은 거의 '추측의 게임'이라고 여겨질 정도로 마케팅에서 가장 저평가된 영역이다"라고 말했다.[4] 빌 게이츠와 함께 마이크로 소프트를 공동 설립했으며 현재 미국 NBA LA 클리퍼스 구단주인 스티브 발머는 "성공하는 회사와 실패하는 회사의 유일한 차이는 바로 그들이 돈을 버는 방법을 터득했는지 여부에 달려 있다"고 했다.[5] 아무리 기업이 좋은 상품과 서비스를 고객에게 제공하더라도 가격 결정을 제대로 하지 않으면 언제라도 적자 운영과 파산의 위험에 빠질 수 있다는 뜻이라고 본다. 가격을 내리면 정말로 고객들의 구매가 늘어날까? 반대로 가격을 올리면 고객들이 다른 경쟁사로 달려가지는 않을까? 가격의 변화에 고객이 어떻게 반응할지 아무도 확신할 수 없기 때문에 가격 결정의 중요성은 그만큼 더 커질 수밖에 없다.

스포츠의 가치와 가격의 블랙홀

미식축구 경기장에서 마시는
비싼 맥주 한 잔의 가격

얼마 전 여름에 뉴욕주에 위치한 NFL 구단 가운데 하나인 버펄로 빌스의 경기장을 방문했다(참고로 빌스 경기장은 미국에서 최초로 구단 명칭권을 판매한 역사가 있는 경기장으로 잘 알려져 있다). 담당 직원 두 명의 안내를 받아 경기장을 돌며 구단 및 경기 운영에 관한 다양한 설명을 들을 수 있었다.

그러던 중 내 시선을 잡는 것이 있었다. 바로 메뉴판에 손으로 직접 쓴 맥주 한 잔의 가격이었다. 칠판 재질로 된 메뉴판 가격은 분필로 적어놓았기 때문에 언제든지 이전 가격을 지우고 새로운 가격을 쓸 수 있게 해놓았다. 맥주 한 잔의 가격은 가장 싼 것이 10달러, 조금 비싼 것은 13달러에 달했다. 일반 맥주 한 잔 치고는 가격이 비쌌다. 그렇다면 경기장을 찾는 팬들은 이렇게 비싼 맥주 가격에 별다른 불만이 없을까?

직원의 설명은 나의 궁금증을 확 사라지게 했다. "경기가 열릴 때마다 맥주를 마시는 사람들로 인산인해를 이룹니다. 날씨가 추울수록 맥주를 마시는 사람들은 더 급격히 늘어나요." 이들의 머릿속에 있는 맥주 한 잔 가격은 시중 마트의 맥주 소매가를 기준으로 하는 것이 아니라 이미 프로 스포츠 경기장(미식축구, 야구, 농구, 아이스하키 등)의 매점에서 파는 맥주 한 잔의 가격으로 예상하기 때문이다. 즉, 버펄로 빌스의 경기를 보러 온 팬들은 이미 빌스 경기장에서 파는 비싼 맥주 한 잔의 가격이 얼마인지 알고 있으며, 그 가격이 싼지 비싼지를 판단하는 기준이 된다.

만약 내년에 빌스 경기장에서 파는 맥주 가격을 12달러에서 1달러 올려 13달러에 판매한다면 팬들은 가격이 인상되었음을 금방 알아채고 투덜거릴지도 모른다. 마트에서 파는 가격보다 비싸게 팔아서 그런 것이 아니라 바로 작년보다 1달러 인상했기 때문이다.

선수의 가치 평가는
추측 게임의 영역인가?

보이지 않는 서비스 상품의 적절한 가격을 정하는 것만큼 어려운 일은 없다. 얼마 전 공인회계사로 일하는 선배를 만나 골프장의 가격 측정 방법을 문의했더니 1,000페이지가 넘는 원서로 된 가치 평가 책을 주더니 읽어보라고 했다. 골프장처럼 유형과 무형이 복합된 자산의 가치 평가는 워낙 어려운 분야라서 일단 가치 평가에 대해 공부를 충분히 해야 대화가 가능하다는 의미였다. 20년이 넘도록 회계사로 일하지만 무형 자산의 가치 평가만큼 어려운 일은 없는 것 같다며 내게 해준 조언이었다.

스포츠의 가치와 가격의 블랙홀

이런 골프장의 가치 평가보다 더 어려운 것이 있다. 바로 프로 선수들의 몸값 산정이다. 같은 선수라도 그날그날의 컨디션에 따라 실력 차이가 발생하기도 하고, 구단의 조직 문화 및 감독이나 코치진들과의 궁합도 영향을 미친다. 또한 자유계약 선수와 같이 계약 조건이 급격히 달라지는 경우 실력과 상관없이 몸값이 천정부지로 치솟기도 한다. 고급 통계를 쓰거나 아무리 복잡한 추정 모델을 사용한다고 하더라도 그것은 엄연히 '추측 게임Guessing Game'이라고 불리는 커다란 영역 안에 있는 것이다.

일부 프로 선수들은 일반인들이 상상하기도 힘든 액수의 연봉을 받는다. 우리가 잘 아는 대표적인 글로벌 빅 테크 기업의 몇몇 CEO와 헤지펀드 회장 등을 빼면 수백억에 달하는 연봉을 받는 사람은 찾아보기 힘들다. 미국 대통령의 연봉이 40만 달러(약 4억 8,000만 원)라는 것을 감안하면 선수들의 연봉이 얼마나 높은지 새삼 느낄 수 있다.[6]

한번은 LA 레이커스에서 4년간 센터로 활약했던 로버트 새크리가 찾아와 은퇴 후 할 수 있는 일에 대한 고민을 상담했다. 당시는 LA 레이커스와의 재계약을 앞둔 시점이었는데 그가 미래를 걱정하고 있다는 것은 뜻밖이었다. 그때 그는 NBA 4년차 선수가 받는 최저 연봉을 받고 있었다(NBA 공식 웹사이트에 선수들의 연봉이 공개된다). 그는 100만 달러(약 12억 원)의 연봉을 받았지만 실제로 그의 주머니에 들어오는 건 반 정도라고 했다. 40퍼센트에 달하는 소득세와 에이전트 비용 등으로 연봉의 50퍼센트는 만져보지도 못하고 빠져나간다는 것이다. 그는 파파이스 치킨 가게를 열고 싶다고 했다. 비용은 약 30만 달러(약 3억 6,000만 원)가량 드는데 이미 시장 조사를 마친 상태였다고 했다. 일반인들에 비해 짧은 기간에 상당히 많은 소득을 거뒀지만 앞으로 살아가야 할 날을 생각하면 원하든 원하지 않든 제2의 삶을 계획해야만 했다.

로버트 새크리의 미래에 대한 제2의 인생 계획을 들으며 문득 궁금해진 것이 있었다. '과연 그와 같은 팀의 주전 센터인 드와이트 하워드의 연봉은 얼마일까?' NBA와 LA 레이커스 공식 웹사이트에 들어가서 확인한 그의 연봉은 700만 달러(약 77억 원)였다. 그 당시에 같은 팀, 같은 포지션의 백업 선수였던 로버트 새크리보다 일곱 배나 많은 연봉을 받고 있었다. '과연 일곱 배나 많은 연봉은 무엇을 뜻하는가? 일곱 배의 실력 차이를 상징하는 것인가?' 이 질문들은 내가 지금까지 선수들 연봉의 정당성에 관한 연구를 하게끔 만들었다.

카메론 포스터에게 배우는 교훈

예전에 미국 시애틀에서 수십 년 동안 NFL 에이전

시를 운영하고 있는 레인 스포츠 매니지먼트Reign Sports Management의 카메론 포스터Cameron Foster 회장을 스포츠 법 시간에 초청한 적이 있다.[7] 그는 바쁜 일정에도 불구하고 자비로 항공권까지 구입해서 왔다.

카메론 포스터가 특강을 했을 때는 이스턴워싱턴대학의 오펜시브 태클(볼을 가진 공격수에게 상대 수비수들이 접근하지 못하도록 막는 역할을 함)로 활약했던 마이클 루스Michael Roos의 4,300만 달러(약 500억 원) 계약을 성사시킨 지 얼마 되지 않았던 때라 특강에는 그의 계약과 관련한 내용이 많이 포함되어 있었다.[8]

강의를 듣던 중 내 머릿속을 떠나지 않는 궁금증이 생겼다. '그렇다면 약 500억 원에 달하는 그의 몸값은 어떻게 결정된 것일까?' 그의 강의가 다 끝난 후 둘이 있을 때 나는 그에게 조심스럽게 물었다. "그의 몸값을 어떻게 정했나요?", "루스 선수가 계약한 테네시 타이탄스의 단장과는 몇 번이나 협상을 했나요?", "연봉 총액과 관련한 협상 과정에서 무슨 일이 있었나요?"

500억 원 상당의 선수 계약을 하는 데 대단한 노하우가 있기를 기대했지만 그의 대답은 다소 의외였다. 그는 마이클 루스와 같은 포지션에 있는 선수들의 통계 자료를 분석하고 루스와 가장 유사한 활약을 펼친 선수의 연봉을 기준 금액으로 삼을 뿐 더 복잡한 통계나 데이터 분석은 하지 않는다는 것이다. 그가 기준 금액으로 삼는 카메론 포스터는 시애틀에 있는 워싱턴대학을 졸업한 뒤 진로에 대해 고민했다. 부모님과 상의 끝에 변호사가 되기로 마음먹고 시애틀에 있는 퓨젯사운드대학 로스쿨에 진학했다.

로스쿨에 다니던 중 마침 NFL 시애틀 시호크스에서 1987년에 은퇴한 뒤 스포츠 에이전트를 준비하고 있던 케니 이슬리Kenny Easley를 우연한 기회에 만났다. 그의 밑에서 인턴으로 사회생활을 시작한 카메론 포스터는 변호사 시험에 합격한 뒤 본격적으로 에이전트 업무를 하게 됐다(참고로 UCLA 출신인 케니 이슬리는 1981년 1라운드 4순위라는 높은 순위로 NFL에 진출해 1980년대에 멋진 활약을 펼쳤으며 명예의 전당에 헌액되었다. 그의 등번호 45번은 그의 업적을 기리고자 영구 결번되었으며, 그가 입었던 유니폼은 시애틀 시호크의 홈구장인 센추리링크 필드에 걸려 있다). 이슬리는 신장 질환으로 원치 않는 은퇴를 했는데, 그의 동료들은 그에게 에이전트가 되어달라고 요청했다. 동료의 부탁을 받은 그는 계약법에 능숙한 변호사의 도움이 필요했는데, 바로 카메론 포스터가 그 역할을 담당하게 된 것이다.

1989년부터 이들은 본격적으로 공동 에이전시를 창업해서 운영했는데, 케니 이슬리는 의뢰인인 선수들을 소개하는 역할을 하고 포스터는 계약을 담당했다.[9] 현재 이슬리는 건강이 악화돼 고문으로 물러났고, 카메론 포스터가 단독으로 회사를 운영하고 있다.

다른 선수의 실력과 연봉은 이미 시장에서 검증되었기 때문에 테네시 구단의 입장에서도 별 이견 없이 받아들일 수 있는 객관적인 기준 가격이 된다는 것이다. 다른 톱 3 에이전시처럼 그의 에이전시만이 사용하고 있는 통계 프로그램이 있느냐는 나의 질문에 그는 "노"라고 답했다.

그렇다면 포스터의 노하우는 무엇일까? 그는 "선수의 진정한 몸값은 선수의 실력이나 성적보다 선수를 필요로 하는 구단의 간절함과 구단의 지불 능력에 따라 정해진다"고 단호하게 말했다. 그는 NFL에서 활약하는 선수 중 루스와 같은 포지션을 담당하는 선수들의 연봉을 꼼꼼히 살펴보고 정리한 뒤 그와 가장 비슷한 성적을 낸 선수의 연봉을 기준 몸값으로 정했다. 그다음에는 루스를 원하는 구단을 탐색하고, 그에게 고액의 연봉을 지불할 만한 재정적인 여력이 있는지를 확인했다. 마지막으로 루스가 받아야 할 연봉이 적힌 제안서를 해당 구단의 단장 사무실에 있는 팩스로 전송하고 24시간 내에 답장을 달라고 요청했다.

루스에게 관심을 보였던 테네시 타이탄스 단장은 구단에서 생각하는 루스의 연봉 금액이 적힌 제안서를 포스터에게 다시 보내고 다시 24시간 이내에 답장을 달라고 했다. 이런 협상 과정을 여러 번 거친 뒤 단장과 포스터가 생각하는 연봉 금액과 계약 기간이 거의 일치해지자 최종 합의를 했다.

보이지 않는 가치를 평가하기란 어렵다. 정답이 있는 것도 아니고 그렇다고 오답이 있는 것도 아니다. 서로 합의하면 거래는 성사되기 마련이다. 어느 누구도 기계처럼 획일화할 수 없는 인간이 가진 기술을 정확히 금액으로 환산할 수 없다. 수백억에 달하는 연봉을 받는 선수일지라도 컨디션에 따라 기대만큼 기량을 선보이지 못할 때가 있다. 반대로 최저 연봉을 받는 선수지만 때때로 기대 이상으로 엄청난 기량을 뽐내는 경우도 본다. 더 뛰어난 선수들이라고 해서 반드시 더 높은 몸값을 받는 것이 아니며 반대의 경우도 마찬가지다. 아무리 뛰어난 통계 방법과 복잡한 연구 모형을 사용하더라도 결국 선수들의 가치를 측정하는 과정은 과학적인 기반의 추측 게임이라고 할 수 있다.

　지금 이 순간에도 스포츠 산업 데이터 과학자나 응용 통계학자들이 선수들의 가치를 객관적으로 측정하려고 시도하고 있다. 『스포츠 분석학 저널Journal of Sports Analytics』에는 잊을 만하면 새로운 가치 평가 모형이 발표되고, 실제로 실무에 응용하고 적용하려는 노력도 지속적으로 이루어지고 있다.[10] 그럼에도 불구하고 그 누구도 정답을 알 수 없다. 우리가 이 어두운 터널에서 빠져나올 수 있는 유일한 방법은 바로 선수 가치 평가가 본질적으로 '추측의 예술Art of Guessing' 영역에 있다는 것을 깨닫는 것이다.

스포츠의 가치와 가격의 블랙홀

11장
★ ★ ★
글로벌
스포츠 미디어
시장을
주목하라

스마트폰이 뒤흔든
스포츠 미디어 시장

우리는 아침에 눈을 뜨는 순간부터 잠자리에 들기 전까지 스마트폰을 끼고 산다고 해도 과언이 아니다. 전 세계에서 사용하는 휴대전화의 수가 50억 대가 넘으며, 성인 남녀의 절반 이상이 하루 평균 네 시간 이상 스마트폰을 사용하는 중독 증상을 겪는다고 한다.[1] 특히 한국은 스마트폰 사용률이 96퍼센트로 전 세계에서 가장 높은 것으로 발표되었다.[2] 굳이 이러한 시장 조사 결과를 인용하지 않더라도 스마트폰이 우리의 삶 속에 매우 깊숙이 파고들었으며 일상생활에 지대한 영향을 미치고 있다는 것은 반박할 수 없는 사실일 뿐만 아니라 우리가 매 순간 경험하는 현실이기도 하다.

스포츠 산업 역시 스마트폰 사용이 폭발적으로 늘면서 영향을 많이 받고 있다. 퇴근길 버스나 지하철에서 너 나 할 것 없이 많은 사람들이 작은 스마트폰 화면을 통해 프로 야구 경기를 보는 장면을 목격할 수 있다. 스마트폰의 보편화로 스포츠를 소비하는 패턴이 완전히 달라진 것이다.

한국 프로 야구의 경우 이미 2019년에 뉴 미디어(혹은 '디지털 미디어'라고도 불린다) 시장의 규모가 전통 미디어(공영 방송, 케이블 TV, 종합편성 채널, IPTV 등) 시장을 뛰어넘었다. 가족들이 옹기종기 모여 거실에 있는 텔레비전을 보는 장면은 이제 많이 사라졌다. 집 안에 있는 가족들이 자기 방에서 스마트폰을 통해 각자 원하는 미디어를 보는 시대를 사는 우리에게 스포츠 경기의 TV 시청률은 더 이상 절대적 가치가 아니다. 그렇다면 과연 스포츠 뉴 미디어 시장은 어디까지 왔을까?

스포츠 뉴 미디어 시장을 분석하는 방법은 여러 가지가 있겠지만, 그중에서도 시청률을 분석하는 방법이 가장 일반적이다. 시장

조사 업체인 데이타포트가 제공한 자료에 따르면, 이미 2019년에 한국 프로 야구의 뉴 미디어 시청자 수OTT는 총 33만 5,576명으로 텔레비전을 통해 시청한 15만 7,630명보다 두 배 이상 많은 것으로 나타났다. 네이버와 카카오TV의 경우 평균 최대 동시 접속자 수가 5만 9,275명이었으며 누적 접속자 수는 28만 6,193명으로 나타났다.

TV 제작 기술이 빠르게 발전한다고 해도 스마트폰에 비해 그 발전 속도는 느릴 수밖에 없다. 왜냐하면 5G 기술의 발전과 클라우드 컴퓨팅 기술, 인공지능, AR/VR/MR, 머신 러닝, 메모리/비메모리 반도체 등 일명 4차 산업혁명으로 불리는 핵심 기술이 현실에 가장 잘 적용되는 영역이 스마트폰 시장이기 때문이다. 그뿐만 아니라 유튜브와 아프리카TV를 중심으로 한 다양한 형태의 뉴 미디어 플랫폼 시장 역시 기하급수적으로 팽창하고 있는 상황에서 뉴 미디어 시장의 발전 속도는 더욱 가속화할 것이다.

한국의 4대 프로 스포츠인 프로 야구, 프로 축구, 프로 배구, 프로 농구는 이미 다양한 뉴 미디어 플랫폼을 통해 밀레니얼Millenials 세대와의 소통을 늘리고 있다. 한국 프로 배구는 자체 TV인 코보KOVOTV와 유튜브 채널을 통해 선수들의 인터뷰와 연습 장면, 장기 자랑 등 전통 미디어에서는 결코 볼 수 없는 개인적인 매력까지 엿볼 수 있게 하여 선수들과 팬들의 접점을 늘리고 있다. 이는 팬들과 선수들 사이의 물리적, 정서적 거리를 좁히는 데 매우 긍정적인 역할을 하고 있다.

한국 프로 농구는 선수들이 좋아하는 음식이나 즐겨 찾는 식당, 취미와 개인 사생활을 팬들과 공유하는 '바스켓톡'과 같은 유튜브 채널을 선보이면서 팬들이 선수들을 더 잘 알고 더 가까이 다가갈 수 있도록 하고 있다. 한국 프로 야구의 경우 뉴 미디어 시장의 잠재력을 인정하고 2019년 2월에 통신 포털 컨소시엄과 5년간 1,100억

밀레니얼 세대란?

밀레니얼 세대는 일반적으로 1990년대 후반에 출생한 젊은 세대를 일컫는다. 일부에서는 밀레니얼 세대를 Z 세대와 혼용해서 사용하기도 한다. 밀레니얼 세대는 디지털 시대가 완성된 뒤 태어났기 때문에 아날로그 기기에 노출된 경험이 거의 없고 디지털 기기의 사용에 매우 익숙하다. 이 세대는 페이스북, 인스타그램, 유튜브, 틱톡과 같은 다양한 형태의 디지털 플랫폼에 깊이 매료되어 있으며, 이러한 디지털 미디어와 일상의 삶을 쉽게 구분할 수 없을 정도로 디지털 미디어 플랫폼을 일상적으로 사용한다. 또한 클라우드 컴퓨팅, 인공지능, 5G, AR과 VR 등의 고품질 미디어를 경험하는 데 관심이 많고 온라인상의 다양한 플랫폼을 사용할 때 드는 비용에 매우 민감한 반응을 보이는 성향이 강하다.

원에 계약을 체결하기도 했다.[3] 한국 프로 축구인 K리그는 개인방송 플랫폼 기업인 아프리카TV와 MOU(업무 협약 문서) 계약을 체결하고 디지털 미디어를 통해 K리그의 활성화를 도모하려는 시도를 하고 있다.

글로벌 빅 테크 기업들의 스포츠 미디어 시장 침투

세계 경제의 발전 속도가 예전과 비교할 수 없을 정도로 빠르다는 것은 이미 잘 알려진 사실이다. 100년이 훨씬 넘은 오래된 건축물은 종종 보지만 100년 넘게 지속된 기업은 손에 꼽을 정도로 소수이다. 즉 글로벌 비즈니스 환경에 적응하지 못한 기업은 그 규모와 상관없이 언제라도 역사 속으로 사라질 위험에 처했다는 말이다. 이러한 위험성을 잘 인지해서인지 몰라도 글로벌 시장을 이끄는 플랫폼 기업들 역시 비즈니스 모델을 계속 수정하면서 성장해오고 있다. 페이스북Facebook Watch, 아마존Amazon Prime Video, 애플Apple TV+, 넷플릭스Netflix, 구글Google의 유튜브Youtube이 5대 기업(5대 기업의 앞 글자를 따서 일명 '팡FAANG 기업'이라고 부른다)은 글로벌 시장을 이끌고 있다.

글로벌 빅 테크 기업들의 급격한 성장은 전 세계가 코로나19로 커다란 타격을 받아 글로벌 위기를 겪는 상황에서도 세계 경제가 대공황으로 빠지지 않도록 첨병 역할을 했다. 또한 전 세계 수많은 애널리스트들의 예상을 넘은 실적 발표를 통해 실물경제를 뒷받침하고 있다. 대부분의 기업들이 코로나19로 커다란 타격을 받았지만 글로벌 빅 테크 기업들은 오히려 코로나19의 수혜를 받아 끊임없는 성장세를 보이고 있는 것이다.

지금은 세계 미디어 시장의 중추적인 역할을 하는 플랫폼 기반의 기업체들이지만 이들 기업들은 모두 '원조 비즈니스 모델'을 수정하거나 변경한 공통된 경험을 갖고 있다. 페이스북은 초기에 단순히 지인들의 소식을 주고받는 소셜 네트워크 웹사이트였으며, 아마존은 온라인 서점으로 시작해 초기에는 온라인 서적 판매에서 나온 수익이 기업 전체 수익의 상당 부분을 차지했다.

애플 역시 컴퓨터 하드웨어와 소프트웨어 제작 업체였고, 넷플릭스는 우편물 배달을 통한 DVD 대여 업체에 불과했으며, 구글의 유튜브 역시 무료 동영상 공유 사이트로 시작했던 기업이었다. 우리가 잘 아는 디즈니는 테마파크 운영과 만화영화 제작을 통해 수익을 창출하는 비즈니스 모델을 갖고 있었다. 하지만 시가 총액이 2조 달러(약 2,200조 원)에 달하는 애플을 비롯한 글로벌 빅 테크 기업들은 엄청난 자금을 기반으로 새로운 먹거리를 찾아 사업 확장에 심혈을 기울이고 있는데, 스포츠 미디어 산업이 그들의 레이더에 포

글로벌 스포츠 미디어 시장을 주목하라

착되었다.[4]

아마존은 수백억 원을 들여 영국 프리미어리그 중 일부 경기를 중계할 수 있는 디지털 미디어 중계권 계약(최근에는 스포츠 중계를 뜻하는 '중계권 계약'이라는 말 대신 '디지털 미디어 권리'라는 말을 주로 사용함)을 체결해 약 79파운드(약 11만 원)를 내는 프라임 회원들에게 영국 내에서 경기를 시청할 수 있도록 시청권을 제공했다.[5] 뿐만 아니라 미국 NFL 리그와도 디지털 미디어 중계권 계약을 체결해 영국 내 아마존 프라임 회원들에게 NFL 경기를 볼 수 있도록 하는 등 유명 스포츠 경기 중계를 영국 내의 온라인 시장 점유율을 높이려는 마케팅 수단으로 활용하고 있다.

소셜 미디어 분야에서 독보적인 시장 점유율을 보유한 페이스북은 인도 시장에서 플랫폼 비즈니스의 확장을 꾀했다. 페이스북은 국제 크리켓 챔피언십 경기의 디지털 미디어 중계권을 구입해 인도에 있는 회원들이 무료로 시청할 수 있도록 했다. 이를 통해 인도 내에서 엄청난 수의 신규 회원을 모집할 수 있었다.[6]

아마존과 페이스북이 스포츠 경기 중계를 자사의 플랫폼 비즈니스를 확장하는 수단으로 활용한 반면, 월트디즈니를 모회사로 둔 전통적인 스포츠 케이블 회사인 ESPN은 디지털 미디어 플랫폼(혹은 OTT 방송업자)인 ESPN 플러스 채널을 통해 기존의 공영 방송과 케이블 방송에서는 주파수 사용 개수의 제한으로 방송할 수 없었던 다양한 중소 규모 종목들(배드민턴, 탁구, 볼링, 서핑, UFC 등)의 대회를 자체 디지털 미디어 플랫폼을 통해 유료(한 달 구독료는 12.99달러)로 방송하고 있다.[7]

'팡 기업'들의
뉴 미디어 비즈니스 전략은 무엇인가?

일명 '팡' 기업들은 다양한 비즈니스 전략을 통해 글로벌 스포츠 미디어 시장에서 시장 점유율을 높여 영향력을 극대화하려는 시도를 하고 있다. 국내 스포츠 미디어 시장의 규모가 미국이나 유럽, 인도, 중국에 비해 작기 때문에 아직까지 팡 기업들이 국내 스포츠 미디어 시장에 직접 진출하려는 시도는 보이지 않는다. 하지만 중장기적으로 보면 디지털 미디어 시장의 특성상 언제라도 시장 확대가 가능하기 때문에 국내 스포츠 미디어 시장에도 진출할 가능성이 농후하다고 볼 수 있다.

따라서 국내 스포츠 뉴 미디어 기업들의 경쟁력을 높이고 시장을 안정적으로 발전시키기 위해서는 글로벌 팡 기업들의 뉴 미디어 비즈니스 전략을 분석하는 것이 매우 중요하다. 팡 기업들의 전략은 크게 세 가지로 설명할 수 있다.

첫째, 경제 소비 구조가 이미 '소유 경제'에서 '공유 경제'를 넘어 '구독 경제'로 전환되었고, 이러한 구독 경제의 소비문화를 이들 사업의 핵심 역량으로 인식하고 있다. 가령, 다양한 스포츠 방송 콘텐츠를 서비스 상품화하고 알고리즘을 통해 개발한 그들만의 독특한 디지털 플랫폼을 통해 개별 시청자들의 선호도를 분석한 후 개개인이 원하는 스포츠 경기 콘텐츠를 제공하고 적절한 구독료를 받는 형식이다. 이것을 '디지털 큐레이팅'이라고 부를 수 있다. 특히 플랫폼 영역에서 개인 페이지 등 나만의 채널(일명 1인 방송인과 1인 시청자)이 만들어지고 빅데이터와 인공지능의 발전으로 내가 관심 있는 종목의 스포츠 경기만 보는 미디어 환경이 구축되는 상황에서 구독 경제의 파워는 점점 강력해질 수밖에 없다.

팡 기업들의 둘째 전략은 바로 복합 플랫폼(하이브리드형 플랫폼)의 활성화라고 할 수 있다. 복합 플랫폼은 스포츠 경기 영상을 보면서 동시에 같은 화면에서 다양한 소비활동을 할 기회를 제공하는 것을 의미한다. 흔히 말하는 e-커머스 비즈니스의 형태로 구현될 것이다. 예를 들면, 디지털 미디어 플랫폼을 통해 프로 야구를 시청하면서 구단의 다양한 굿즈 상품이 화면 한쪽에 나타나 온라인 쇼핑몰의 형태로 구현될 수 있다. 또 소비자의 취향을 이미 파악하고 있는 플랫폼 운영자에게는 소비자가(팬이) 원하는 맞춤형 광고를 노출하는 시장이 만들어질 수 있다.

이러한 디지털 스포츠 플랫폼과 커머스 산업의 결합을 가능하

디지털 큐레이팅 서비스란?

스포츠 리그 전 경기를 보는 패키지를 구입할 필요 없이 소비자가 원하는 경기만을 선별적으로 골라 시청할 수 있도록 하는 시스템을 말한다. 팬들은 관심이 없어서 시청할 계획이 없는 스포츠 경기를 위해 불필요한 비용을 추가적으로 지출하지 않아도 된다. 디지털 미디어 기업들이 알고리즘을 활용해 고객들의 시청 패턴을 파악하고 분석한 후 개별 고객에게 적합한 스포츠 경기들을 모아 패키지를 만들기 때문에 고객들의 만족도는 높을 수밖에 없다. 아마존, 구글, 페이스북 등은 이미 개별 소비자(회원)들의 개별 취향, 성향, 소비 행태, 인구 통계학적 특징 등을 분석해 개인 맞춤형 플랫폼을 제공하고 있다.

예를 들면, 여러 명이 스마트폰을 통해 동시에 유튜브 메인 화면을 접속한다고 할 때 개인의 화면에 나타나는 콘텐츠는 모두 다르다. 이는 이들 기업에서 알고리즘을 통해 개인의 취향에 맞는 콘텐츠를 일명 '스포츠 큐레이팅(분류 작업)' 하고 있다는 것을 의미한다. NBA 리그에서 LA 레이커스 경기를 주로 시청하는 팬의 디지털 기기 화면에 격투기 경기 채널이 나타날 확률은 그리 높지 않다는 것이다. 토트넘 홋스퍼의 팬은 홋스퍼의 경기를, LA 다저스 팬은 다저스 경기를 보고 싶어 하는 것이 당연지사다. 굳이 비싼 돈을 내면서 관심 없는 경기나 리그를 시청하는 팬은 결코 많지 않을 것이다.

게 만든 핵심 요인은 바로 QR코드를 활용한 간편 결제 기술의 발전이다. QR코드는 해킹과 불법 복제로부터 비교적 안전할 뿐만 아니라 결제 방식을 초간편화해 복합 플랫폼에서 활용하기가 매우 적합한 구매 방식이라고 할 수 있다.

2018년 5월 말 미국 뉴저지주 대법원 판결로 스포츠 베팅이 합법화되면서 ESPN과 폭스스포츠는 스포츠 중계와 스포츠 베팅 플랫폼의 통합을 위해 다양한 시도를 하고 있다. 또한 ESPN은 온라인 베팅 업체 드래프트킹스DraftKings를 비롯해 2020년 9월 스포츠 베팅 업체 윌리엄 힐을 인수한 시저스 엔터테인먼트와 업무 협약을 맺어 디지털 스포츠 미디어에 스포츠 베팅 콘텐츠를 제공하고 있다.[8] 이러한 기술과 제도의 발전으로 스포츠팬들은 디지털 미디어 채널을 통해 스포츠 경기를 시청하면서도 손쉽게 온라인 베팅을 할 수 있는 시대를 맞게 되었다.

셋째, 팡 기업들을 비롯한 뉴 미디어 기업들은 구독 등급을 여러 단계로 세분화해 비용과 서비스 콘텐츠를 차별화하는 전략을 펼칠 것이다. 가령, 유튜브는 무료와 유료의 두 개 등급으로 구분했는데, 무료 구독자는 원하지 않는 광고를 시청하는 불편함과 번거로움이 있고, 유료 회원은 광고로부터 자유를 얻을 수 있다. 하지만 시간이 경과해 뉴 미디어 기업들의 콘텐츠가 충분히 축적되거나 디지털 미디어 방송권을 새로 취득할 경우 2등급제보다 더 복잡한 다등급제로 채널 구독 옵션이 변경될 것이다.[9] 무료로 유튜브 방송을 이용하는 고객은 점점 더 많은 광고를 볼 수밖에 없도록 하는 등 점점 불편한 환경을 만들어 유료 고객으로 유치하려는 시도를 통해 수익 증대를 모색할 것이다.

스포츠
뉴 미디어 시대의 과제

디지털 미디어 시대에는 누구라도 1인 방송인이 될 수 있다. 이러한 상황에서 유해 광고와 혐오, 테러를 조장하는 유해 게시물로부터 사용자를 어떻게 보호할 것인지 고민이 필요하다.

첫 번째로 '더 나은 광고를 위한 연합Coalition for Better ads'이 권고하는 '더 나은 광고 표준Better ads standards'에 따라 플랫폼 사용자가 유해한 콘텐츠를 올리면 일정 기간 라이브 기능의 사용을 제한하거나, 콘텐츠가 업로드 될 때 알고리즘을 통해 유해 콘텐츠를 식별한 후 자동으로 제거하도록 지원하는 프로그램을 개발하고 상용화해야 한다.[10] 인스타그램의 경우 인공지능 프로그램을 통해 유해 콘텐츠를 확인하면 경고 알림 등의 장치를 작동시켜 사용자에게 일종의 경고 메시지를 전달해 사용자를 보호하고 있다.

두 번째로 디지털 미디어 시대에는 불법 스포츠 방송 콘텐츠에 대한 철저한 검증이 필요하다. 스포츠 경기에 대한 중계권이 없는 개인 방송업자들이 스포츠 중계를 하는 것은 불법이므로 이에 대비해야 한다.[11] 또한 시청자들은 그들이 원하고 듣고 싶어 하는 가짜 뉴스 및 편파 방송을 시청하려는 욕구가 높아질 것이므로 이를 어떻게 관리할 것인가를 고민해야 한다. 글로벌 시장에서 불법 스포츠 중계권자들을 처벌할 경우 국제법상 상당한 혼란이 초래될 것으로 예상하는데 이에 대한 대책이 필요하다.

세 번째로, 뉴 미디어 시대를 맞아 많은 사람의 수고 없이도 인공지능을 이용해 방송을 제작할 수 있는 여건이 만들어지고 있다.[12] 이러한 상황에서 일자리 축소에 대한 대비책이 필요하다. 또 자동화 및 무인화 방송 시대에 방송 제작이 보편화되면서 발생할 디지털 쓰레기 문제를 해결할 방법도 마련해야 한다.

12장
★ ★ ★
스포츠 베팅 산업,
가만히
지켜만 볼
것인가?

합법과 불법 사이의
스포츠 베팅

구글에서 '불법 도박'이라는 단어를 검색하니 0.37초 만에 1,970만 개의 결과가 나왔다. '불법 스포츠 베팅'이라는 단어를 검색하면 0.34초 만에 약 70만 개의 검색 결과를 볼 수 있다. 불법 스포츠 도박의 현황, 국내 불법 스포츠 도박 규모, 불법 온라인 도박 규제 강화, 합동 단속, 불법 스포츠토토 이용자 처벌 수

위 등 부정적인 기사가 대부분을 차지했다.

하지만 검색 결과 중 다음과 같은 내용이 내 눈길을 끌었다. '합법 테두리 들어선 스포츠 베팅 게임, 줄줄이 나온다', '당신의 스포츠와 함께합니다. 스포츠토토', '스포츠 베팅 게임…불법 양성화 신호탄', '스포츠 베팅 언택트 시대, 글로벌 대세 속 한국은 어디쯤?' 등 스포츠 베팅 산업에 다소 긍정적인 시각을 담은 기사들이었다. 이들 검색 결과를 보면 부정적인 내용의 핵심 키워드는 단연 '불법' '도박' '중독' '단속' '신고' '처벌' 등이었다. 반면에 스포츠 베팅 시장을 산업적인 관점에서 쓴 기사들의 제목은 '게임' '베팅' '승부예측' '합법' '법 테두리' 등이었다.

또 하나 관심을 끈 기사는 바로 「스포츠토토를 제외한 모든 스포츠 베팅은 불법」이라는 제목의 『매일경제』 기사였다. 국민체육진흥공단에서 발행하는 스포츠토토는 합법적으로 즐길 수 있는 국내 유일의 스포츠 베팅이라고 할 수 있다. 스포츠토토에 관한 정보는 '베트맨betman.co.kr'이라는 웹사이트에 자세히 나와 있다.

이 웹 페이지를 방문해 이런저런 정보를 살펴보다가 페이지 아래 부분에서 다음과 같은 문구를 발견했다. "즐거운 스포츠, 즐거운 토토, 소액으로 건전하게 즐기세요. 베트맨에서는 회차당 1인 5만 원까지 구매하실 수 있습니다." 갑자기 의문이 들었다. '스포츠 베팅을 '불법'과 '합법'으로 구분하는 기준은 무엇인가?' '회차당 베

팅 금액이 5만 원 이하면 합법인가?' '준정부기관인 국민체육진흥
공단에서 관리하면 합법이고 그 외 개인이나 기업이 운영하면 불
법인가?' '스포츠토토와 불법 사설 스포츠 베팅 업체에서 운영하는
스포츠 베팅 게임은 차원이 다른 것인가?'

어느덧 우리 곁에 바짝 다가온
스포츠 베팅 게임

일상생활의 필수품이 된 스마트폰. 우리는 하루
에 평균 76회 스마트폰을 터치하고 상위 10퍼센트는 132회 정도
스마트폰을 열어본다고 한다.[1] 시도 때도 없이 울리는 각종 메신저
의 알림과 광고로 우리는 일상생활에 지장을 받기도 한다. 많은 사
람이 쓰는 일명 '돈 버는 어플'을 깔면 잠금 암호를 풀 때도 어김없
이 광고성 기사를 봐야 한다.

이러한 사용자들의 불편함을 알아서일까? 종종 우리가 받는 광
고성 메일에 '무료 식음료 상품권'을 받을 기회를 준다. 간단한 설
문조사에 참여하면 추첨을 통해 '스타벅스 1만 원 무료 쿠폰'을 받
기도 하고, 스마트폰 화면에 나타난 간단한 퀴즈를 맞히면 금액은
적지만 포인트를 쌓아 나중에 현금으로 사용할 기회를 얻기도 한다.

'돈 버는 어플' 사용자는 스마트폰을 켤 때 나타나는 승부 예측

퀴즈 광고를 보면 무심코 그 광고를 클릭하게 된다. 몇 번의 클릭을 통해 조심스럽게 오늘 열릴 경기의 승부를 예측하고 종료 버튼을 누른다. 마음속으로 '운이 좋으면 무료 커피 쿠폰을 받을 수 있겠네'라고 기대하면서 스마트폰을 닫는다. 2020년 12월 말에 오픈한 '네이버 해외 축구 승부 예측' 게임은 승부 예측에 성공하면 네이버페이 200만 원을 쏜다고 대놓고 광고하며 승부 예측 참여를 독려한다.

국내의 중견 게임사들은 스포츠 베팅 게임 시장을 선점하기 위해 다양한 서비스 개발에 힘쓰고 있다. 엠게임은 스포츠 베팅 시뮬레이션 게임인 '윈플레이'를 출시한다고 밝혔고, 넵튠도 스포츠 시뮬레이션 게임 개발사인 '나부스튜디오'와 공동 서비스 협약을 체결했다.

NHN빅풋은 다른 경쟁 업체보다 한발 앞서 스포츠 예측 게임인 '한게임 승부예측'을 출시했다.[2] 20년 동안 웹보드 게임으로 쌓은 노하우를 바탕으로 축구, 야구, 테니스, 아이스하키 등 프로 스포츠 종목뿐만 아니라 탁구와 같은 올림픽 스포츠 종목을 포함해 총 50종목이 넘는 스포츠를 제공한다. 국내 스포츠는 물론 영국 프로 축구, 메이저리그와 미국 프로 농구 등 해외 유명 스포츠 리그를 포함시켜 팬들이 즐길 수 있는 선택 폭을 확대했다.

모바일 게임 업체인 컴투스 역시 20202년 10월에 '2020 KBO 포스트 시즌' 기념 특별 이벤트를 진행했다.[3] 포스트 시즌 경기 결과를 정확히 예측한 프로 야구 팬은 물론 게임 유저들에게는 다양한 상품을 경품으로 제공했다.

그렇다면 이러한 승부 예측은 도박인가, 아니면 단순한 게임인가? 혹시 불법 스포츠 베팅은 아닌가? 합법이면 왜 합법이고 불법이면 왜 불법인가? 누구도 명확한 답을 알려주지 않는다. 그럼에도 불구하고 '불법 도박'이 아닌 '승부 예측' 게임 산업은 빠르게 발전하고 있다.

글로벌 스포츠 베팅 산업의 길을 터준 미국 뉴저지 대법원 판결

국내 스포츠 베팅 산업을 얘기하다 뜬금없이 왜 미국 뉴저지 대법원 판결 얘기를 하느냐고 의아해하는 독자들이 있을 것이다. 국내 스포츠 산업은 이미 글로벌 기업들이 주목하는 시장으로 성장했고, 미국 스포츠 산업의 발전 동향과 매우 유사한 방향으로 성장하고 있다. 이번 코로나19 팬데믹으로 세계 최고의 스포츠 전문 채널인 ESPN이 한국 프로 야구를 생중계한 사례는 이를 전적으로 증명한다. 또한 지금까지 23명의 메이저리거를 탄생시켰을 뿐만 아니라 한국 프로 야구에서 활약한 미국인 선수들과 감독들이 메이저리그에서 맹활약을 펼치면서 한국 프로 야구 시장의 입지가 많이 높아진 사실은 부인하기 힘들다.

한국 스포츠 산업은 미국을 비롯한 일부 유럽 국가의 성공 사례를 기반으로 하여 제도를 발전시켜 왔다. 한국 프로 야구의 스포츠 에이전트 제도, 프로 축구 K리그의 승강제, 대학 스포츠 선수들의 학점 기준 등의 정책과 규정은 해외 사례를 벤치마킹해 국내 사정에 잘 맞게 다듬은 것이라고 할 수 있다.

그렇다면 과연 미국 뉴저지 대법원에서 스포츠 베팅과 관련해 어떤 판결이 있었던 것일까? 스포츠 베팅 시장의 현재 상황과 앞으로의 발전 방향은 어떨까? 미국의 판결은 과연 국내 스포츠 베팅 산업에 어떤 영향을 미칠까?

스포츠 베팅
금지법?

미국 서부 시대의 역사를 그대로 간직한 도박 산업은 이미 라스베이거스를 중심으로 오랫동안 이어져왔다. 바텐더를 중심으로 구성된 바에서 사람들은 당구를 치거나 다트 게임을 즐기며 주크박스에 동전을 넣어 원하는 음악을 듣기도 했다. 일명 성인들을 위한 '복합 놀이 공간'이라고 말할 수 있다. 여기에 또 하나의 놀이가 추가되었다. 바의 한쪽 구석에 자리 잡은 한 무리의 사람들이 시가를 피우면서 카드놀이를 하기 시작한 것이다.

1970년대 후반에는 미국 동부 뉴저지주에 있는 애틀랜틱시티 Atlantic City(흔히 AC라고 부른다)가 라스베이거스에 이어 두 번째로 카지노 도시로 떠올랐다.[4] 1980년대에는 인디언 부족을 중심으로 한 인디언 카지노가 속속 생겨나기 시작했다(미국 정부는 미국 원주민의 생계를 지원하기 위해 인디언 부족에게 특별히 예외적으로 카지노 운영권을 허가했고, 대부분 미국과 캐나다 국경에 접한 지역에 집중되었다).[5]

스포츠 베팅은 1949년부터 라스베이거스에서 본격적으로 시작된 이후 꾸준한 성장세를 이어왔다.[6] 라스베이거스는 물론 애틀랜틱시티처럼 새롭게 카지노 운영 허가권을 부여받은 신생 업체들은 포커와 슬롯머신 등의 전통 카지노 게임 외에 경마와 같은 종목은 물론 스포츠 경기에도 베팅을 할 수 있도록 카지노의 영역을 확장하려고 시도했다.

하지만 비교적 짧은 기간 동안 우후죽순으로 늘어나는 카지노에 대해 우려하는 목소리가 커졌고, 카지노 업체들이 심지어 스포츠 경기에까지 베팅 영역을 확장하려고 하자 정치인들이 나서기 시작했다. 정치인들은 전국적으로 급격히 퍼져나가는 사행 산업을 적절하게 규제해야 하며, 특히 스포츠 경기에 돈을 거는 스포츠 베팅은 스포츠 산업에 피해를 준다고 주장했다.[7]

미국에서 스포츠 베팅이 금지된 것은 지금으로부터 약 30년 전인 1992년으로 거슬러 올라간다. 스포츠 베팅에 반대한 정치인 가운데 가장 영향력이 큰 사람은 빌 브래들리Bill Bradley라는 상원 의원이었다. 그는 프린스턴대학 농구팀을 거쳐 NBA 뉴욕 닉스에서 13년 동안 뛰었던 프로 농구 선수 출신 국회의원이었다. 1977년부터 1997년까지 20여 년간 상원의원을 지낸 그의 업적 중 가장 인상적인 것이 바로 프로 스포츠와 아마추어 스포츠를 스포츠 베팅으로부터 보호하기 위한 법안을 마련한 것이다.[8]

'프로 및 아마추어 스포츠 보호 법안Professional and Amateur Sports Protection Act'으로 불리는 이 법은 1991년 2월 22일에 의회에서 통과되었고, 1년 반 뒤인 1992년 10월 28부터 그 효력을 발휘했다.[9] 이 법안은 프로 스포츠는 물론 아마추어 스포츠에 베팅을 금지한다는 내용을 담고 있었다. 빌 브래들리는 이 법안을 준비하면서 여러 차례 공청회를 열어 관계자들의 의견을 들었으며, 스포츠 베팅이 야기할 수 있는 잠재적인 문제점들을 정확히 간파했다. 스포츠 베팅은 도박 중독자를 양성해 사회를 병들게 할 뿐만 아니라 스포츠가 지닌 본연의 가치인 '공정'과 '순수'의 이미지를 심하게 훼손할 수 있다는 것이었다.

당시 NBA 총재였던 데이비드 스턴이 의회에 참석했는데, 그 역시 스포츠 베팅이 지닌 문제점을 인식하고 더 이상 확대해서는 안된다고 주장하면서 빌 브래들리의 주장에 힘을 실어주었다.[10] 결국

1992년부터 스포츠 베팅은 라스베이거스 등 일부 카지노를 제외하고 미국 전역에서 엄격히 금지되었다.

스포츠 베팅 금지법은
위헌이다?

2007년 서브프라임 모기지 사태를 시작으로 금융 기업들의 연쇄 파산이 이어지면서 미국은 경제 위기를 겪었다. 미국에서 시작한 금융 위기는 국제 금융 시장에 신용 경색을 불러오며 세계 경제에 암울한 그림자를 남겼다. 금융 위기가 지속되자 여행, 관광, 카지노 산업은 커다란 피해를 입을 수밖에 없었다.

따라서 이러한 산업을 다시 일으키고자 라스베이거스에 이어 미국에서 두 번째로 큰 카지노 도시인 애틀랜틱시티가 있는 뉴저지주는 스포츠 베팅을 합법화하는 것에 매우 적극적이었다. 2011년 뉴저지 주지사는 주민투표를 실시해 대다수의 뉴저지 주민들이 스포츠 베팅을 합법화하는 것에 찬성한다는 것을 확인했다. 이듬해인 2012년 주 의회는 '스포츠 베팅 법안Sports Wagering Act'을 통과시키고 스포츠 베팅 및 경마를 허가했다.[11]

하지만 순조롭게 진행됐던 스포츠 베팅 법안이 실효되기 전에 암초가 나타났다. 미국의 4대 메이저리그인 NFL, MLB, NBA,

스포츠 베팅 산업, 가만히 지켜만 볼 것인가?

NHL과 미국대학스포츠연맹NCAA이 스포츠 베팅 합법화를 반대하며 뉴저지주를 상대로 2014년 11월 소송을 제기했다.[12] 그동안 이들 4대 프로 리그와 대학 스포츠 리그는 꾸준한 성장 가도를 달리고 있던 터라 스포츠 베팅으로 얻는 혜택보다 이미지에 입을 타격이 더 컸다. 이 때문에 서로 경쟁하듯 스포츠 베팅 합법화를 비판하는 성명을 발표했다.

결국 뉴저지주는 2016년 10월 대법원의 위헌 법률 심판을 받기 위해 사건 이송 명령서를 제출했다.[13] '1992년에 제정된 프로 및 아마추어 스포츠 금지법(일명 스포츠 베팅 금지법)은 위헌'이라는 판결을 대법원으로부터 직접 이끌어내기 위한 마지막 시도였다. 이 과정에서 법원의 결과에 보이지 않게 영향을 끼친 인물이 있다. 바로 트럼프 전 대통령이다.

트럼프는 뉴저지주에 있는 '트럼프 타지마할Trump Taj Mahal'이라는 카지노 호텔을 소유하고 있었다. 2016년 45대 대통령 공화당 후보로 대선에 출마했던 그는 대선 캠페인 기간 중 '스포츠 베팅을 합법화하는 데 도움을 주겠다'고 공공연하게 약속하고 다녔다.[14] 실제로 트럼프 전 대통령이 영향력을 행사했는지는 정확히 알 수 없지만, 2018년 5월 14일 총 아홉 명 중 여섯 명의 대법관이 '1992년에 제정된 프로 및 아마추어 스포츠 금지법(=스포츠 베팅 금지법)은 위헌'이라는 판결에 찬성하면서 스포츠 베팅의 길이 열리게 되었다.[15]

경제적 실리를
추구하다

재정난을 겪고 있던 미국 주 정부들은 '스포츠 금지법은 위헌'이라는 대법원의 판결에 쌍수를 들고 환영했다. 세금을 올리면 주민들의 심한 반대에 부딪치겠지만 스포츠 베팅을 합법화해 세금 수입을 늘리면 심각한 반대의 목소리가 없기 때문이다. 이미 20여 개 주에서는 스포츠 베팅을 합법화해 온라인으로 스포츠 베팅을 할 수 있게 되었다.

윌리엄 힐William Hill과 같은 스포츠 베팅 전문 업체가 이미 2020년 8월 3일에 NBA 소속 워싱턴 위저즈의 홈구장인 캐피털 원 아레나Capital One Arena에 스포츠 베팅 매장을 여는 등 스포츠 베팅 산업은 빠르게 발전하고 있다.[16] NBA의 댈러스 매버릭스 구단주인 마크 큐번은 뉴저지주 대법원의 판결 직후 언론과의 인터뷰에서 스포츠 베팅의 합법화로 구단의 가치가 조만간 두 배 상승할 것이라며 스포츠 베팅에 적극 찬성하는 입장을 보였다.[17]

이러한 판결을 미리 예측했던 것일까? 마크 큐번과 샬럿 호니츠 구단주인 마이클 조던은 2015년 스위스에 본사를 둔 스포츠 빅데이터 업체 스포츠레이더Sportrada에 4,400만 달러를 투자한 바 있다.[18] 2020년 9월 2일 마이클 조던의 이름이 다시 한 번 언론에 올랐다. 그는 우회상장을 통해 2020년 4월에 상장한 판타지 게임 기업인 드래프트킹스Draftkings에 상당한 금액을 투자한 데다 이 기업의 특별 고문으로 채용됐다[19](판타지 게임이란 일종의 시뮬레이션을 통해 경기를 즐기는 가상 게임이다. 실제 스포츠 선수들의 경기 통계 기록을 바탕으로 인터넷 공간에서 승부를 즐기는 형식으로 이루어진다).[20]

구단의 경영 위기 극복 vs
스포츠 베팅 산업의 가속화

우리는 종종 구단주나 리그 커미셔너 등 스포츠 산업의 최고 경영자들이 재정 상황에 따라 위기 경영을 하는 것을 봐왔다. 리그나 구단 운영에서 일관성이 없는 정책을 펼치는 것에 대해 비판적인 의견이 있지만 다른 한쪽에서는 생존을 위한 어쩔 수 없는 발버둥이라고 이해하기도 한다.

예를 들면, NBA는 2007~2008년 금융 위기로 후원 기업들이 재정적으로 어려움을 겪으면서 후원 계약을 해지하는 상황이 증가하자 고급 양주 기업들이 NBA 리그를 후원할 수 있도록 일시적으로 후원 기업 규정을 완화했다. NBA 규정상 원칙적으로 맥주 제조 기업이 아닌 고급 양주 기업의 후원 계약은 NBA 리그에 부정적인 이미지를 심어줄 수 있다는 이유로 철저히 금지했지만 급격한 수입

악화로 일시적으로나마 이 규정을 완화했던 것이다.[21]

또한 NBA는 스포츠 베팅의 합법화로 큰 수입을 올릴 수 있게 되었다. NBA 경기에 베팅되는 전체 금액의 1퍼센트를 수수료 명목으로 받기로 합의함에 따라 마치 '봉이 김선달이 강을 건너는 사람들에게 돈을 받은 것'처럼 별다른 노력을 하지 않고도 매년 수백억 원의 공짜 수입을 올리게 된 것이다.[22]

이번 코로나19로 인해 2019~2020 시즌 동안 약 1조 2,000억 원의 적자를 본 NBA는 2020~2021 시즌에 30개 구단을 대상으로 비상 경영 방침을 내렸다. '무관중 경기' 혹은 어쩔 수 없이 '일부 관중의 입장만 허용하는 경기'에 고급 양주 기업과 카지노 및 스포츠 베팅 업체의 광고를 한시적으로 허용한다는 것이다.[23] 물론 다음과 같은 조건이 붙었다. 전국에 방송하는 경기가 아닌 홈 구단이 있는 지역 방송에만 경기를 중계할 때와 일명 '앞치마 좌석baseline apron areas'이라고 부르는 양쪽 골대 앞부분만 부분적으로 허용한다는 것이다.

또한 2020~2021 시즌에 새로운 방송 기술을 활용해 경기 화면을 3~4등분으로 분할한 뒤 그중 한 개의 분할 화면에만 '작전 타임'이나 '하프 타임' 동안 구단이 자체적으로 활용할 수 있도록 했다. NBA 리그는 경기 화면 분할을 통해 더 다양한 형태의 TV 광고 수익을 창출할 수 있게 되었다. 더 중요한 것은 분할 화면 중 한 등

스포츠 베팅 산업, 가만히 지켜만 볼 것인가?

분은 스포츠 베팅과 관련된 경기 데이터 및 분석 자료를 실시간으로 제공해 시청자들을 스포츠 베팅에 효과적으로 유도할 수 있는 발판을 마련한 것이다.

뉴저지주 대법원 판결이 있기 전까지 스포츠 베팅에 대해 다른 프로 리그보다 더 많이 우려했던 미국 미식축구 리그는 언제 그랬느냐는 듯 대법원 판결 이후 누구보다 발 빠르게 스포츠 베팅 산업에 뛰어들고 있다. NBA와 PGA가 스포츠 베팅에 내내 찬성하는 입장을 보인 것과 달리 스포츠 베팅 산업은 결코 허용해서는 안 된다며 적대적인 반응을 보였던 NFL조차도 스포츠 베팅에 대한 팬들의 부정적인 반응과 여론이 잠잠해지자 광폭 행보에 나섰다. '고양이 목에 방울 달기'처럼 (팬들의 비난을 우려한 나머지) 누구도 선뜻 나서서 옹호하지 않았던 스포츠 베팅 산업이었지만 지금은 너도나도 달콤해 보이는 열매를 얻으려 동분서주하고 있는 모습이다.

2020년 2월 NFL은 스포츠 베팅 업체와 후원 계약을 할 수 있도록 규정을 변경했으며,[24] 2020년 3월 덴버 브롱코스 구단이 스포츠 베팅 업체와 공식 후원 계약을 체결함으로써 첫 단추를 끼웠다.[25] 2020년 말까지 4대 리그(NFL, NBA, MLB, NHL)에서 총 스물두 개 팀이 서른세 개의 스포츠 베팅 업체와 후원 계약을 마쳤다.

스포츠 베팅 업체와의 계약 금액은 구단이 속한 시장의 규모와 스포츠 종목, 독점권, 세부 규정 등에 따라 35만 달러(약 4억 원)에서

400만 달러(약 44억 원)로 달라지지만 NFL 구단들이 가장 많은 수입을 올린 것으로 알려졌다. 스포츠 베팅 기업들의 후원 계약으로 구단은 최소 100만 달러(약 12억 원)에서 300만 달러(약 36억 원)의 추가 수입을 올릴 수 있었으며, 이 수입은 코로나19로 인한 적자를 일부 보완할 수 있는 안전장치 역할을 하고 있다.[26]

스포츠 베팅, 최적의 환경을 만나다

앞서 언급한 대로 데이비드 스턴 전 NBA 총재는 1992년 스포츠 베팅 금지법이 시행될 때 이를 적극 찬성했다. 하지만 그는 26년이 지난 2018년 뉴저지주 대법원에서 스포츠 베팅 합법화 결정을 내리자 이에 환호했는데, 그의 이러한 반응은 과거에 보여준 행동과 완전히 상충하는 것이다. 그렇다면 그는 왜 완전히 상반되는 입장을 취한 것일까? 아마도 다음과 같은 상황 변화를 보면 그의 심경 변화를 어느 정도 이해할 수 있지 않을까 싶다.

데이비드 스턴을 비롯해 스포츠 리그의 최고 의사 결정권자들이 스포츠 베팅에 부정적인 입장을 보인 가장 중요한 이유는 바로 '도박사들의 불법적인 경기 결과 개입'에 대한 안전장치의 부재였다. 다시 말해서, 일명 '마피아 자금mafia fund'이라고 불리는 불법 자금을 이용해 경기에 직간접적으로 영향을 미칠 수 있는 선수나 감독, 심판 등을 매수하는 사건이 발생할 경우 대비책이 많지 않다는 것이다.

물론 각 리그마다 불법 도박 등에 대한 교육과 훈련, 캠페인 등을 진행하고는 있지만 그럼에도 지금까지 이러한 불법 스포츠 베팅 사건은 잊을 만하면 발생하곤 했다. 2007년 NBA 심판이었던 팀 도너히Tim Donaghy가 도박사들로부터 뇌물을 받고 경기에 영향을 주는 부당한 판정을 한 사건은 잘 알려져 있다.[27] 이 사건으로 리그가 받은 경제적 타격과 이미지 실추는 이루 말할 수 없을 정도로 컸다.

하지만 이 문제는 기술의 발전으로 충분히 극복 가능해졌다는 게 전문가들의 설명이다. 바로 스포츠레이더와 지니어스 스포츠 Genius Sports와 같은 글로벌 스포츠 빅데이터 업체들을 통해 불법적이고 비정상적인 베팅 행위를 엄격히 감시·감독할 수 있는 시대가 열린 것이다. NBA는 2019년에 스포츠레이더, 지니어스 스포츠와 파트너십을 맺고 전 세계에서 일어나는 불법적인 베팅 행위를 사전에 차단하거나 추후에라도 추적할 수 있도록 했다.[28] FIFA 역시 2017년 스포츠레이더와 협약을 맺고 FIFA가 관장하는 전 세계 축구(6개 대륙) 대회에서 열리는 경기에 의심이 가거나 비정상적인 베팅 행위를 탐색·감시·감독하고 있다.[29]

다음으로 스포츠 베팅 합법화 결정이 내린 연도에 주목할 필요가 있다. 1990년대 후반에 출생한 밀레니얼 세대라고 불리는 젊은 층이 성인이 되는 시기인 2018년과 맞물려 있다. 이들이 태어난 시기는 완전한 디지털 시대가 열린 1997년 이후다. 이 세대는 아마존, 페이스북, 유튜브, 인스타그램, 트위터, 네이버, 카카오 등 디지털 미디어에 매우 익숙하다. 이들은 스포츠 베팅 산업의 주축이 되는 5G 기가 인터넷, 클라우드 컴퓨팅, 디지털 화폐 및 온라인상의 간편 결제 시스템(구글페이, 애플페이, 삼성페이, 페이코, 네이버페이, 카카오페이, 토스 등)에 대해 거부감을 느끼지 않는다.

또한 밀레니얼 세대는 집단의식이 매우 약한 대신 개인의 기분이나 감정 등 개인주의 성향이 높은 것으로 알려져 있다. 디지털 플랫폼의 경우 증강현실이나 가상현실 등 사용자 경험에 대한 만족도에 민감한 편이며 새로운 경험을 지속적으로 찾아 탐닉하는 경향이 짙다. 폭발적으로 성장하는 스포츠 데이터 분석 업체가 제공하는 정보에 대한 관심도 높은 편이다. 스포츠레이더, 옵타Opta, 크로스오버Krossover 등의 업체가 제공하는 다양한 경기 관련 통계 자료는 팬들이 이해하기 쉽도록 시각화되어 있고, 각종 시뮬레이션 프로그램을 통해 경기 결과를 예측할 수 있는 툴은 밀레니얼 세대의 관심을 끌기에 충분하다.

스포츠 베팅 산업, 가만히 지켜만 볼 것인가?

글로벌 스포츠 베팅 업체의
시장 진출 전략

2019년 글로벌 스포츠 베팅 시장의 규모는 대략 850억 달러(약 90조 원)에 달하는 것으로 알려졌다(암시장에서 거래되는 불법 스포츠 베팅 자금까지 합치면 글로벌 스포츠 베팅 시장의 규모는 상상할 수 없을 정도로 크다).[30] 점점 더 많은 국가에서 음지에 있는 스포츠 베팅 시장을 양지로 끌어들이기 위해 다양한 노력을 하고 있다. 서서히 드러나는 스포츠 베팅 시장을 선점하기 위해 글로벌 스포츠 베팅 업체는 보이지 않는 치열한 전투를 벌이고 있다.

글로벌 스포츠 베팅 시장은 플랫폼 형태, 스포츠 종목, 지역별 이 세 가지로 구분한다. 우선 플랫폼의 경우, 우리에게 잘 알려진 라스베이거스나 마카오와 같이 카지노 시설에서 즐기는 스포츠 베팅과 베트엠지엠, 베트365와 같은 가상공간에서 즐기는 온라인 베팅의 형태로 구분한다. 기존의 카지노 호텔 운영 업체들은 스포츠 베팅을 할 수 있도록 자체적으로 베팅 사이트를 개발하기도 하지만 스포츠 베팅 전문 업체와 파트너십을 통해 업무 제휴를 맺기도 한다.

1875년에 시작한 경매 전문 베팅 기업인 처칠 다운스는 2019년 2월에 골든 너겟 카지노와 파트너십을 맺었다.[31] 처칠 다운스는 미국에서 켄터키 더비로 알려진 가장 큰 규모의 경매 이벤트를 독점하고 있다. 2020년 9월에는 세계 최대 규모의 카지노 업체인 시저스 엔터테인먼트가 영국 최대의 스포츠 베팅 전문 기업인 윌리엄 힐을 37억 달러(약 4조 원)에 인수 합병을 했다.[32] 이는 최대 규모의 카지노와 스포츠 베팅 업체의 인수 합병이었다.

스포츠 베팅 전문 업체와 소셜 미디어의 파트너십도 주목을 끌었다. 트위터는 스포츠 베팅을 위한 최적화된 소셜 미디어의 역할을 하고 있다. 글로벌 스포츠 베팅 전문가들이 트위터를 매개 수단으로 삼아 '경기에 대한 정보'를 팬들과 소통하면서 또 다른 수혜를 받고 있다.

글로벌 스포츠 베팅 시장은 스포츠 종목에 따라 크게 크리켓과 경마, FIFA 월드컵, 그리고 기타 스포츠로 나뉜다. 인도, 영국, 호주를 중심으로 크리켓의 인기가 꾸준히 높아지자 크리켓은 글로벌 스포츠 베팅 업체들의 타켓이 되고 있다. 영국과 호주는 이미 스포츠 베팅 시장이 안정적으로 잘 운영되고 있는 반면 인도는 법과 제도에 막혀 아직 눈에 띄는 성과를 보이지 못하고 있다. 하지만 2018년에 인도 법률위원회가 스포츠 베팅의 합법화에 찬성하는 성명서를 발표해 앞으로 인도에서 크리켓을 중심으로 스포츠 베팅 시장이 형성될 것으로 예상한다.[33]

2020년 코로나19로 미국 메이저리그가 개막하지 못하고 있던 5월, ESPN은 MLB 팬들의 기대를 대체할 수 있는 야구 경기가 필

스포츠 베팅 산업, 가만히 지켜만 볼 것인가?

요했다. 이 당시 한국 프로 야구와 대만 프로 야구 두 리그만 전 세계에서 시즌을 개막했다. 대만 프로 야구는 다섯 개의 팀으로 운영하고 국제적인 위상이 그리 높지 않아 ESPN은 한국 프로 야구 경기를 생중계하기로 결정했다.[34]

ESPN이 이러한 결정을 내리게 된 배경은 다양하다. 아마도 커다란 포부를 가진 스포츠 베팅 산업을 준비했던 ESPN이 누구도 예상하지 못했던 코로나19로 방송 예정이던 대부분의 스포츠 리그가 취소되거나 개막이 연기되자 어쩔 수 없이 택한 대안이라고 판단이 된다(2019년 말 ESPN의 스포츠 베팅 사업부 데이비드 베어맨David Bearman 부편집장과 몇 차례 통화를 했다. 이번 코로나19로 ESPN은 그동안 철저하게 준비해왔던 스포츠 베팅 사업의 화려한 도약을 다음으로 미룰 수밖에 없게 되었다).

글로벌 스포츠 베팅 산업은 지역적으로는 북미, 남미, 유럽, 중동, 아프리카, 그리고 아시아 태평양 지역으로 나뉜다. 글로벌 스포츠 베팅 업체들은 스포츠 산업은 활성화된 반면 스포츠 베팅 시장이 형성되지 않은 국가들을 향해 바쁘게 움직이고 있다. 2018년 글로벌 스포츠 베팅 업체들이 가장 먼저 타겟으로 삼은 시장은 브라질 축구였는데, 스포츠 베팅의 잠재적 수익성에 대한 보고서가 출시되기도 했다.[35] 영국과 호주에 있는 스포츠 베팅 전문 기업들은 미국 시장을 본격적으로 노크했다. 2020년 2월, 영국의 스포츠 베팅 기업인 윌리엄 힐은 미시건주에 있는 인디언 부족 카지노에 스포츠 베팅 게임을 제공하기 위한 파트너십을 체결했다.[36]

또한 같은 달 미국 CBS 스포츠 방송국과 스포츠 베팅 데이터를 제공하는 업무 협약을 맺기도 했다. 2020년 6월에는 스포츠 베팅 전문 기술 개발 업체인 스포트테크가 프랑스 경마 대회 운영 대행 업체인 제투르푸와 업무 협약을 맺었다.[37] 2020년 5월에는 영국의 경마 전문 베팅업체인 토트 베팅이 러시아 모스크바에서 서비스를 개시하기도 했다.[38] 호주의 스포츠 베팅 전문 업체인 포인츠베트 역시 미국의 프로 스포츠 구단과 후원사 계약을 통해 스포츠 베팅 사업을 대행하려는 시도를 하고 있다. 이렇게 글로벌 스포츠 베팅 기업들은 새로운 시장을 향해 빠른 속도로 진격하는 중이다. 이들이 진출하고자 하는 스포츠 시장은 업무 협약, 파트너십, 인수 합병, 우회 상장 등 수단과 방법을 총동원해 시장 지배력을 높이고 있다.

영국과 호주, 그리고 미국의 라스베이거스에서 축적한 운영 노하우와 거대한 자본, 첨단 기술력을 앞세워 글로벌 스포츠 베팅 업체들은 거침없는 행보를 보인다. 이러한 상황에서 '우리는 어떻게 할 것인가?' 하는 질문을 던질 수밖에 없다. 이미 많은 다큐를 통해 도박 중독의 심각성, 청소년들의 불법 스포츠토토로 인한 심각한 피해, 선수나 감독이 연관된 경기 조작 등 스포츠 베팅이 가진 잠재 적이고 본질적인 문제점들은 다시 자세히 설명하지 않아도 이미 잘 알려져 있는 사실이다. 스포츠 베팅을 찬성할 것인가 혹은 반대할 것인가 하는 형태의 논쟁은 이 글의 본질이 아니다. 밖에서는 강한 외풍이 불어오고, 내부에서는 여전히 불법 스포츠토토로 불리는 암시장에서 많은 이들이 스포츠 베팅에 빠져 있다.

그나마 글로벌 시장의 변화를 감지한 NHN, 넵튠, 엠게임 등의 중견 게임 업체들이 '스포츠 예측 게임'이라는 이름으로 합법적인 테두리 안에서 매우 제한적으로 스포츠 베팅 산업을 준비하고 있을 뿐이다. 하지만 이들의 행동반경은 넓지 않다. 모든 스포츠 예측 게임은 시작도 끝도 게임의 테두리에서 이루어져야 할 뿐 아니라 어떠한 금전적 거래도 모두 금지된다. 서서히 암울한 그림자가 다가온다. 아무런 무기 없이 맨손으로 전쟁터에 나가는 것처럼 불안감이 몰려온다. 과연 국내 스포츠 베팅 시장은 어떻게 변모할 것인가?

13장

★ ★ ★

e-스포츠 산업, 어떻게 대비할 것인가?

폭발적으로 성장한
e-스포츠 산업

코로나19로 거의 모든 프로 스포츠 리그가 멈춰 있을 때 홀로 바쁘게 움직이는 리그가 있었다. 바로 e-스포츠였다. 온라인상에서 벌어지는 e-스포츠는 종목 특성상 코로나로 인한 피해가 적었을 뿐만 아니라 미식축구, 야구, 농구, 배구 등 기존의 전통 스포츠 리그의 빈자리를 대신 채우며 오히려 코로나로 수혜를 받았다고 할 수 있다.

전 세계 e-스포츠 산업의 규모는 2020년 16억 달러(약 1조 9,000억 원)에서 2021년 약 20억 달러(약 2조 4,000억 원)로 성장할 것이라 기대한다. e-스포츠는 매년 약 40퍼센트의 성장을 해오고 있다.[1] 2019년 글로벌 e-스포츠 산업의 매출은 총 10억 9,600만 달러(약 1조 3,000억 원)로 추정하는데, 북미에서 4억 900만 달러(약 5,900억 원)로 전 세계의 약 37퍼센트를 차지하며, 중국이 약 19퍼센트, 그리고 한국이 약 6퍼센트 정도를 차지한다.[2]

e-스포츠의 시청자 수는 이미 메이저리그와 비슷하거나 더 높은 수준으로 성장했다. 2019년 e-스포츠 시청자 수는 총 2억 명이었는데, 미국 4대 메이저리그 중 미국 미식축구 리그 NFL(1억 4,100만 명)을 제외하고 다른 전통 프로 스포츠 리그(메이저리그 야구 7,900만 명, 미국 프로 농구 6,300만 명, 아이스하키 3,200만 명)를 앞섰다.[3] 게다가 e-스포츠 시청자의 평균 연령은 28세로 나타났는데 NBA 43세, NFL 52세보다 월등히 낮아 앞으로의 성장성을 엿볼 수 있다.

e-스포츠의 전 세계 시청자는 2022년 6억 4,500만 명에 달할 것으로 예상한다.[4] 2019년의 경우 전 세계 시청자 2억 명 중 약 57퍼센트가 아시아 태평양 지역에 거주하며 유럽이 16퍼센트, 북미는 약 12퍼센트를 차지했다. 이러한 사실로 미루어 볼 때 e-스포츠 산업

을 이끌어가는 중심 국가들은 한국과 중국을 비롯해 아시아 태평양 지역에 몰려 있음을 짐작할 수 있다. 그렇다면 e-스포츠는 (비디오) 게임과 어떻게 다른가?

게임 vs
e-스포츠

세계보건기구WHO는 2018년 열한 번째로 개정되는 질병 분류 코드에 '게임 중독gaming disorder'을 포함시켰다.[5] 비디오 게임 인구의 1~3퍼센트 정도가 게임 중독 현상을 보이는데, 비디오 게임을 중단할 경우 우울증, 불안 장애, 사회 공포증 등 다양한 정신적·신체적인 문제를 겪는다.[6] 그럼에도 불구하고 e-스포츠 시장은 꾸준히 성장하고 있다. 리그 오브 레전드League of Legends 월드컵, 포트나이트 월드컵, 아레나 오브 베일러 월드컵, 아마존 대학 e-스포츠 대회 등 e-스포츠 자체 대회는 물론 2018년에는 아시안 게임 시범 종목으로 선정되는 등 전통적인 국제 스포츠 대회로 그 영역을 확장하고 있다. 그렇다면 게임과 e-스포츠는 과연 무엇이 다른지 살펴볼 필요가 있다.

게임의 형태는 크게 네 가지로 구분된다.[7]

첫째는 PC를 활용한 온라인 게임이다. 개발사는 배급사를 통해 게임을 서비스하며 게임 이용자는 온라인에서 다른 유저들과 라이브로 경기를 진행한다. 우리가 e-스포츠라고 부르는 형태의 게임은 바로 PC 온라인 게임이라고 이해할 수 있다.

게임 방식은 다양한데, 가장 일반적인 방법이 일명 모바MOBA라고 부르는 멀티플레이어 온라인 배틀 아레나이다. 우리에게 가장 잘 알려진 리그 오브 레전드, 도타, 히어로즈 오브 더 스톰 등이 여기에 해당한다. 퍼스트 퍼슨 슈터 게임도 이 영역에 속하는데 오버워치, 포트나이트, 카운터 스트라이크 등을 들 수 있다. 그 외에 스트리트 파이터나 모탈 컴뱃 같은 전투 게임, 그리고 로켓 리그, FIFA, 매든 등 전통 스포츠를 바탕으로 하는 스포츠 게임이 있다. e-스포츠는 게임 전체 시장에서 약 27.5퍼센트 정도를 차지하는데, 글로벌 시장의 확장 속도는 다소 무뎌지고 있는 상황이다.

둘째는 모바일 게임이다. 스마트폰과 태블릿 PC 등을 통해 필수 플랫폼(구글 플레이나 애플 앱스토어 등)에서 다운 받아 카카오톡이나 라인 등의 플랫폼에서 즐기는 게임을 총칭한다. 게임 개발사는 구글과 애플 플랫폼과 같은 오픈 마켓에 게임을 유통시킬 때 약 30퍼센트의 수수료를 지불하고 선택 플랫폼(카카오톡이나 라인 등)에 등록할 때 다시 21퍼센트의 수수료를 지불한다. 영세한 게임 개발 업체는 지나치게 높은 수수료로 인해 재정적인 어려움을 겪는 경우가 많다.

셋째는 콘솔 게임이다. 소니의 PS, 닌텐도 스위치, 마이크로 소프트의 엑스박스XS 등이 있다. 아시아 국가에서는 모바일 게임과 PC 온라인 게임의 인기가 높아지고 있는 반면 유럽과 북미에서는 콘솔 게임이 압도적으로 인기가 높다. 특히 EA 스포츠에서 유통하는 FIFA, NFL, NHL, NBA 등 전통 스포츠 리그를 기반으로 한 게임이 꾸준히 인기를 끌고 있다.

넷째는 아케이드 게임이다. 개발사가 유통사에 게임기를 공급하고 유통사가 오락실을 통해 이용자에게 서비스하는 구조이다. VR 등을 이용한 실감형 게임이 증가하면서 VR Zone, 플레이존 VR과 같은 VR 게임장이 점점 더 활성화되고 있는 상황이다.

국내 e-스포츠
산업 규모

국내 e-스포츠 시장 규모는 2018년 기준 약 1조 1,386억 원으로 매년 약 17퍼센트의 성장을 거두고 있다. e-스포츠 산업의 시장은 크게 네 개의 영역으로 분류된다. 방송 분야 매출이 약 453억 원으로 가장 많고, e-스포츠 게임단 예산이 약 366억 원, 인터넷·스트리밍 매출이 약 255억 원, 그리고 상금 규모가 65억 원 정도로 구성된다.[8]

e-스포츠의 수입 구조는 다른 프로 스포츠와 다소 차이가 있다. 전통 프로 스포츠 리그의 경우 구단 매출은 중계권이 가장 높고 그 다음으로 스폰서십, 입장권, 식음료, 머천다이즈, 주차 등 기타 수입 순이다. 하지만 e-스포츠 리그는 스폰서십과 광고 수입이 매출의 약 60퍼센트를 차지할 정도로 매출 구조가 단조롭다.[9]

리그 오브 레전드, 루이뷔통·스포티파이와 손을 잡다

전 세계에서 가장 인기 있는 e-스포츠는 단연 리그 오브 레전드(LOL, 롤)라고 할 수 있다. 2009년 라이엇게임즈가 탄생시킨 5 대 5 모바(다자 온라인 전투 게임) 장르의 게임이다. 2020년 기준으로 약 1억 명 이상이 즐기고 있으며, 하루 동시 접속자 수가 5,000만 명 이상이고 하루 평균 게임 이용자 수도 3,000만 명이 넘는 종목이다.[10] 리그 오브 레전드는 사용 시간 점유율이 46퍼센트가 넘을 정도로 2011년 국내에 출시된 이후부터 지금까지 압도적인 1위를 차지한다.[11]

리그 오브 레전드는 전 세계에 열두 개의 리그가 있다. 그중에서 규모가 큰 중국 LPL, 유럽 LEC, 미국 LCS, 한국 LCK 등 총 네 개의 리그를 메이저 지역 리그로 구분한다. 2019년 롤 대회의 시청 시간은 총 4억 7,800만 시간으로 나타났는데, 2위를 차지한 카운트 스트라이크 종목(2억 8,400만 시간)보다 약 2억 시간이 더 많았다.[12] 전 세계 열두 개의 리그에서 상위 스물두 개 팀(4대 메이저 지역에서 열네 개 팀을 선발하고 기타 지역에서 여덟 개 팀을 선발한다)을 초청해 롤 세계 챔피언십 대회를 펼친다.

2019년 루이뷔통은 리그 오브 레전드를 소유한 라이엇게임즈와 파트너십을 맺었다. 이 파트너십을 바탕으로 루이뷔통은 2019년 11월 프랑스 파리에서 처음으로 우승 트로피 케이스를 공개해 전 세계 e-스포츠 팬들의 관심을 받은 바 있다.[13] 라이엇게임즈는 2020년 8월 3억 명이 넘는 회원을 가진 세계 최대의 음원 스트리밍 서비스 업체인 스포티파이와 손을 잡고 리그 오브 레전드 관련 음악을 전 세계에 공급했다. 또한 스포티파이는 리그 오브 레전드 공식 음악을 만들고 있는데 이 과정을 팟캐스트로 팬들과 공유할 예정이다.[14]

e-스포츠 선수들은?

e-스포츠 프로 선수들의 평균 나이는 21.2세인 반면 육성군 선수들은 17.4세이다. 프로 선수들의 평균 경력을 보

면 프로의 경우 약 3.6년, 육성군 선수들은 2년으로 나타났다. 보통 중학생 시절부터 육성군에 들어가 고등학교에 진학할 때부터 프로 선수로 활동한다고 한다. 선수들은 평균적으로 주중에는 약 열한 시간, 주말에는 열한 시간 24분 동안 연습하는 것으로 나타났다. 안타깝게도 프로 선수들 대부분에게는 고정된 휴일이 없었다.

선수들이 가장 많이 하는 고민은 바로 프로 선수 이후의 진로였다. 프로 구단의 코치나 감독, 게임 유튜버가 되는 길도 있지만 대부분 안정적이지 못하다는 것이 그들의 가장 큰 불만이었다. 또한 청소년 시절부터 프로 선수 생활을 해온 탓에 군 복무로 인한 공백에 대한 막연한 두려움 역시 이들이 느끼는 커다란 애로사항이었다.

그 외에 예상보다 적은 보수에 불만이 많았다.[15] e-스포츠 선수들의 35퍼센트는 1년 동안 2,000만 원보다 적은 수입을 올리며, 18퍼센트는 2,000만 원~5,000만 원, 13퍼센트는 5,000만 원~1억 원 미만의 수입을 올리는 것으로 나타났다. 1억 원 이상의 연봉을 올리는 선수는 전체의 약 2퍼센트 정도로 굉장히 적었다. 1억 원 이상의 연봉을 받는 선수들은 리그 오브 레전드 선수들에게만 해당되었는데, 리그 오브 레전드 선수 중 약 3.3퍼센트가 1억 원~3억 원의 연봉을 받고 있었다.

e-스포츠로 대학에
진학할 수 있을까?

일반적으로 중고등학교 때부터 본격적으로 선수 생활을 시작하기에 많은 선수들이 프로가 되는 것 말고는 진로를 찾기가 매우 어려운 현실이다. e-스포츠 선수가 되기 위해 (다른 종목의 엘리트 선수와 마찬가지로) 하루에 열 시간 넘게 훈련에만 몰두하다 보니 중간에 진로를 바꾸기는 매우 어렵다.

다행스럽게도 e-스포츠 선수들이 프로 선수로 활동하면서 진로를 개척해 나갈 수 있도록 e-스포츠학과가 속속 생겨나고 있다. 한국게임과학고등학교는 e-스포츠학과를 운영하고 있으며, e-스포츠 전략 전술 분석을 비롯해 경기 대회 훈련과 대회 준비를 도와주고 있다. 중앙대 스포츠과학부는 2015년부터 국내외 e-스포츠 대회에서 우수한 성적을 거둔 선수들에 한해서 e-스포츠 특기자 전형을 실시하고 있다. 그 외에 전남과학대, 청강문화산업대, 대경대에서 e-스포츠와 관련된 프로그램을 운영하여 e-스포츠 관련 전문가를 양성하고 있다.

e-스포츠 관련 학과가 가장 잘 발달한 국가는 단연 미국이다. 미국 대학e-스포츠협회NACE, National Association of Collegiate Esports 에는 현재 약 258개 대학에서 5,000명이 넘는 선수들이 활동하고

있으며, 지금까지 약 1,600만 달러(약 180억 원)에 달하는 장학금을 지급했다.[16] e-스포츠 선수들이 장학금을 받을 수 있는 종목은 일명 모바라고 부르는 멀티플레이어 온라인 배틀 아레나(리그 오브 레전드, 도타, 히어로즈 오브 더 스톰), 퍼스트 퍼슨 슈터(오버워치, 포트나이트, 카운터-스트라이크 등), 격투 게임(스트리트 파이터, 모탈 컴뱃), 스포츠 게임(로켓 리그, FIFA, 매든) 등이 있다.

e-스포츠 선수들에게 제공되는 장학금은 다음과 같이 세 가지의 형태로 나뉜다.

첫째, 최소 500달러에서 8,000달러 정도의 장학금인데 대부분 학비 중 일부를 면제해주는 형태로 제공한다. e-스포츠 프로그램 장학금의 대부분은 바로 이와 같은 '학비 일부 면제' 장학금이다.

둘째, 학비를 전액 면제해주는 장학금이다. 국제 대회에서 우수한 성적을 거두거나 감독의 면접을 통해 실력을 인정받으면 장학금을 준다.

셋째, 국제 대회에서 우승을 많이 해 세계 랭킹이 매우 높거나 e-스포츠에서 매우 명망이 높으면 학비 전액 면제 외에 생활비까지 제공한다. 2019년 ESPN에서 주최한 최초의 e-스포츠 챔피언십에서 우승한 해리스버그대학에 속한 열여섯 명의 선수들은 모두 학비 면제뿐만 아니라 생활비까지 보조를 받는 장학생 선수들로 알려졌다.

그렇다면 e-스포츠 선수로 대학에 진학하고 싶다면 어떻게 해야 하는가?

첫째, 원하는 학교에 지원서를 제출해야 한다. 지원서에는 관심 종목, 일주일 평균 연습 시간, 게이머 태그, 디스코드 태그, 트위치 채널, 배틀.넷 아이디, 주 역할, 보조 역할, 경기 하이라이트 비디오 등의 내용을 포함해야 한다. 지원서가 접수되면 해당 대학의 감독은 지원자들의 평판을 듣거나 경기를 모니터 하고, 때때로 선수들이 경기 중 나누는 대화 등을 토대로 우수한 선수를 선발한다.

둘째, 대학 감독은 지원자들을 e-스포츠 전문 채널인 트위치나 VOD와 같은 주문형 비디오 등에 초대해 공개 테스트를 진행한다. 대학에 진학하기 위해서는 대회 성적도 물론 중요하지만 그 외에 다음과 같은 세 가지에 집중해야 한다. 먼저, 경기 중에 선수들과 콜 아웃 할 때 명확하고 정확한 단어로 표현을 해야 하고 구체적인 위치를 표현할 수 있어야 한다. 다음으로, 모바 같은 종목들의 경우 팀 플레이를 제대로 할 수 있는 능력을 보여줘야 한다. 같은 팀원들을 도와주고 자기의 위치를 잘 지키는 플레이가 필요하다. 마지막으로, 리더십이 필요하다. 경기를 시작할 때부터 끝날 때까지 팀 동료들을 격려하고 지원하는 태도는 e-스포츠 선수로 입학하는 데 도움이 될 수 있다.

그렇다면 미국의 e-스포츠 학과에서는 무엇을 배우는가? e-스포츠 학과에서는 테크놀로지, 증강현실, 가상현실, 스포츠, 패션, 영화, 커뮤니케이션, 기업가 정신, 마케팅 등을 가르친다. e-스포츠 학과를 졸업하면 프로 선수가 될 수도 있지만 그 외에도 e-스포츠 전문 저널리스트, 콘텐츠 창작자, 게임 개발자, e-스포츠 호스트, 대회 개발, 소셜 미디어 매니저, 대회 플래너, 디자이너, 선수 트레이너, 영양사, 심리학자, 법률가 등으로 진출할 수 있다.[17]

국제 스포츠 대회에서의 e-스포츠 위상

2017년 중국의 온라인 쇼핑 업체 알리바바의 자회사인 알리스포츠와 파트너십을 체결한 아시아올림픽평의회 Olympic Council of Asia는 e-스포츠가 2018년 아시안 게임에서 시범 종목이 되고, 2022년 대회부터 정식 종목이 될 것이라고 발표했다.[18] 실제로 2018년 인도네시아 팔렘방에서 열린 제18회 아시안 게임에서 리그 오브 레전드를 비롯해 총 여섯 개 종목(스타크래프트 II, 하스스톤, 아레나 오브 베일러, 클래시 로얄 등)의 e-스포츠가 시범 종목으로 진행되었으며, 한국은 두 개 종목에 출전해 금메달 한 개, 은메달 한 개를 획득했다.

아시안 게임이나 올림픽 경기의 경우 각 종목의 운영을 총괄하 해외 서버에서 롤을 해본 적이 있는가? 만약 여러분이 해외 서버에서 한국인이라고 밝히는 순간 사람들은 이런 반응을 보일 것이다. "역시 한국인이야!", "기대가 커요", "우리 팀에 페이커가 있다", "너무 든든하다" 등이다. 한국이 여전히 e-스포츠에서 최고의 위상을 갖는 가장 큰 이유는 바로 뛰어난 실력을 가진 프로 선수들과 아마추어 선수들이 있기 때문이다. 축구는 브라질, 마라톤은 케냐, 야구는 도미니카 공화국/쿠바 등 각 스포츠마다 최고를 상징하는 국가 이미지가 있다. e-스포츠 산업에서 '엄지 척'을 받는 나라는 단연코 한국이다.

동네에서 농구를 잘하면 "완전 조던인데?"라고 하고, 축구를 잘하면 '메시' '호날두'라는 칭호를 듣는 것처럼 e-스포츠에서 실력이 뛰어나면 '페이커'라는 닉네임을 얻는다. 아프리카TV e-스포츠 콘텐츠팀의 한 관계자는 e-스포츠에서 한국의 위상을 이렇게 설명했다. "축구 용병 선수를 찾기 위해 브라질을 가듯이, 세계 톱 e-스포츠 팀들은 좋은 선수들을 스카우트하기 위해 무조건 한국에 옵니다."

는 대표 기구가 필요한데, e-스포츠 종목은 그러한 대표 기구가 존재하지 않는다는 이유로 아시안 게임 공식 종목으로 채택하는 것에 부정적인 시각이 많았다(축구는 FIFA, 농구는 FIBA에서 출전 자격, 경기 규칙, 운영 방식 등을 결정하고 대회 운영에 필요한 모든 것을 책임진다).[19] 우여곡절 끝에 e-스포츠는 2022년 항저우에서 열릴 제 19회 아시안 게임의 공식 경기에 포함되었다.

아시안 게임은 e-스포츠에 문호를 개방했지만 IOC는 아직까지 e-스포츠를 2024년에 정식 종목으로 채택하려는 뚜렷한 움직임을 보이고 있지 않고 있다. 역시 같은 이유였다. e-스포츠 종목을 관장할 기구가 없으면 규정에 따라 정식 종목으로 채택하기 힘들다는 것이다. IOC는 또 e-스포츠 종목이 지나치게 잔인하거나 스포츠의 본질과 전혀 연결점이 없는 경우 오히려 올림픽 정신에 위배될 수 있다고 우려했다.

하지만 긍정적인 목소리도 흘러나오고 있다. e-스포츠를 올림픽 종목으로 채택하면 밀레니얼 세대를 올림픽 팬으로 흡수할 수 있을 뿐만 아니라 후원 기업들의 관심을 높일 수 있다. 또한 FIFA, PES, NBA2K 등 스포츠 종목을 응용한 e-스포츠 종목으로 한정할 경우 e-스포츠가 올림픽 정신에 위배되지 않을 수 있다는 것이다.[20] 앞으로 e-스포츠가 올림픽, 아시안 게임과 같은 전통 메가 스포츠 대회에서 돌풍을 일으킬지 관심 있게 지켜볼 일이다.

재미없는 학술지 내용
VS
스릴 넘치는 스포츠 현장의 목소리

지난 16년 동안 미국과 한국에서 스포츠 경영학 교수로 재직하면서 글로벌 스포츠 산업·시장의 발전 방향을 분석하고 예측해왔으며, 여기서 얻은 결과물들을 국내외 학술지에 기고하고 학술대회에서 발표하는 일을 해왔다. 또한 이러한 연구 활동을 통해 얻은 결과물들을 강의와 토론을 통해 수많은 학생들과 공유하는 즐거움을 누려왔다.

지금까지 빠지지 않고 해왔던 일 중 하나는 바로 다양한 국내외 스포츠 전문 일간지·주간지·월간지를 통해 스포츠 산업·시장의 변화와 흐름, 현황을 읽고 분석한 후 이를 뒷받침할 학술적 근거와 명분을 찾고, 눈으로 보이지 않는 스포츠 산업의 동향과 흐름을 구체화하고 시각화하는 일이었다. 예를 들면, 끊이지 않고 발생하는 선수와 감독 사이의 폭력 및 폭행 사건, 음주 운전 및 불법 도박 문제, 미국에서 한창 이슈가 되고 있는 'Black Lives Matter(흑인의 생명은 소중하다)' 운동, 프로 야구 선수들의 연봉 문제 등 현장에서 벌어지고 있는 다양한 문제들을 접하면서 왜 이러한 일들이 지속적으로 발생하는가를 고민한 뒤에 이를 해결하기 위한 발전 방안을 고안해내는 일 등이다.

하지만 어느 순간부터 (국내외를 막론하고) 스포츠 산업 현장에서 실제로 벌어지고 있는 다양한 이슈와 현상을 학술적으로 이해하고 해석하는 데 도움이 되는 정보와 논문을 찾기가 점점 어려워졌다. 시대가 변하면서 다양한 통계 프로그램이 새롭게 개발되어 사용되고 있으며 논문에 사용한 통계 분석 방법 역시 과거에 비해 매우 세련되고 고급스러워졌지만, 현장에서 간절하게 필요로 하는 결과물의 빈도는 점점 줄어들고 있다. 스포츠 산업의 규모가 커지고 다양한 학문적인 배경과 기술, 능력을 가진 유능한 사람들이 스포츠 산업에 진출하고 있지만 왠지 곁다리만 늘어날 뿐 핵심과의 거리는 점점 멀어지고 있다고 느끼는 사람은 비단 나 혼자만이 아닐 것이다.

대학원에 진학하면 학생들은 "논문 많이 읽어라"는 조언을 많

스포츠 경영학의 시작은 현실에 맞는 실무자 배출이었다

1950년대 중반 LA 다저스의 전신이었던 브루클린 다저스의 구단주 월터 오말리Walter O'Malley는 한 가지 고민이 있었다. 그는 매년 유수의 대학에서 경영학, 경제학, 재무학 등을 전공하고 우수한 성적으로 졸업한 야구 마니아들을 신입 사원으로 채용해왔다. 하지만 애초의 기대와는 달리 이들 신입 사원들이 실제 업무 배치를 받아 현장에 투입되어 본연의 역할을 제대로 수행하기까지 다시 6개월 이상의 실무 훈련과 교육이 필요하다는 사실을 깨달았다.

고민 끝에 그는 지인 가운데 오하이오대학 경영대에서 교수로 재직하던 제임스 메이슨James Mason 교수에게 연락해 경영대학원에 스포츠 행정학을 개설할 것을 제안했다.[1] 1966년 오하이오대학 경영대학원에서 최초로 스포츠 행정학 프로그램을 시작했고, 이것이 스포츠 산업 경영학의 원조라고 할 수 있다. 이 프로그램의 비전과 목표는 바로 스포츠 산업 현장(특히 야구단 경영)에서 다양한 업무(즉 입장권 판매, 라디오 방송 중계, 식음료 현장 판매, 주차 관리, 경기 운영, VIP 고객 응대 등)를 즉시 수행할 수 있는 현장 중심의 업무 역량 강화였다.

이러한 업무 역량을 강화하기 위해서는 스포츠 산업 현장에서 일어나는 다양한 업무 관련 세부 사항에 대한 대응 능력을 갖춰야 한다. 또 이론보다 실무의 중요성을 인식하고 졸업하기 전에 반드시 현장 인턴십 등의 경험을 통해 업무 능력을 키울 필요가 있다. 그리고 현실 감각을 키우려면 강의실에서 배우는 관련 이론뿐 아니라 스포츠 산업의 동향을 알아야 한다.

스포츠 경영학 교육의 목표는 업무 역량 강화라고 할 수 있고, 연구 또한 이러한 현장에서 발생할 수 있는 다양한 문제(마케팅, 재무, 법, 윤리, 사회학 등)를 해결하는 데 전략적인 도움을 주기 위한 연구가 그 중심이 되어야 한다.

이 들게 된다. 잡지나 신문은 필자나 편집자의 개인적인 의견이 들어갈 여지가 있지만 학술지는 보통 3~5명의 전문가가 블라인드 리뷰를 통해 논문의 내용을 상세하게 평가하기 때문에 객관적이고 논리적이라는 이유에서다. 전 세계에서 발행되는 학술지는 수천 개가 넘는다. 우리는 보통 다양한 학문 분야에 종사하고 있는 연구진이 얼마나 뛰어난지 평가할 때 몇 편의 논문을 어떤 학술지에 게재했는지 살펴본다.

학술지의 질을 평가하는 방법은 여러 가지가 있지만 일반적으로 그 논문이 다른 논문에 얼마나 많은 영향을 끼쳤는지, 즉 얼마나 많은 연구에서 그 논문이 인용되었는지를 보는데 이에 따라 만들어진 평가 기준이 바로 과학 학술논문 색인지수라고 불리는 SCIScience Citation Index와 사회과학 학술논문 색인지수라고 불리는 SSCISocial Science Citation Index라고 할 수 있다. 스포츠 경영학의 경우 SSCI에 해당하는 학술지 가운데 평판이 좋은 네 개의 학술지는 스포츠 경영학회지 JSM(『Journal of Sport Management』),[2] IJSMS(『International Journal of Sports Marketing and Sponsorship』),[3] 스포츠 마케팅 계간지 SMQ(『Sport Marketing Quarterly』),[4] 유럽 스포츠 경영 계간지 ESMQ(『European Sport Management Quarterly』)[5]를 꼽을 수 있다.

학생들은 수업 과제를 제출하거나 학위 논문을 작성하기 위해서 학술지를 무조건 읽어야 하는 난관에 봉착한다. 대학원에 진학하지 않았다면 전혀 읽고 싶지 않은 내용들, 그것도 난해한 수학적 기호와 통계 용어로 논문 내용의 반을 차지하는 글을 읽고 싶어 하는 사람은 점점 더 줄어들고 있다. 스포츠가 마냥 좋아서 무작정 스포츠 경영학을 선택했던 많은 학생들이 말 그대로 '멘붕(?)'에 빠지는 건 충분히 이해가 간다.

하지만 학술지가 아닌 스포츠와 관련된 기사와 글들을 읽을 때면 모두 눈을 다시 반짝인다. 비록 아주 어렵고 고급스러운 통계를 쓰지는 않았지만 충분히 매력적이고 가치 있는 글들은 종종 스포츠 현장을 산업적 관점에서 취재하고 작성하는 스포츠 현장 전문가들의 손끝에서 나온다.

나는 매일 오전 커피 한 잔을 마시면서 스포츠 비즈니스 관련 저널을 읽는다. 말 그대로 '나의 소소하고 확실한 행복'인데, 그 시작은 20여 년 전으로 거슬러 올라간다. 2000년 여름 미국 플로리다 대학 스포츠 경영대학원에 입학하면서부터 지금까지 약 20년 동안 꾸준히 읽어온 잡지가 있다. 그것은 1998년부터 발행된『스포츠 비즈니스 저널Sports Business Journal』이라는 스포츠 전문 주간지다.[6]

경제 경영 전문 주간지인 『이코노미스트』, 『비즈니스 위크』, 『파이낸셜 타임스』, 『포브스』 등 유명 전문 주간지가 종종 스포츠 산업 관련 기사를 다루기는 하지만 스포츠 산업 기사만 다루는 고정 섹션이 없었다. 가끔 운이 좋거나 혹은 대형 사건이 있을 때만 특별 기사의 형태로 스포츠 산업 관련 스토리를 접할 수 있을 뿐이었다. 하버드대학에서 발행하는 『하버드 비즈니스 리뷰』 역시 100개가 넘는 경영학 관련 카테고리가 있지만 스포츠는 찾아볼 수 없다. 물론 ESPN이나 NBA, NFL, NHL, MLB, PGA, LPGA, WTA, ATP, NASCAR 등 다양한 스포츠 종목의 현황을 소개하거나 선수들을 인터뷰하는 기사를 중심으로 하는 재미 목적의 스포츠 잡지는 존재했지만 스포츠 산업을 이해하는 데는 별로 도움이 되지 않았다(물론 이후에 영국에서 『스포츠 비즈니스Sport Business』라는 스포츠 산업 전문 잡지가 발행되었다).[7]

『스포츠 비즈니스 저널』은 플로리다대학 스포츠 경영대학원에 재학할 당시 학과 사무실에서 선착순으로 무료로 배포해준 덕분에 무척 재미있게 읽곤 했다. 이 저널은 스포츠 경영학을 공부하는 많은 학생들이 주로 관심을 보이는 스포츠 에이전트, 대학 스포츠와 프로 스포츠 리그에 대한 전반적인 비즈니스뿐만 아니라 마케팅, 스폰서십, 올림픽 스포츠, 다양한 스포츠 산업 통계, 스포츠 미디어, 스포츠 시설, e-스포츠, 스포츠 베팅 산업 등 스포츠 산업의 많은 영역을 전문적이고 심도 있게 다룬다. 스포츠 경영학을 공부하는 학생들 역시 큰 애로사항 없이 이 저널에서 제공하는 다양하고 깊이 있는 스포츠 산업의 주요 이슈와 흐름을 접할 수 있을 것이다.

이 책을 집필하게 된 결정적인 계기는 바로 흥미진진한 스포츠 현장과 지루하고 어려운 학계의 괴리였다. 스포츠 산업 현장의 소리를 좀 더 재미있고 이해하기 쉽게 전달할 수 없을까, 스포츠 경영학을 공부하면서 스포츠 현장에서 느끼는 흥미진진하고 스릴 넘치는 박진감을 새롭게 느낄 수는 없을까, 하는 고민에서 시작했다.

스포츠 산업이라는 학문의 발전을 위해서는 학자들이 연구실에서 다양하고 유용한 이론 개발에 힘써야 한다. 하지만 일반인들은 도저히 이해할 수 없는 난해한 용어와 수학적·통계학적인 기호로 이루어진 학술논문의 기계적인 생산은 스포츠 산업의 본질과는 거리가 멀다. 특히 학술적 연구의 결과물이 스포츠 산업 현장에서 발생하는 다양한 문제와 이슈들을 해결하는 데 한계가 있다면 연구자들의 자괴감은 커질 수밖에 없다.

스포츠 경기는 많은 팬들의 가슴을 뛰게 만든다. 이러한 스포츠 산업을 연구하는 것은 매우 재미있고 의미 있는 일이다. 굳이 난해한 용어와 어려운 통계를 사용하지 않고도 스포츠 산업의 현상과 이슈들을 설명할 수 있어야 한다. 지금 이 책을 읽는 독자들이 스포츠 산업을 관찰하고 분석하고 비평하는 일이 스포츠 경기를 관람하는 것만큼 재미있는 일이 될 수 있다는 것을 인식했으면 하는 바람이다.

감사의 말

★

이 책은 선수, 코치, 감독, 스포츠 산업 전문가, 구단주를 꿈꾸는 분들에게 조금이나마 도움이 되고자 집필되었다. 다양한 독자들을 고려해 스포츠 유전자, 선수들의 훈련 전략, 명감독의 전략과 전술, 구단주의 철학, 스포츠 글로벌 뉴 미디어 플랫폼, 스포츠 베팅 산업, e-스포츠에 이르기까지 다양한 분야에 걸쳐 광범위한 내용을 다루다 보니 많은 전문가들로부터 자문과 조언을 받았다.

ESPN 스포츠 베팅 데이비드 베어맨David Bearman 부편집장, LA 레이커스 전 선수 로버트 새크리, 미국 윈스롭대학 켄 핼핀Ken

Halpin 부총장 겸 스포츠단장, 듀크대학 농구단 테드 김 코치, 아프리카TV e-스포츠 콘텐츠팀의 최성화 호진솔 사원, 한국교통대 최윤석 교수, 동국대 김언호 교수, 경일대 정지규 교수 겸 스포츠단장, 맥스체대입시 김은중 대표, 아마존 웹서비스 김호민 리드, KBO 장덕선 팀장, P&J 전종환 대표, 김대원 스포츠 산업 변호사, 한양대 스포츠산업학과 권태근 강사, 오승욱 겸임교수, 스포츠산업전략센터 김동민 고영우 배효찬 연구원에게 심심한 감사의 말을 드린다. 마지막으로『스포츠 에이전트, 천사인가 악마인가』,『스포츠 비즈니스 인사이트』에 이어 이 책의 출판을 위해 많은 조언과 도움을 준 강준우 대표에게 다시 한번 감사의 말을 전한다.

주
★

1장

1 최송아, 「'왕년의 스타' 고우순, 여자 골프 시니어 투어 첫 우승」, 『연합뉴
   스』, 2013년 9월 12일.
2 「Why Are South Koreans So Good At Golf?」, 『Golf monthly』,
   September 7, 2017.
3 Campbell W. Keith & Constantine Sedikides, 「Self-Threat Magnifies
   the Self-Serving Bias: A Meta-Analytic Integration」, 『Review of
   General Psychology』, 1999, 3(1), pp.23~43.
4 Oxford Reference. Retrieved from https://www.oxfordreference.com/
   view/10.1093/oi/authority.20110803100453472
5 L. O'Shaughnessy, 「The Odds of Playing College Sports」, 『CBS
   News』, April 4, 2011.
6 「Women's Basketball: Probability of competing beyond high school」,

www.ncaa.org, April 20, 2020.

7 「What are your odds of making the pros」, Retrieved from www. norwichcsd.org/Downloads/ProSportsOdds

8 Bob Garcia IV, 「Why LeBron James Didn't Play High School Football in His Senior Year」, 『Sportscasting』, March 22, 2020.

9 「Adam Morrison」, Wikipedia.

10 「Demetri Goodson」, Wikipedia.

11 「Domantas Sabonis」, Wikipedia.

12 「NBA 사보니스, 발렌슈나스, 인천 초청 농구대회 출전」, 『한국경제』, 2019년 8월 14일.

13 「Arvydas Sabonis」, Wikipedia.

14 「Medical expert confirms Earnhardt died of head injuries」, 『Motorsport. com』, April 11, 2001.

15 Katherine Acquavella, 「Griffey Jr. and Sr. hit back-to-back home runs for mariners」, https://baseballhall.org.

16 「Trey Griffey」, Wikipedia.

17 김양희, 「18년간 '이종범 아들'이었다…올해 비로소 '이정후'가 됐다」, 『한겨 레』, 2017년 12월 16일.

18 하남직, 「'이순철의 아들' 이성곤, 성공한 야구인 2세 대열 합류」, 『연합뉴 스』, 2020년 6월 30일.

19 김창금, 「차두리 FC 서울 육성팀인 서울 오산고 감독 부임」, 『한겨레』, 2019년 12월 5일.

20 서지영, 「'농구 부녀' 박지수-박상관 "나의 사랑하는 가족 · 농구 · 교육 이야 기"」, 『중앙일보』, 2016년 10월 27일.

21 David Epstein, 『The sports gene: What makes the perfect athlete』, London: Yellow Jersey Press, 2013.

22 —————, ibid.

23 —————, ibid.

24 「Herschel Walker Quotations」, www.quotetab.com

25 「Yao Ming: the basketball giant made in China by order of the state」, 『The Sydney Morning Herald』, January, 19, 2006.

2장

1 허상욱, 「이승엽의 좌우명, 진정한 노력은 결코 배신하지 않는다!」, 『조선일보』, 2017년 9월 3일.

2 Malcolm Gladwell, 「Outliers: the story of success」, 『New York Times』, 2011.

3 「유니콘 기업」, 위키백과.

4 Steve Wulf, 「From the archives: The true story behind Michael Jordan's brief-but-promising baseball career」, 『ESPN』, May 10, 2020.

5 「Jeffrey Jordan」, Wikipedia.

6 「Marcus Jordan」, Wikipedia.

7 Dirk Winifred, 「How Tall Is Shaq and What Is His Shoe Size?」, 『Showbiz CheatSheet』, September 23, 2019.

8 「Shareef O'Neal」, Wikipedia.

9 최현길, 「EPL도 주목하는 손흥민 아버지의 특별한 훈련법」, 『동아일보』, 2018년 9월 11일.

10 김대진, 「한국 남자 골프 영웅 최경주, 제2의 골프 인생」, 『G. Economy』, 2020년 8월 21일.

11 「Stephen Curry」, Wikipedia.

12 Sally Jenkins, 「The hidden price Steph Curry pays for making the impossible seem effortless」, 『The Washington Post』, April 8, 2016.

13 이준희, 「농구 전설 양동근 은퇴…그는 한국 농구의 역사다」, 『한겨레』, 2020년 4월 1일.

3장

1 김희준, 「프로농구 '키 제한' 전면 폐지, 2명 보유 · 1명 출전으로 개정」, 『뉴시스』, 2019년 2월 11일.

2 Michael Bar-Eli, Ofer H. Azar, Ilana Ritov, Yael Keidar-Levin & Galit Schein, 「Action bias among elite soccer goalkeepers: The case of

penalty kicks」, 『Journal of Economic Psychology』, 2005.

3 Dan Diamond, 「NBA Draft: Is Being 7 Feet Tall The Fastest Way To Get Rich In American?」, 『Forbes』, June 27, 2013.

4 데이비드 엡스타인, 『스포츠 유전자』, 열린책들, 2015.

5 최성욱, 「한국인 최초 미 NBA 리거 하승진」, 『신동아』, 2005년 2월 24일.

6 김종력, 「KBL 신장 제한 폐지…맞춤형 외국인 선수 대체」, 『연합뉴스』, 2019년 8월 21일.

7 「Its it a genetic flaw that makes Phelps the greatest?」, 『The Sydney Morning Herald』, August 16, 2008.

8 이현정, 「마르판 증후군, 다리가 거미처럼…심혈관 문제로 사망까지」, 『헬스조선』, 2014년 8월 7일.

9 Tony Florida, 「What is Michael Phelps Wingspan?」, 『tonyflorida.com』, March 26, 2019.

10 「KBL 국내 신인 선수 드래프트」, 나무위키, 2020.

11 ESPN 비디오 클립. Espn.com/video/clip?id=23104182

4장

1 황석조, 「염경엽 감독, 결국 자진 사퇴…SK "사의 수용"」, 『News1』, 2020년 10월 30일.

2 김양희, 「류중일 LG 감독 사퇴」, 『한겨레』, 2020년 11월 6일.

3 박소영, 「한용덕 한화 감독, 결국 성적 부진으로 사퇴」, 『중앙일보』, 2020년 6월 7일.

4 「National Football League」, Wikipedia.

5 Dag Michelson, 「How many players can a NCAA football roster have?」, 『Payperhead』, April 3, 2019.

6 「유재학 감독, 현대모비스와 3년 재계약…지도자만 30년」, 『조선일보』, 2020년 4월 21일.

7 Anita Elberse, 「Ferguson's formula」, 『Harvard Business Review』, October, 2013.

8 우충원, 「오리온-현대모비스-KCC, 3각 트레이드…최진수 모비스-이종현

오리온」, 『Osen』, 2020년 11월 11일.

9 「여자농구 국가대표 사령탑 후보 전주원 · 정선민으로 압축」, 『한국경제신문』, 2020년 3월 20일.

10 이정국, 「키움 손혁 감독, 전격 사퇴 "성적 부진 책임"」, 『한겨레』, 2020년 10월 8일.

11 Anita Elberse, 「Ferguson's formula」, 『Harvard Business Review』, October, 2013.

12 Dan O'Toole, 「David Beckham plays for Class of '92 as Man Utd legends thrill Salford City youth team. 9」, 『Manchester Evening News』, December 20, 2018.

13 「Huizenga Selling Marlins for Reported $150 Million」, 『Los Angeles Times』, November 7, 1997.

14 Oliver Budzinski & Tim Pawlowski, 「The Behavioural Economics of Competitive Balance: Implications for League Policy and Championship Management」, 『Ilmenau Economics Discussion Papers』, September, 2014, 19(89).

15 Chunka Mui, 「How Kodak Failed」, 『Forbes』, January 19, 2012.

16 Steven Handel, 「10 Lessons in Zen Leadership Practiced by Legendary Coach Phil Jackson」, 『The Emotion Machine』.

5장

1 Glenn Moore, 「A graduate of the global game」, 『Independent』 London, September 23, 1996.

2 「"I am a special one" – Jose in quotes」, 『ESPN』, June 3, 2013.

3 「Klopp: I am 'The Normal One'」, 『Goal』, October 9, 2015.

4 「1972/ September 05/ Massacre begins at Munich Olympics」, History.com.

5 Taps Gallagher, 「The 1972 Olympic Basketball Final: 'Stolen Glory'」, 『Huffpost』, December 6, 2017.

6 Evan Burian, 「40 years ago, U.S. Olympians played, beat the

Allentown Jets」, 『The Morning Call』, July 5, 2016.

7 Sean Deveney, 「Remembering Michael Jordan and the 1984 Olympic trials」, 『Sporting News』, July 25, 2014.

8 Peter Alfano, 「The Seoul Olympics: Men's Basketball; After 16-Year Wait, Soviets Stub U.S. again, 82-76」, 『New York Times』, September 28, 1988.

9 Jeff Taylor, 「Stern helped form a bond between the NBA and FIBA that shaped the global basketball landscape」, fiba.basketball, August 1, 2020.

10 박성배, 『스포츠 비즈니스 인사이트』, 인물과사상사, 2017년.

11 「Chuck's Daly Plan: No timeouts, no standing」, 『Sun Sentinel』, August 8, 1992.

12 Eddie Maisonet, 「The miseducation of the 2004 U.S. Men's Olympic basketball team」, 『Bleacher Report』, September 6, 2017.

13 「Larry Brown(Basketball)」, Wikipedia.

14 Carol Migdalovitz, 「Greece: Threat of Terrorism and Security at the Olympics」, CRS Report for Congress, April 30, 2004.

15 Michael Robinson, 「Dream Team's Olympic nightmare」, 『Badger herald』, September 1, 2004.

16 Oxford Reference.

17 Rolf Dobelli, 『The Art of Thinking Clearly』. Harper, 2013.

18 〈Duke's Coach K on Rebuilding the Dream Team〉, Youtube.com, March 19, 2009.

19 「홍명보 월드컵 16강 좌절」, 『연합뉴스』, 2014년 6월 17일.

20 〈태극전사를 뭉클하게 한 슈틸리케의 '특별영상'〉, Youtube.com. 2015년 2월 4일.

21 하정민, 「신치용 삼성화재 감독」, 『신동아』, 2012년 3월 20일.

22 O. Budzinki & T. Pawlowski, 「The Behavioural Economics of Competitive Balance: Implicationks for League Policy and Championship Management」, Ilmenau Economics Discussion Papers, 2014, 19(89), pp.1~32.

23　신창범, 「'명장' 신치용 감독이 제일 듣기 싫은 말은 '몰빵 배구'」, 『조선일
　　보』, 2013년 3월 29일.

6장

1　Chris Osborne, 「Song Heung-Min: Why South Korean is so important
　　to Tottenham」, bbc.com, October 22, 2020.

2　〈1998 공익광고 Se Ri Pak〉, Youtube.com, 2010년 10월 17일.

3　신창용, 「박찬호처럼…'첫 승' 김광현 "국민들에게 작은 힘이 됐으면"」, 『연합
　　뉴스』, 2020년 8월 23일.

4　「Dizzy Dean」, Wikipedia.

5　Gary Kauffman, 「Wins: Denny McLain Posted Numbers We'll Never
　　See Again」, 『How They Play』, April 1, 2020.

6　이종성, 「'30승 투수' 장명부, 마작하우스서 사망」, 『프레시안』, 2005년 4월
　　15일.

7　Steve Wyche, 「Colin Kaepernick explains why he sat during national
　　anthem」, NFL.com, August 27, 2016.

8　「The conversation must, and will, continue advocate, educate,
　　participate」, NBA.com.

9　WNBA players to spotlight Breonna Taylor on jerseys, don 'Black
　　Lives Matter' warmup shirts throughout the season, 『Firstpost』, July 7,
　　2020.

10　Arjun Athreya, 「How Shaquille O'Neal established a $400 million
　　business empire using one simple advice by Jeff Bezos」, 『Essentially
　　Sports』, April 30, 2020.

11　「Shaq earns education doctorate」, ESPN.com, May 6, 2012.

12　Julian Hebron, 「Shaquille O'Neal to the housing rescue」 『The basis
　　point』, June 22, 2008.

13　Ben Winck, 「Shaquille O'Neal, former Disney executives, and Martin
　　Luther King Jr.'s son target $250 million SPAC launch. Markets
　　Insider」, October 9, 2020.

14 Jessica Coulon, 「LeBron James partners with Lyft to bring bike access to youth in need」, 『Bicycling』, January 23, 2020.

15 Tyler Lauletta, 「LeBron James, who owns part of Liverpool, celebrated the club's first Premier League title on Twitter」, 『Insider』, June 26, 2020.

16 Thirtyfiveventures.com

17 Barnaby Lane, 「Michael Jordan has made $1.3 billion from his 36-year partnership with Nike. He originally wanted to sign with Adidas before his parents made him listen to Nike's offer」, 『Insider』, May 5, 2020.

18 Cork Gaines, Taylor Borden & Rachel Askinasi, 「How Michael Jordan makes and spends his $1.6 billion fortune」, 『Business Insider』, December 2, 2020.

19 Nick Piastowski, 「How Tiger Woods made $60 million without hitting a single golf shot」, 『Golf』, May 30, 2020.

20 Nasha Smith, 「13 athletes who make more money endorsing products than playing sports」, 『Business Insider』, June 18, 2019.

21 Scroll Staff, 「Roger, that: At 38, Federer's brand image remains impeccable as he becomes world's richest athlete」, 『Scroll.in』, May 31, 2020.

22 Kurt Helin, 「With long endorsement list, LeBron James remains highest earning NBA player」, 『NBC Sports』, Oct 23, 2019.

23 https://www.nike.com/t/lebron-soldier-14-basketball-shoe-qkSRCH

24 David K. Stotlar, 『Developing successful sport sponsorship plans』, Fitness Information Technology, 2005.

25 「Using Q scores and the fame index to help choose a celebrity endorser」, 『Zabanga Marketing』, November 7, 2020.

26 Tabitha Jean Naylor, 「How The Arthur Anderson and Enron Fraud Changed Accounting Forever」, 『Benzinga』, April 3, 2014.

27 「Accenture selects Tiger Woods to launch high performance business strategy」, 『Accenture』, October 3, 2003.

28   Oxford Reference.

29   Michael Steinberger, 「Maria Sharapova's drug scandal may be darker than you think」, 『Vanity Fair』, March 10, 2016.

30   Patrick Kulp, 「Maria Sharapova loses 3 major endorsements in one day after her first bad drug test」, 『Mashable』, March 9, 2016.

31   Juliet Macur, 「Phelps disciplined over Marijuana pipe incident」, 『New York Times』, February 5, 2009.

32   「When scandal engulfs a celebrity endorser」, 『Harvard Business Review』, May~June 2019.

7장

1   주영로, 「골프장 서비스, 올린 그린피 값은 해야」, 『이데일리』, 2020년 11월 19일.

2   김동영, 「호날두, 130억짜리 부가티 슈퍼카 주문…전 세계 '10대 한정판'」, 『스타뉴스』, 2020년 8월 10일.

3   「#6 Steve Ballmer」, 『Forbes』, November 25, 2020.

4   「#41 David Tepper」, 『Forbes』, November 25, 2020.

5   Jabari Young, 「NBA star Kevin Durant takes 5% stake in Philadelphia Union soccer team」, 『CNBC』, June 15, 2020.

6   Claudine Zap, 「Lakers Owner Jeanie Buss Celebrates. Championship by Listing SoCal Home」, 『The Telegraph』, November 5, 2020.

7   Andrew Brewster, 「Watch: Los Angeles Dodgers co-owner Magic Johnson celebrates World Series win」, 『Spartans Wire』, October 27, 2020.

8   노주환, 「'전주성'에서 우승 헹가래와 우산을 거부한 현대차 정의선 회장, '멋진' 구단주의 품격을 보았다」, 『조선일보』, 2020년 11월 2일.

9   김상윤, 「9년 만에 헹가래, NC 김택진」, 『조선일보』, 2020년 10월 26일.

10   지형준, 「NC 다이노스, 2020 한국 시리즈 우승」, 『조선일보』, 2020년 11월 25일.

11   이우광, 「200조 엔…300년 기업…행복공장…'정보혁명 리더' 손정의의 꿈

은 이제 출발!」, 『동아비즈니스리뷰』 186호, 2015년 9월 22일.

12 「Buccaneers Sold to Glazer」, 『New York Times, January 17, 1995.

13 「#29 Tampa Bay Buccaneers」, 『Forbes』.

14 Erik Spanberg, 「Bucs have a ball designing training facility」, 『Sports Business Journal』, July 24, 2006.

15 Frank Hughes, 「Why Schultz tuned out and sold out the Sonics」, ESPN.com, July 21, 2006.

16 Alex Rozier & Allison Sundell, 「'I'm sorry': Howard Schultz says selling the Sonics was a mistake」, King5.com, January 31, 2019.

17 Berkeley Lovelace Jr., 「Mark Cuban: Top sports team just saw their value double on Supreme Court betting decision」, 『CNBC』, May 14, 2018.

18 Ryan Van Bibber, 「Vertical Integration: The Rams, The Dome & The Union Station Redevelopment Project」, 『Turf Show Times』, February 18, 2012.

19 「Yankee Global Enterprises with Strategic Partners Sinclair and Amazon Acquire YES Network from Disney」, Bloomberg.com, August 30, 2019.

20 Mike Ozanian, 「Michael Jordan, Ted Leonsis and Mark Cuban cash in with Sportradar's MLB deal」, 『Forbes』, February 27, 2019.

21 David Purdum, 「Michael Jordan takes equity stake in DraftKings, becomes adviser」, ESPN.com, September 2, 2020.

22 임영택, 「"역시 택진이형" 게임만의 흥 보였다…NC다이노스 우승 세레모니 '집행검'」, 『매일경제』, 2020년 11월 25일.

8장

1 Christopher Matthews, 「Best Buy's unlikely return from the dead」, 『Time』, July 15, 2013.

2 Brad Adgate, 「ViacomCBS asking $5.5 million to buy a 30-second Super Bowl LV ad」, 『Forbes』, August 21, 2020.

3 Shanna McCarriston, 「Super Bowl 2020: Why so many people skip work the Monday after the big game, and how it impacts your health」, 『CBS Sports』, February 1, 2020.

4 Kevin Conlon, 「Here's what a $40,000 Super Bowl ticket will get you」, 『CNN』, January 25, 2020.

5 Joe D'Allegro, 「Super Bowl billions: The big business behind the biggest game of the year」, 『CNBC』, January 22, 2017.

6 Hermann Simon, 『Confessions of the pricing man: How price affects everything』, Springer, 2015.

7 Robert B. Cialdini, 『Influence: The psychology of persuasion』, Harper Business, 2006.

8 Vanessa Page, 「How Costco Makes Money(COST)」, 『Investopedia』, October 3, 2020.

9 「Personal seat license」, Wikipedia.

10 49ERS season tickets. Retrieved from https://www.levisstadium.com/seats-pricing/

11 「Are Permanent Seat Licenses a Good Investment?」, Unusual Investment.com

9장

1 김현회, 「'정가의 7배' 전북현대 리그 최종전은 '암표와의 전쟁'」, 『스포츠니어스』, 2020년 10월 29일.

2 김이현, 「관중 제한에 더 뛰었다…'1장 75만 원' 한국 시리즈 암표 전쟁」, 『국민일보』, 2020년 11월 24일.

3 「Why do we root for the underdog?」, Baylor College Medicine, January 25, 2018.

10장

1 조상인, 「리히텐슈타인 누드화 550억 낙찰」, 『서울경제』, 2020년 7월 17일.

2 Rory Sullivan, 「Michael Jordan's game-worn sneakers set new record, selling for $615,000」, 『CNN.com』, August 14, 2020.

3 Chris Roling, 「Lakers News: Latest on DeMarcus Cousins, Dwight Howard Rumors and More」, 『Bleacher Report』, June 30, 2020.

4 Hermann Simon, 『Confessions of the Pricing Man: How price affects everything』, Springer, 2015.

5 Hermann Simon, ibid.

6 Kimberly Amadeo, 「President's Salaries During and After Office」, 『The Balance』, October 20, 2020.

7 Retrieved from https://sportsmanagers.com/

8 「Michael Roos」, Pro-football-reference.com

9 「Kenny Easley/Seattle Seahawks」, Profootballhof.com, Retrieved from https://sportsmanagers.com/

10 Journal of Sports Analytics 홈페이지, Retrieved from https://journalofsportsanalytics.com/#:~:text=The%20Journal%20of%20Sports%20Analytics,coaches%2C%20fans%2C%20and%20academics.&text=physics%20in%20sports,sport%20psychology

11장

1 김재섭, 「'스마트폰, 하루 4시간 이상 사용'이 절반 넘어」, 『한겨레』, 2017년 5월 10일.

2 홍지인, 「"한, 세계 최고 '연결사회'…인터넷·스마트폰 사용률 1위"」, 『연합뉴스』, 2018년 6월 24일.

3 노재형, 「KBO, 뉴미디어 중계권 1100억 원 써낸 통신-포털 컨소시엄 우선협상」, 『조선일보』, 2019년 2월 25일.

4 「애플 시총 2200조. 대한민국 시총 합친 것보다 많다」, 『Investing.com』, 2020년 8월 3일.

5 Ryan Kelly, 「Premier League on Amazon Prime: Which matches will be live streamed & how much will it cost?」, 『Goal』, July 6, 2020.

6 「Cricket: Facebook wins ICC's digital content rights for subcontinent」,

『Reuters』, September 26, 2019.

7   https://plus.espn.com/denied?block=geo

8   「William Hill agrees $2.9bn takeover by Caesars Palace-owner」, 『BBC』, September 30, 2020.

9   Ashley Rodriguez, 「Subscribing to YouTube is too confusing」, 『Quartz』, May 18, 2018.

10 Richa Agarwal, 「Better Ads Standards: Why it Should Matter to Publishers」, 『Adpushup』, April 11, 2019.

11 Henry Bushnell, 「Inside the complex world of illegal sports streaming」, 『Yahoo! Sports』, March 27, 2019.

12 「The emerging world of AI-driven solutions in sports broadcasting」, 『The Business of Sports Media』, March 25, 2020.

12장

1   협동조합 소요 홈페이지 참조. https://www.soyo.or.kr/digital-risk/2018/01/12

2   이도원, 「스포츠베팅 게임 시장 열려…엠게임-넵튠-NHN 준비」, 『ZDNet Korea』, 2020년 8월 10일.

3   김영주, 「우승팀이 궁금해!…컴투스 '2020 포스트 시즌 승부 예측' 이벤트」, 『Globale』, 2020년 10월 31일.

4   Greg Hatala, 「Here's what the Jersey Shore looked like in the 1970s-1980s.」NJ.com, January 16, 2019.

5   「Beginning of Indian Casinos in Michigan」, CMU.edu Clake Historical Library.

6   「Nevada Sports Betting」, 『Legal Sports Report』 Retrieved from https://www.legalsportsreport.com/nevada/

7   Daniel Smyth, 「What is PASPA? The professional and amateur sports protection act explained」, 『US Betting Report』, May 2, 2019.

8   Brent Johnson, 「The story of when N.J. almost legalized sports betting in 1993」, NJ.com, March 29, 2019.

9　「What is PASPA? The Professional Amateur Sports Protection Act」, 『The Lines』, December 10, 2020.

10　「Professional and Amateur Sports Protection Act of 1992」, Wikipedia.

11　Adam Liptak & Kevin Draper, 「Supreme Court Ruling Favors Sports Betting」, 『The New York Times』, May 14, 2018.

12　Chris Johnson, 「NFL among leagues suing against N.J. sports gambling law」, 『Sports Illustrated』, October 20, 2014.

13　Supreme Court of the United States. October Term, 2017.

14　Daniel Roberts, 「Trump presidency could spur legalized sports betting」, 『American Gaming』, December 20, 2016.

15　A. J. Perez, 「What it means: Supreme Court strikes down PASPA law that limited sports betting」, 『USA Today』, May 14, 2018.

16　「William Hill officially opens first-ever sports book within a U.S. sports complex at Capital One Arena in Washington, D.C.」, 『Monumental』, August 3, 2020.

17　「Mark Cuban: Top sports team just saw their value double on Supreme Court betting decision」, 『CNBC』, May 14, 2018.

18　Mike Ozanian, 「Michael Jordan, Ted Leonsis and Mark Cuban cash in with Sportradar's MLB Deal」, 『Forbes』, February 27, 2019.

19　Thomas Franck, 「DraftKings rallies 8% as Michael Jordan joins betting company as board advisor」, 『CNBC』, September 9, 2020.

20　「Fantasy sport」, Wikipedia.

21　Terry Lefton, 「NBA gives ground rules for liquor marketing」, Sportsbusinessdaily.com, March 9, 2009.

22　『Legal Sports Report』, Retrieved from https://www.legalsportsreport.com/integrity-fee/

23　Sam Carp, 「Report: NBA relaxes sponsorship restrictions to help teams limit losses」, 『SportsPro』, November 3, 2020.

24　「NFL allows betting lounges and sportsbook sponsorship at stadiums, still bans retail windows」, 『Yogonet』, February 26, 2020.

25　Ryan O'Halloran, 「Gambling and the NFL: Legalization in Colorado allowed Broncos to sign three sponsorship deals」, 『The Denver Post』, September 7, 2020.

26 「How Sports Betting Helps Fund Football in the USA」, 『Football Bloody Hell』, September 8, 2020.

27 「Donaghy pleads guilty, could face up to 25 years in prison」, 『ESPN』, August 25, 2007.

28 Dustin Gouker, 「NBA, Sportradar sign deal that delivers data, content to sports betting operators」, 『Legal Sports Report』, September 22, 2016.

29 「FIFA strengthens global football integrity programme with Sportradar agreement」, 『FIFA.com』, February 3, 2017.

30 「Global sports betting market worth $85billion in 2019 – industry assessment and forecasts throughout 2020-2025」, 『Research and Markets』, August 31, 2020.

31 Matthew J. Belvedere, 「Churchill Downs teams up with Golden Nugget to enter NJ sports betting and online gaming」, 『CNBC』, May 16, 2018.

32 「Caesars entertainment to acquire William Hill for 2.9 billion pounds」, 『PR News Wire』, September 30, 2020.

33 Kartik Balaji Kundeti, 「Sports Betting in India: an Argument for Legalization」, 『The Pangean』, January 9, 2020.

34 Tanner Garrity, 「Is ESPN's Korean Baseball Experiment Working?」, 『Inside Hook』, June 9, 2020.

35 Steven Stradbrooke, 「Brazil's president signs sports betting 'privatization' decree」, CalvinAyre.com, August 19, 2020.

36 「William Hill seals Michigan market access with tribal partner」, Igamingbusiness.com, February 24, 2020.

37 「Sportech Connects UK punters to ZeTurf's French Pools」, Sportechplc.com, June 1, 2020.

38 「Sportech Launches Tote Betting at Central Moscow Hippodrome」, Sportechplc.com, May 14, 2020.

1   Marc Williams, 「Redefining access in higher education at HBCUs」, 『Sports Business Journal』, August 17, 2020.

2   Newzoo Esports.

3   https://onlinegrad.syracuse.edu/blog/esports-to-compete-with-traditional-sports/

4   Newzoo 홈페이지 참조.

5   https://www.who.int

6   「Video game addition」, Wikipedia.

7   「게임 산업 진흥 종합 계획」, 관계 부처 합동 보고서. 2020년 5월 7일.

8   「한국 이스포츠 실태조사」. 한국콘텐츠진흥원.

9   「eSports report」, 『Goldmansachs』, October 12, 2018.

10   Riot games 홈페이지 참조.

11   「2020년 8월 종합 게임 순위」, Gametrics.com.

12   Sergey Yakimenko, 「Most popular esports games in 2019」, Escharts.com, January 21, 2020.

13   YeEun Kim, 「Riot Games reveals louis Vuitton trophy case ahead of LOL World Championship」, 『HYPEBAE』, October 30, 2020.

14   Adam Stern, 「Spotify to amplify the sound of esports culture」, 『Sports Business Journal』, August 24, 2020.

15   「2018년 이스포츠 실태조사」, 한국콘텐츠진흥원.

16   「Esports Scholarships Guide」. https://www.ncsasports.org/college-esports-scholarships

17   Marc Williams, 「Esports: Redefining access in higher education at HBCUs」, 『Sports Business Journal』, August 17, 2020.

18   Kurt Lozano, 「Esports will not be in the 2022 Asian Games」, 『One Esports』, April 10, 2019.

19   Kevin Hitt, 「IOC delivers blow to esports' quest for international legitimacy」, 『The Esports Observer』, November 4, 2020.

20   Kurt Lozano, 「Esports will not be in the 2022 Asian Games」, 『One

Esports』, April 10, 2019.

에필로그

1   오하이오대학교 경영대학 홈페이지 참조. https://business.ohio.edu/4812.aspx

2   https://journals.humankinetics.com/view/journals/jsm/jsm-overview.xml

3   https://www.emeraldgrouppublishing.com/journal/ijsms

4   http://fitpublishing.com/journals/SMQ

5   https://www.tandfonline.com/toc/resm20/current

6   https://www.sportsbusinessdaily.com/Journal.aspx

7   https://www.sportbusiness.com/

성공하는 스포츠 비즈니스

ⓒ 박성배, 2021

초판 1쇄 2021년 3월 5일 찍음
초판 1쇄 2021년 3월 10일 펴냄

지은이 | 박성배
펴낸이 | 이태준

기획·편집 | 박상문
디자인 | 최진영
관리 | 최수향
인쇄·제본 | (주)삼신문화

펴낸곳 | 북카라반
출판등록 | 제17-332호 2002년 10월 18일

주소 | (04037) 서울시 마포구 양화로7길 6-16 서교제일빌딩 3층
전화 | 02-325-6364
팩스 | 02-474-1413
www.inmul.co.kr | cntbooks@gmail.com
ISBN 979-11-6005-098-1 03690
값 16,000원